탐라문화학술총서 14

재일(在日)제주인의 삶과 기업가활동

고광명 저

보고사

머리말

　최근 글로벌화(globalization)가 급속히 진행되고 한류(韓流) 열풍이
일어나면서 코리안 디아스포라(Korean Diaspora)에 대한 관심이 한층
높아지고 그 중요성이 매우 커지고 있다. 세계 각지에 살고 있는 한인
들은 글로벌 인적 네트워크 구축이 절실히 요구되는 시점에서 코리안
디아스포라 국가 간의 경제저 사회적 문회적 교류에 미치는 영향이
크다고 할 수 있다. 해외에 거주하는 있는 재외한인(在外韓人)은 세계
170여 개국에 한국 인구의 15%에 해당하는 약 700여만 명으로 추산
하고 있다.

　그 중 재일한인(在日韓人)은 해외 거주 코리안 디아스포라 중 역사
적으로 기장 많은 영항력을 보여 수었던 재외한인 중의 하나이다.
2012년 기준으로 재일한인은 약 54만 명으로 이들 대부분이 한국의
경상남북도와 제주도 출신자들로 구성되어 있다. 디아스포라 국가 중
일본 이주는 일본 시민지정책의 결과에 의해 생긴 역사적 산물로서
매우 특수하고 복잡한 정착과정을 겪어 왔다.

　2010년은 제주도 출신자가 일본 이주를 시작한지 100년이 되는 해
였다. 재일(在日)제주인은 2012년 기준으로 재일한인 545,401명 중
86,231명으로 약 15.8% 정도를 차지하고 있다. 이들은 일제강점기에
징병·징용 등 강제적으로 이주(involuntary emigration)되거나 해방
이후 제주 4·3사건과 한국전쟁을 피해, 그리고 이주노동자와 출가해
녀(出稼海女) 등 가난을 벗어나기 위해 일본으로 건너갔다. 이들 대부

분은 도쿄(東京) 미카와시마(三河島)나 오사카(大阪) 이쿠노구(生野區) 등의 대도시에 집단적으로 거주하면서 관동(関東)과 관서(關西)지역을 중심으로 재일제주인의 커뮤니티(community)를 형성하고 있다. 특히 1923년 제주도와 오사카를 잇는 직행항로(直行航路)가 개설되어 기미가요마루(君が代丸)가 취항하면서 공업이 발달했던 오사카로 이주하여 정착하게 되었다. 당시 일본으로 이주한 제주도 출신들 중 남성들은 대부분 조선, 탄광, 토목공사 등에 단순노동으로 투입되었고, 반면 여자들은 주로 방적과 고무공장에서 일하면서 인간적 대우를 받지 못하는 중노동에 시달려만 했다.

또한 재일제주인은 이주 초기 자발적으로 이주(spontaneous emigration)한 사람들이 아니었기 때문에 일본 사회에 정착하는 데 많은 어려움을 겪었으며 사회·문화적 갈등뿐만 아니라 경제적으로 곤란한 상황에 직면하여 왔다. 그럼에도 불구하고 이들은 일본 사회 속에서 자긍심과 애향심, 그리고 상호간 인적교류를 통해 재일제주인의 아이덴티티(identity)를 찾고자 사회적 네트워크를 형성하였다. 이러한 네트워크는 일본 이주에서부터 정착과정에서 필요한 직업을 구하고, 생활 문제를 해결하는 일까지 삶의 변화에 따른 경제활동 전반에 걸쳐 활용되었다. 특히 재일제주인 기업가들은 일본 사회에서 초지관철, 시간엄수, 성실, 신용, 인내, 인간중심경영 등을 경영정신으로 삼아 상당한 경영성과를 이룩하여 재일제주인의 자본형성에 크게 기여하였다.

그리고 이들은 이국생활의 온갖 역경 속에서도 자신들의 삶보다 고향의 어려운 현실을 더 걱정했다. 이들의 애향심은 마을과 마을을 잇는 교량가설, 도로 확·포장, 상수도, 전화·전기가설, 학교시설, 마을회관 건립에 이르기까지 고향발전에 많은 도움을 주었다. 특히 1965년부터 1984년까지 20년간 고향에 보낸 감귤묘목 기증(묘목 426만 7천 본)은 감귤재배 농민의 소득 증대와 함께 제주도 감귤산업을 기간산업으로 발전시키는 계기가 되었다. 이 외에도 이들은 제주도 지역개발을 위하여 심적·물적 지원을 아끼지 않았으며 교육·문화사업을 비롯하여 관광산업·금융·경제 분야에 이르기까지 직접 참여하면서 자본을 투자하였다.

현재 제주도는 재일제주인 1세들의 많은 기증과 투자활동으로 눈부신 발전을 달성하였다. 제주도의 지역총생산(GRDP)은 1946년 23억 원에서 2011년 111,290억 원으로 급성장하면서 1인당 소득도 8만 8천 원에서 2천 149만 원(2,290배)으로 크게 상승했다. 감귤 생산량은 1946년 10톤에서 2011년 64만 8천 톤(64,800배)으로 증가하여 제주도민의 농가소득도 큰 폭으로 늘어났다. 이러한 배경에서 재일제주인의 역할은 커다란 비중을 차지하며 제주도 산업발달과 도민소득 향상에 한 축을 형성하였다고 볼 수 있다.

그런 의미에서 본서에서는 '재일(在日)제주인의 삶과 기업가활동'이란 주제를 가지고 재일제주인의 이주와 삶, 재일제주인의 경영활동 특성, 재일제주인의 기업가활동(entrepreneurship) 사례 등에 관해 살펴보았다. 이러한 주제를 선정한 이유는 지금까지 재일제주인과 제주도와의 관계가 협력을 기반으로 한 상호 동반적 관계로 생각하기보다는 재일제주인들이 지역사회에 일방적으로 물질을 제공해 주는 대상으로만 인식해 왔기 때문이다.

본서는 다음과 같이 전부 3부 12장으로 구성하였으며, 각 장별로 수록된 구성 내용을 간략히 정리하면 다음과 같다.

제1부는 재일제주인의 의미와 유형, 이주 역사, 인구와 생업, 사회적 네트워크 특성, 지역사회 공헌 등 재일제주인의 이주와 삶에 대해 고찰하였다. 제1장에서는 재일제주인의 개념을 정립하기 위해 재일제주인의 의미, 범주, 분류, 유형 등에 대해 살펴보았다. 제2장에서는 제주도 출신이 일본으로 이주하게 된 시기를 내용별로 구분하여 이주 요인을 살펴보았다. 제3장에서는 일본 사회의 변화에 따라 인구, 직종, 업종 등이 점차적으로 변용되고 있는 상황에서 재일제주인의 생업활동에 대해 살펴보았다. 제4장에서는 일본 사회 속에서 어려운 삶의 환경을 극복하고 경제활동을 영위해 왔던 혈연·지연·학연을 중심으로 한 사회적 네트워크 형성과 특성에 대해 살펴보았다. 제5장에서는 제주지역의 눈부실만한 경제발전을 달성하는 데 공헌한 재일제주인의 기증과 투자활동에 대해 살펴보았다.

제2부는 재일상공인의 상공업활동 실태, 경영활동 특성, 기업가 유형별 특성, 사회적 배경 등 재일제주인의 경영활동 특성에 대해 고찰하였다. 제6장에서는 일본 경제에서 차지하는 비중이 높아지고 있는 재일상공인의 상공업활동 실태 등에 대해 살펴보았다. 제7장에서는 재일한인에 대한 인식이 변화하면서 재일제주인 기업가의 경영활동이 매우 다양해지는 요인에 대해 살펴보았다. 제8장에서는 재일제주인 기업가 유형에 따른 경영특성(설립자본금, 업종, 설립시기, 연간매출액, 기업규모)에 대해 살펴보았다. 제9장에서는 재일제주인 기업가의 사회적 배경(출생시기, 출신지역, 학력, 경영형태, 경영이념)에 대해 살펴보았다.

제3부는 호텔업, 유기화학공업, 전기전선공업 등에 기여한 재일제주인의 기업가활동 사례에 대해 고찰하였다. 제10장에서는 김해상사㈜ 등 호텔업, 유기업 분야에서 경영활동을 수행하면서 관광산업과

교육발전에 투자한 동천(東泉) 김평진(金坪珍)의 기업가활동에 대해 살펴보았다. 제11장에서는 일본유기화학공업(주) 등 유기화학공업 분야에서 경영활동을 수행하면서 한국과 제주도의 경제발전에 기여한 고당(古堂) 안재호(安在祜)의 기업가활동에 대해 살펴보았다. 제12장에서는 후지전선공업(주) 등 전기전선공업 분야에서 경영활동을 수행하면서 지역사회와 교육발전에 공헌한 효천(曉泉) 강충남(康忠男)의 기업가활동 등에 대해 살펴보았다.

지금까지 재일제주인 관련 연구는 이주 역사, 언어, 문화, 생활사 등 역사학, 언어학, 문화인류학, 사회학 분야에서 논문이나 저서 형태로 출간되었다. 그렇지만 아직도 재일제주인의 삶과 관련된 기업가활동에 대한 연구는 매우 부족한 현실이다. 이에 본서는 재일제주인의 삶과 기업가활동을 다룬 연구서로서 필자가 논문, 학회에서 발표한 내용을 바탕으로 그 동안의 연구 성과를 정리하여 출간하게 된 것이다. 특히 이 저서는 정부재원에 따른 한국연구재단(구, 한국학술진흥재단)의 지원 사업이 연구를 수행하는 데 많은 도움을 주었다[2005년도 협동연구지원(KRF-2005-042-B00113), 2005년도 전문연구인력지원(KRF-2005-075-B00012), 2011년도 학문후속세대양성(NRF-2011-35C-B00177)].

國日本近代學會, 2008)

제5장 「재일(在日)제주인의 제주도에의 기증과 투자활동」(『日本近代學研究』 27, 韓國日本近代學會, 2010)

「재일(在日)제주인의 제주지역 교육발전에 대한 공헌」(『교육과학연구』 13(1), 제주대학교 교육과학연구소, 2011)

제6장 「在日제주인의 상공업활동에 관한 연구」(『濟州島研究』 26(1), 濟州學會, 2004, 공저).

「재일제주인의 상공업활동과 지역사회 공헌」(『社會科學研究』 14(1), 西江大學校 社會科學研究所, 2006, 공저).

제7장 「재일(在日)제주인 기업가의 경영활동 특성」(『日本研究』 12, 高麗大學校 日本研究센터, 2009).

제8장 「재일(在日)제주인의 기업가 유형별에 따른 경영특성」(『아시아연구』 13(3), 韓國아시아학회, 2010).

제9장 「재일제주인 기업가의 사회적 배경」(미간행물)

제10장 「재일(在日)제주인 기업가 東泉 金坪珍 연구」(『日本近代學研究』 30, 韓國日本近代學會, 2010)

제11장 「재일(在日)제주인 기업가 古堂 安在祜 연구」(『日本近代學研究』 34, 韓國日本近代學會, 2011)

제12장 「재일(在日)제주인 기업가 曉泉 康忠男 연구」(『제주발전연구』 14, 제주발전연구원, 2010)

이상의 각 장은 위의 논저에 기술한 바와 같이 지금까지 미간행물 원고를 포함한 국내저명학술지(KCI), 국내전문학술지, 대학논문집 등에 단독 및 공저로 발표(게재)해 온 논문을 모아 재검토하고 보완하여 엮은 것이다. 이들 논문을 각각 집필 당시의 문제의식과 자료조사에 기초하여 작성되어 현재 시점에서 보면 이론적 내용이나 자료처리 등에 부적절하거나 불충분한 점도 없지 않다. 하지만 본서는 비록 통일된 주제로 작성되지는 않았지만 책의 제목과 성격에 맞추어 부분적으로 내용을 수정하고 일부 통계 등을 추가하여 재일제주인의 정체성과 자긍심, 애향심에 대한 의미를 피력하고자 했다.

저자는 본서의 완성도를 높이기 위해 문헌조사 및 현지조사를 통해 최선의 노력을 다했지만 능력보다 의욕이 앞선 탓에 생각했던 것보다 부족한 점이 많다고 생각한다. 특히, 본서는 시기적 흐름에 따라 내용이 상이하지만 재일제주인의 삶과 기업가활동이란 주제를 가지고 작성하였기 때문에, 문헌을 인용하는 과정에서 일부 중복되는 경우가 있음을 밝혀둔다. 비록 완벽하고 훌륭한 책은 아닐지라도 재일제주인에 관심을 갖고 있는 연구자들이 본서를 통하여 재일제주인의 삶과 기업가활동을 이해하는 데 조금이나마 도움이 될 수 있기를 바란다.

여기에서 정리된 내용들은 지금까지 국내외에서 발간된 재일한인이나 재일제주인 관련 서적이나 연구논문 등에 힘입은 바가 크다. 본서에서 참고했던 기존의 서적이나 연구논문 등은 각 장의 참고문헌에 자세히 언급했지만 인용한 모든 내용을 다 표시하지 못한 부분에 대해서는 송구스럽게 생각한다. 본서의 문제점은 저자의 책임이며, 부족한 부분 및 잘못 인용된 내용들이 있으면 계속해서 보완해 가고자 한다.

끝으로 본서를 출판하기까지 도움을 주신 많은 분들께 진심으로 감사를 드린다. 일본 도쿄(東京) 유학시절에 저자를 연구자의 길로 이끌어 주신 와세다(前 早稻田)대학 오케다 아츠시(故 桶田 篤) 교수님과 도쿄(前 東京)대학 핫토리 타미오(服部民夫) 교수님의 가르침에 깊은 감사를 드린다. 원고를 작성하고 교정하는 데 도움을 준 여러 교수님과 선후배님, 양성종 선생님(재일동경탐라연구회), 신재경 교수님(京都創成 大學), 고태수 선생님(四天王寺대학 대학원 박사과정), 강경희 선생(재일제 주인센터 특별연구원), 김보향 선생(재일제주인센터 연구원), 김남수 교수 (제주한라대학교), 강홍균 기자(경향신문), 제주대학교 재일제주인센터 이창익 센터장님에게도 감사의 말씀을 전한다. 또한 현재 저자가 강 의하고 있는 제주대학교 경상대학, 그리고 강의 및 연구공간을 제공 해 준 교육대학 교수님을 비롯한 초등교육연구소 이주섭 소장님의 넉 넉한 배려에 고마운 마음을 전한다. 특히, 본서를 발간하는 데 적극적 으로 도와주신 제주대학교 탐라문화연구소 윤용택 소장님과 보고사 관계자 여러분께 고마움을 표시하는 바이다.

그리고 책이 나올 때까지 지속적으로 격려해 준 가족들에게 감사하 게 느끼며, 더욱이 원고를 집필하는 데 항상 든든한 후원자가 되어 준 아내와 주영, 석범에게도 사랑을 전하며, 도움을 주신 모든 분들에 게 머리 숙여 감사의 말씀을 전하고 싶다.

2013년 2월
사라캠퍼스 연구실에서
고광명 씀

목차

제2부 재일(在日)제주인의 경영활동 특성

제3부 재일(在日)제주인의 기업가활동 사례

표 · 그림 목차

사진 차례

제1부
재일(在日)제주인의 이주와 삶

재일제주인의 의미와 유형

1. 재일제수인의 의미

재일제주인의 의미는 '재일동포(在日同胞)'[1]의 개념을 원용하여 일본에 거주하는 제주도 출신자 모두를 포함하는 용어로서, 일시체류, 특별영주권자, 유학, 비즈니스, 1세, 1.5세, 2세, 3·4·5세, 귀화자 등을 모두 함축하고 있다. 하지만 일본에 거주하는 제주출신들을 지칭하는 용어들은 제주출신 재일동포, 제주출신 재일교포, 재일 제주 출신자, 제주출신 재외교민, 교민사회 등 매우 다양하게 표현되고 있다. 여기에서는 '재일(在日)'[2]을 규정하는 것이 국가시스템에 따른 한국이나 조선(북한)이라는 국적 표시인지, 또는 우리와 같은 혈통인지, 역사나 문화에 얽힌 의식인지, 나아가서 재일한인의 권리획득을 위해 싸우는 존재인지 등 다양한 의견들이 제기될 수 있다(尹健次, 2002).

이처럼 재일제주인의 용어가 다양하게 사용되어 혼란을 야기하는 상황에서 본장에서는 재일제주인의 의미를 개념적으로 정립하기 위해 다음과 같이 이들이 갖고 있는 특성을 설명하고자 한다.[3]

첫째, 재일제주인은 일본 사회 속에서 재일한인(在日韓人)[4]으로서 경제활동을 영위하면서도 다른 지역 출신자에 비해 강한 지역성을 표출하는 이중구조(二重構造) 성격을 지니고 있다. 예를 들면, 재일제주인은 1925년 당시 다른 지역 출신의 한인들도 많이 거주하고 있는 이쿠노구(生野區)에서 '섬놈'이라는 이유로 멸시당하는 이중적 차별을 일본 사회에서 감수해야만 했다. 이런 어려운 상황에서도 제주도 출신자들은 역경을 딛고 일어서는 저력으로 지금의 재일제주인 사회를 형성해 왔다.

둘째, 재일제주인은 일본 문화 속에서 생활하면서도 부분적으로 제주 문화를 지키려는 의식이 강한 이면성(裏面性)을 갖고 있다. 이들은 시대의 흐름에 따라 점차 제주 문화를 의식하고 간직하고 있기보다는 현실적으로 일본 문화에 흡수되어 생활하고 있다. 그 원인은 해방 이후 60년 세월이 흐르면서 재일한인 사회의 세대교체가 꾸준히 진행되면서 의식과 가치관, 생활형태가 다양화되고, 민족교육을 받는 동포 자녀가 격감하는 가운데 일본 국적을 취득한 사람들이 증가하는 상황에 처해 있기 때문이다. 이처럼 재일한인 사회의 변화 속에 재일제주인은 국적이나 혈연, 의식 상태, 세대교체 등의 측면에서 복잡한 양상을 보이고 있다.

셋째, 재일제주인은 생활공동체(生活共同體) 성격이 강한 사람들로 형성되어 도(道) 단위보다는 마을(里·洞) 단위로 한 사회적 네트워크 특성을 지니고 있다. 이들은 일본 사회에서 불합리한 환경을 극복하고 삶을 영위하기 위해 문중, 학교, 마을 등 여러 형태의 친목단체와 같은 비공식조직(informal organization)을 잘 형성하면서 혈연(血緣)·학연(學緣)·지연(地緣)과 같은 사회적 네트워크가 강하게 유지되는 특수성을 지니고 있다. 이러한 사회적 네트워크는 본래 개인이 어려

운 상황에 처했을 때 도움을 제공하는 상호부조의 기제(機制)로 활용
되어 재일제주인 사회의 공동체적 연대성을 발휘하는 기능적 역할을
수행해 왔다.

넷째, 재일제주인은 일본 사회에서 동일한 입장의 재일한인 중에
서 배우자를 찾고자 하는 가치체계의 양면성(兩面性)을 지니고 있다.
이것은 제주도 출신자가 일본 사회에서 생활해 온 타 지역 출신자와
교류가 있고, 일본인보다는 가치체계가 다르더라도 동일한 국가의 사
람으로서 수용하려는 것을 의미한다. 다시 말하면 제주도 출신자 중
에서도 2·3세는 소위 재일한인으로서 타 지역 출신자와 자신을 동일
시하고 본국의 유교적 사고를 흡수하여 살아가고자 했던 것이다. 하
지만 실제 생활에서는 제주도의 생활양식이 전달되어 가부장제적(家
父長制的) 사고가 강하지 않아 결혼하면 부모와 따로 사는 등의 현상
이 발생하고 있다(高鮮徽, 1996: 138).

다섯째, 재일제주인은 고향을 떠나 일본 사회에서 생활하면서도
마을발전에 대한 의지가 강해 자신들만의 지역정체성(地域正體性)을
갖고 있다. 즉 이들은 일본에 거주하면서도 제주도 출신자로서의 자
긍심을 잃지 않고 제주도에 대한 애향심을 갖기 위해 돈을 모아 고향
에 기증하였다. 하지만 일본으로 이주한 세대가 1·2세에서 3·4세로
이동하면서 재일제주인의 지향성은 본국 중심에서 거주국 중심으로
전환되고 있다. 최근에는 같은 고향사람끼리 결혼할 가능성이 낮아지
고 거주국의 다른 사람들과의 교류가 활발해지면서 고향으로부터 멀
어져 지역정체성이 약화되는 경향이 있다.

결국 재일제주인의 의미라는 것은 일본 사회 속에서 온갖 차별과
멸시 속에서 피와 땀으로 재일제주인의 사회적 기반을 마련하여 재일

제주인 사회를 보다 공고하게 형성하면서 그들의 활동 영역을 넓혀가고 있는 존재라고 볼 수 있다.

2. 재일제주인의 범주

재일동포는 일본에 생활 근거를 두고 살아가는 한인동포를 말한다. 동포란 한 핏줄을 가진 같은 민족을 뜻하는 것으로 재일동포의 범주를 엄밀히 구분할 때 ① 한국 국적을 가진 재일한인, ② 일본 국적을 가진 재일한인, ③ 양국인 사이의 혼혈아까지 포함하지만 주로 ①과 ②를 말하며, 이주 동기, 형성 과정 그리고 거주국 국민과의 관계에서 다른 해외한인과는 다른 양상을 띤다. 말하자면 재일한인의 대부분은 1910년 이후 일본의 식민지정책에 의해 자발적 이주 및 강제로 이주를 당한 사람들과 그 자손으로서 지금까지도 심한 차별대우를 받고 있다.

〈그림 1-1〉은 1910년 제주도 출신자들이 일본으로 이주한 후 이려운 삶을 살아오면서 1945년 전후를 계기로 재일제주인의 범주에 대한 변화를 나타내고 있다. 그림에서 보면 1965년 이후 재일제주인 중에 뉴커머(newcomer)가 새롭게 등장하고 있음을 알 수 있다. 재일제주인은 1945년 전후 자발적, 강제적으로 일본으로 이주한 올드커머(oldcomer)와 1965년 이후 유학, 단기체류, 기업가, 비합법적 노동자 등 보다 나은 삶을 찾아 자발적으로 이주한 뉴커머(newcomer)를 포함하고 있다(林永彦, 2004 참조).

〈그림 1-1〉 재일제주인의 범주

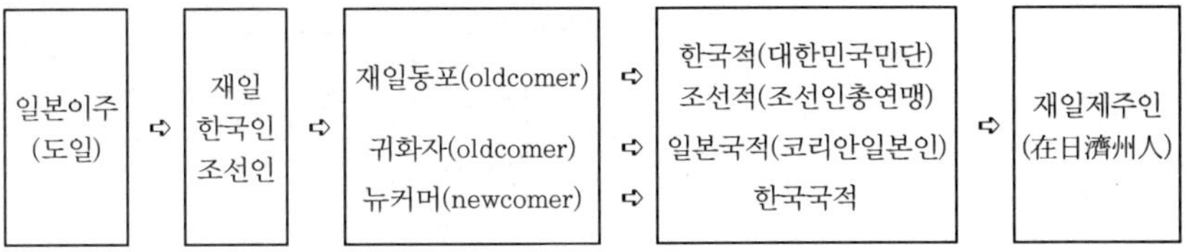

| 일본이주
(도일) | ⇨ | 재일
한국인
조선인 | ⇨ | 재일동포(oldcomer)

귀화자(oldcomer)

뉴커머(newcomer) | ⇨
⇨
⇨ | 한국적(대한민국민단)
조선적(조선인총연맹)
일본국적(코리안일본인)
한국국적 | ⇨ | 재일제주인
(在日濟州人) |

따라서 재일제주인의 범주는 일반적으로 본적지가 제주도이면서 일본에 거주하는 사람, 그들의 배우자와 2세 및 3·4·5세의 자녀들까지를 의미한다. 하지만 본서에서는 제주도 출신이면서 일본으로 귀화한 사람, 그들의 2세 및 3세들, 1965년 한일 국교정상화 이후 합법적으로 일본에 건너가서 정착하고 한국 주민등록을 소지한 제주도 출신자들까지 모두 포함하는 개념으로 인식하고자 한다.

3. 재일제주인의 분류

재일제주인은 이주 시기별에 따라 크게 올드커머와 뉴커머로 구분하여 분류할 수 있다. 올드커머는 재일제주인 1세, 1.5세, 2세, 3·4·5세, 귀화자로, 뉴커머는 재일제주인 1세, 2세 등으로 나누어 구분하였다. 특히 올드커머 재일제주인 1세는 1945년 전후 이주 시기에 따라 1세대와 2세대로, 뉴커머 재일제주인 1세는 1965년 이후 이주한 1세대와 1989년 이후 이주한 2세대로 구분할 수 있다(〈그림 1-2〉 참조).[5]

〈그림 1-2〉 재일제주인의 분류

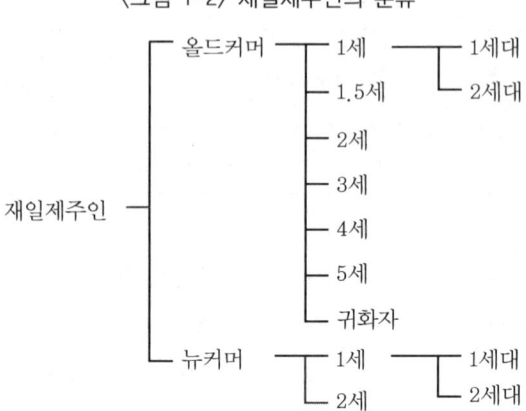

3.1. 올드커머(Old Comer)

올드커머는 1965년 한일협정(韓日協定) 당시 이미 일본에 정착하고 있으면서 일본 정부로부터 특별영주권자 지위를 부여받아 대를 이어 한국 국적을 유지한 채 일본에 살 수 있도록 된 이른바 재일한인을 말한다. 이들은 1945년 이전 자발적, 강제적으로 이주한 재일제주인 1세와 그 후손들인 2세 및 3·4·5세, 귀화자 등으로 이루어진다.

제주도에서 처음 일본으로 건너간 사람을 1세라고 하면, 1세에서 태어난 자식은 2세, 2세에서 태어난 사람은 3세가 되며, 현재 일본에 그 자손들인 재일제주인 4·5세까지 거주하고 있다. 한편 부모와 자식이 같이 일본에 건너갔을 경우 부모는 1세가 되고, 자식도 제주도에서 건너갔기 때문에 1세로 인식되지만 자식은 보통 1.5세라고 해서 부모와 구별하고 있다.

따라서 올드커머 재일제주인은 제주도에서 태어나 삶을 영위하다가 일본으로 건너가 생활하는 사람들과 그들이 일본에서 낳은 2세,

3·4·5세 자식들을 하나로 묶어서 부르는 용어라고 볼 수 있다.

1) 재일제주인 1세

재일제주인 1세는 보통 이주한 시기를 기준으로 재일제주인 1세대
와 2세대 등 두 유형으로 나누어 구분할 수 있다.[6)]

재일제주인 1세대는 1910년대와 1920년대에 출가해녀, 출가노동
자, 농민 등 일제의 수탈에 견디다 못해 생존을 위해 일본으로 건너간
사람들과 1938년 이후 강제 징병·징용으로 끌려간 사람들을 말한다.
결국 이들은 온갖 고생을 하다가 해방을 전후하여 귀국하지 못하고
조선인으로서 차별 대우를 받으면서도 노동자 또는 자영업자로 일본
에 정착한 사람들을 말한다.

재일제주인 2세대는 해방 이후 고향으로 돌아왔지만 상당수가 경
제적 어려움으로 정착하지 못하고 재이주한 사람들과 제주 4·3사
건[7)] 때 진압군의 검거를 피해 도피한 경우, 한국전쟁을 전후하여 국
내의 경제상황이 극도로 악화되어 살기를 모색하기 위해 일본으로 건
너간 사람들이다.

이들 대부분은 일본 사회에서 스스로 노력하여 어느 정도 경제적
기반을 마련한 경우로 현재 일본 사회에 거주하면서 잘 적응하여 재
일제주인 사회의 핵심적인 역할을 수행하고 있다. 결국 재일제주인
1세는 1945년 전후를 계기로 이주한 1세대와 2세대를 말하며, 제주도
의 역사, 문화, 언어, 사고, 가치관 등을 유지하고 있는 사람들을 말
한다.

2) 재일제주인 2세

재일제주인 2세는 일본에서 태어나 자랐으며 일본을 고향으로 생각하는 사람들을 말한다. 개인 간의 차이는 있지만 대다수가 일본어를 구사하면서 약간 한국말을 할 수 있는 사람들이다. 이들은 제주도를 부모의 고향으로 인식하고 있기 때문에 제주도에 대한 친근감도 있지만 부모에 비해 못한 편에 속한다. 제주도에 있는 친인척들은 한국식 혈연 네트워크에 대한 관계를 원하고 있지만 이러한 관계를 이해하지 못하는 경우가 다소 있다. 특히, 이들은 재일제주인 사회에서 부모와 자식들 간에 세대갈등이 많이 나타나는 편에 포함된다. 그 이유는 부모들이 가정에서 한국식 유교문화에 대한 인식을 강하게 갖고 있어서 관혼상제 (冠婚喪祭) 등을 제주도에서 행해지는 관습 그대로 이행하려는 성향을 지니고 있었기 때문이다.

또한 이들은 민족, 국적에 대한 차별 때문에 공직에 진출하지 못하거나 회사에 취직하지 못했던 세대들이다. 재일제주인 1세들은 일본으로 귀화하는 것에 늘 심각하게 생각하지 않지만, 이들은 일본식 가치관을 갖고 있어서 귀화에 대해 깊이 생각하고 고민을 하는 편이다. 비록 이들 몸(身)은 일본 사회에 있지만 마음(心) 어디엔가는 고향에 대한 감정을 지니고 있는 세대들이다.

결국 재일제주인 2세는 고향에 대한 정서적, 심리적 친밀감을 별로 느끼지 못하는 상황에 놓여 있고, 일본에서 태어나 일본식 교육을 받으면서 일본 문화에 부분적으로 흡수되고 동화된 사람들이라고 볼 수 있다.

3) 재일제주인 3 · 4 · 5세

재일제주인 3세는 일본에서 태어난 2세의 후손들로 일본 문화에 상당히 동화되어 삶을 살아가는 세대들이다. 이들은 제주도에서 태어난 부모들을 통해 강요를 받으면서 살아온 세대의 후손으로 자기 자식에게는 제주도 고향에 대해 일방적으로 강요하지 않는다. 그 이유는 제주도에 대한 애향심을 갖고 있기보다는 문화적 차원에서 제주도를 인식하고 있으며, 한국어의 경우도 조국에 대한 관심보다는 삶을 살아가는데 도움을 주기 때문에 공부한다는 인식을 강하게 갖고 있다. 또한 결혼에 대해서도 제주도 출신이라는 테두리를 그다지 심각하게 생각하지 않는 사람들이다.

재일제주인 4 · 5세는 3세들보다 일본에 가까운 가치관이나 문화, 관습을 가지면서 일본 사회에 동화되어 있는 경우이다. 이들은 일본 사람들과 결혼할 경우, 대부분 그 자식들을 일본과 한국 호적에 이중적으로 올리고 있다. 그것은 자식이 어느 쪽을 택하든 간에 성인이 되었을 때 자식의 생각이나 의향에 맡기려는 성향을 갖고 있다.

4) 귀화자(歸化者)

귀화자는 한국계(韓國系)와 조선계(朝鮮系) 일본인(日本人)으로 구성되는 코리안 일본인(Korean Japanese)을 일컫는 용어로 일본 국적을 취득한 한국인(한국적, 조선적)이나 그 자손을 말한다. 즉 이들은 자신의 고유의사로 일본의 국적을 취득하여 일본 국민의 된 사람을 말한다. 일본의 국적법 제4조에는 귀화 허가의 필요조건으로 주소, 능력, 소행, 이중국적의 방지, 불법단체의 가입 유무 등이 제시되어 있다.

최근 재일제주인 사회에서는 1980년대 후반부터 국적법 개정(1985년)에 의해 출생과 동시에 일본 국적을 부여받는 귀화자 재일세대가 증가하기 시작하고 있다. 그 이유는 일본 국적을 취득했어도 민족명을 쓰고 민족적으로 사는 것을 선택하는 자가 있으며, 일본인과 결혼해서 생긴 아이에게 두 루트(route)를 소중하게 인식시키기 위해 더블네임(double name)을 붙이는 재일코리안[8]도 존재하기 때문이다.

3.2. 뉴커머(New Comer)

뉴커머는 1965년 한일기본조약(韓日基本條約)에 따라 한일 국교정상화 이후 일본에 건너가 정착한 한국 주민등록 소지자를 말한다. 이들은 뉴커머 재일제주인 1세와 그 자식들인 2세로 이루어지며, 1세는 1965년 이후와 1989년 이후 이주한 시기에 따라 뉴커머 1세대와 2세대로 구분할 수 있다.

뉴커머 1세대는 1965년 이후 본국의 경제발전에 비해 제주지역 경제발전이 상대적으로 미약하여 밀항으로 일본에 건너간 사람들이다. 이들은 일본으로 이주한 1세와 2세의 도움으로 일자리와 거주지를 마련해 주어 생활을 영위한 사람들이다. 현재 이들 대부분은 제주도 경제 상황이 호전되면서 다시 고향으로 돌아와 제주도에서 살고 있다.

뉴커머 2세대는 1989년 해외여행 자유화 이후로 일본에 건너가 정착하기 시작한 사람들을 일컫는다. 1980년대 이후의 뉴커머는 민족, 국적 차별 등 과거 역사 인식에 대해 비교적 자유로운 편에 속하고, 오히려 일본 사회의 가치관이나 의식 변화에 큰 영향을 주고 있다. 이들은 대부분 1년 또는 3년에 한 번씩 체류기간을 갱신해야 하는 취업 및 유학 비자를 가지고 정주자로 활동하고 있다.

따라서 뉴커머는 1965년 이후 자발적으로 이주한 뉴커머 1세(1세대, 2세대)와 그 자식들인 2세 등으로 이루어져 일본으로 건너가 삶을 살아가는 사람들을 의미한다.

4. 재일제주인의 유형

재일제주인은 이주의 역사적 배경에 따라 지향하는 부분이 다르기 때문에 재일제주인의 현실적 상황을 단지 하나의 개념이나 요인으로 표현하는 데 한계를 갖고 있다. 최근에 들어 일본 이주가 감소하면서 재일제주인 유형을 단지 이주사적 관점으로 파악하는 데도 역시 한계가 있다.9) 이러한 문제를 다소 해결하기 위해 다음과 같은 도식을 통해 재일제주인 유형을 네 가지로 구분하여 살펴보고자 한다.

〈그림 1-3〉에서는 재일제주인의 특성과 관련된 두 개의 요인을 교차시켜 네 가지 유형으로 구분하고, 각 유형을 도면상에 표시하고 있다. 이러한 방법은 이들 유형 중 어디에 위치하고 있는지를 살펴봄으로써 향후 재일제주인의 의미를 개념적으로 정의하는 데 크게 도움이 된다.

우선, 재일제주인 유형을 분류하는 하나의 요인은 모국 지향적 사고인지 아니면 거주국 지향적 사고인지 여부를 파악하는 데 있다. 모국 지향적 사고는 고향에 남아 있는 사람들과의 다양한 인적 네트워크가 긴밀해지면서 혼인, 가족관계 등에 대해 자기주도로 의사결정을 하는 경우이다. 반면 거주국 지향적 사고는 현지국가의 맥락 속에서 부모의 사고보다는 본인의 사고를 갖고 모든 문제에 대해 현실적 판단을 하는 경우이다.

다음으로 재일제주인 유형을 분류하는 다른 하나의 요인은 정체성(正體性)에 대한 관심인지 아니면 재일성(在日性)에 대한 관심인지 여부를 판단하는 데 있다. 정체성을 강조하는 입장은 단순히 고향에 대한 향수나 분리주의적 차원에서 민족의 정체성을 유지하는 데 초점을 두는 경우이다. 반면 재일성에 관심을 두는 입장은 자신들의 고유문화와 현재 살고 있는 새로운 문화가 융합되면서 만들어내는 역동적인 커뮤니케이션 네트워크에 주목하는 경우이다.

결국, 이 모형은 두 가지의 요인을 갖고 교차시키면 네 가지의 재일제주인 유형이 만들어지게 되어 재일제주인의 특성을 설명하는 데 도움을 주게 된다.10)

〈그림 1-3〉 재일제주인의 유형

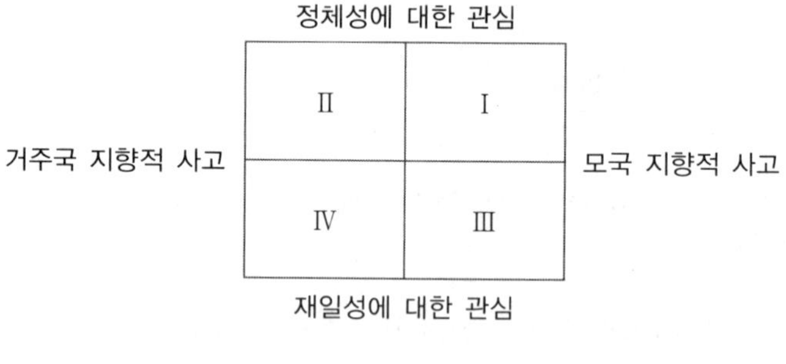

정체성에 대한 관심

II	I
IV	III

거주국 지향적 사고 ───────── 모국 지향적 사고

재일성에 대한 관심

첫째, I 유형은 모국 지향적 사고를 가지면서 정체성에 대한 관심을 갖는 경우를 말한다. 이 유형에서는 조국과 고향에 대한 애국심, 애향심을 간직하면서 민족과 지역의 정체성을 유지하는 데 초점을 두고 있다. 이런 경우는 일본 사회에서 재일한인으로 잔류하면서 살아

가는 양상을 보여 일본 사회의 동화를 거부하고 재일한인의 정체성을 유지하면서 살아간다. 한국어를 구사하고 한국의 문화와 역사를 그대로 간직하면서 또 다른 한인들과 교류 및 접촉하면서 살아가는 부류에 속한다.

이들 대부분은 제주 문화에 대한 정체성을 지니면서 삶을 살아가는 사람들이 많다. 가정 내에서 가족들 간의 관계를 비롯한 관혼상제, 종교, 언어 등도 제주도에서 해왔던 방식 그대로 하는 경우가 많다. 이들은 제주도가 고향으로 학창시절을 제주에서 보냈으며 부모형제, 동창 및 친구들도 살고 있기 때문에 제주도와 다르지 않게 삶을 살려고 한다. 더욱이 제주도의 유교 문화를 그대로 간직하고 있어서 본인도 부모로부터 이어받은 관습 그대로를 자기 자식이 해주기를 바라고 있지만, 자식들은 일본에서 태어나 일본 문화에 익숙해 있는 상황이다. 결국 이 유형에는 고향에 대한 애향심과 자신의 정체성 간의 갈등에서 비롯되는 대부분 1세나 1.5세, 뉴커머가 해당한다고 볼 수 있다.

둘째, Ⅱ유형은 거주국 지향적 사고를 가지면서 정체성에 대한 관심을 갖는 경우를 말한다. 이 유형에서는 거주국에 대한 현실성을 인식하면서 민족과 지역정체성을 유지하는 데 초점을 두고 있다. 이들은 일본에서 태어나 자랐기 때문에 일본을 고향으로 인식하여 개인에 따라 차이가 있지만 대부분 한국 언어(사투리 포함)를 조금씩 구사할 수 있다. 이것은 부모들이 집안에서 사용하는 한국 언어를 그대로 배우고 학습을 했기 때문이다. 결국 이 유형에는 대부분 2세가 해당한다고 볼 수 있다.

셋째, Ⅲ유형은 모국 지향적 사고를 가지면서 재일성에 대한 관심을 갖는 경우를 말한다. 이 유형에서는 조국과 고향에 대한 애국심,

애향심을 간직하면서 재일성을 추구하는 데 초점을 두고 있다. 이런 경우는 스스로를 일본인이라고 생각하지는 않지만, 다른 재일한인들과의 접촉을 기피하고 한국의 언어, 문화, 역사 인식, 그리고 재일한인으로서의 정체성을 포기하고 삶을 살아가는 부류에 속한다. 고향에 대한 관심을 갖고 있기보다는 오히려 고향에 대한 열등의식을 갖는 경우가 존재하기 때문에 가능하면 고향에 대한 모든 것을 철저히 기피하여 배타적 사고를 갖는 경우이다. 결국 이 유형에는 대부분 2세의 후손들인 3세가 해당한다고 볼 수 있다.

넷째, Ⅳ유형은 거주국 지향적 사고를 가지면서 재일성에 대한 관심을 갖는 경우를 말한다. 이 유형에서는 거주국에 대한 현실성을 인식하면서 재일성을 추구하는 데 초점을 두고 있다. 이런 경우는 코리안 일본인으로 인식하여 본래의 한국인도 아니고 동화된 일본인도 아닌 절충 형태로 살아가는 양상을 보인다. 결국 이 유형에는 대부분 3세의 후손들인 4·5세, 귀화자가 해당한다고 볼 수 있다.

▌주 _____

1) 정호승(2007)은, 해방 이전 일본으로 이주한 사람들을 "교포(僑胞)가 아니라 동포(同胞)이다."라고 주장한다. 스스로 자발적으로 자기가 원해서 조국을 떠난 이들을 교포라고 부른다면, 타의에 의해 강압적으로 조국을 떠난 이들은 동포라고 불러야 마땅하다는 것이다. 우리는 재일동포를 재일교포라고 부르기도 하는데 이는 잘못된 표현이다. 우리가 재미교포를 재미동포라고 부르지 않듯이 재일동포를 재일교포라고 불러서는 안된다. 그것은 조국을 언제 어떻게 왜 어떤 형편에서 떠나게 되었느냐에 따라 달리 생각되기 때문이다(김남일 외, 2007: 184).

2) 본서에서는 재일(在日)이란 의미를 혈연·지연·학연 등 사회적 네트워크 형성에 의해 제주도와 관계를 맺고 있기 때문에 다른 지역의 출신에 비해 지역정체성이 강하다는 맥락에서 그 의미를 파악하고자 한다. 그런 측면에서 재일제주인의 대상에는

이주의 다양한 역사적, 정치적, 경제적, 사회적 배경 속에서 현재 일본에 거주하고 있는 본래의 한국적과 조선적(북한), 그리고 귀화하여 일본 국적을 취득한 제주도 출신자를 모두 포함하게 된다.

3) 재일제주인의 의미는 양성종(2005, 2009), 高鮮徽(1996, 1998), 伊地知紀子(2000) 등과 필자의 연구 내용을 바탕으로 정리하였음을 밝혀둔다.

4) 본서에서 필자는 각 장의 내용별에 따라 재일한국 · 조선인, 재일코리안 , 재일한인 용어 등을 사용하고자 한다.

5) 재일제주인의 분류와 유형은 신재경 교수가 ≪제주의 소리-재일동포 그들은 누구인가≫에 게재한 내용과 필자가 평소 생각하고 고민했던 부분과 기존연구에서 밝혔던 사항을 참고로 삼아 정리하였음을 밝혀둔다.

6) 기존의 연구자들은 재일제주인 1세를 1세대, 2세대, 3세대로 나누고 있으나, 본서에서 필자는 1965년 이전 이주한 경우에 한정하여 재일제주인 1세대와 2세대로 구분하고자 한다. 하지만 재일제주인 3세대는 1965년 이후 일본으로 이주했기 때문에 뉴커머에 포함시켜 뉴커머 1세대로 인식하고자 한다.

7) 본서에서 필자는 제주 4 · 3사건 진상규명 및 희생자명예회복위원회(2003), 『제주 4 · 3사건 진상조사보고서』에서 정부가 공식적인 입장을 처음으로 표명한 용어를 사용하고자 한다.

8) 高泰洙(2013)에 의하면, 귀화자는 2010년 말 기준으로 조선적(북한)을 소지한 사람을 제외하면 약 33만 5천 명으로 전체의 약 57%를 차지하고 있다. 한편 재일코리안 인구는 귀화자 수에 외국인등록자 약 58만 9천 명을 추가한다면 약 100만 명이 될 것으로 추정하고 있다. 재일제주인 인구는 약 15만 명으로 예상하고 있어서 제주도 인구(2012년 말 592,449명) 전체의 약 25%에 해당한다(高泰洙, 2013: 127).

9) 김광섭(2005)은 재일코리안 현상을 4개 유형으로 구분하고 개인사례 유형을 분석한 바 있다. 그는 민족성 회귀형, 느슨한 민족형, 자기 실현형, 탈국적 · 탈민족형 등으로 분류하여 일본 국적을 취득한 재일코리안의 아이덴티티를 설명하고 있다.

10) 재일제주인 유형은 향후 재일제주인의 의미를 개념적으로 정의하기 위해 기존연구에서 주장했던 정체성과 재일성을 바탕으로 작성하였음을 밝혀둔다(김현선, 2009 · 2011; 김진환, 2012; 장박진, 2009; 박광현, 2010).

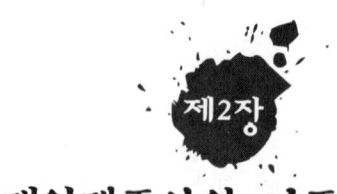

재일제주인의 이주 역사

1. 머리말

재일제주인의 이주[1]는 약 100년이 넘는 세월의 역사를 갖고 있으며, 그 배경을 비롯한 이주 시기와 요인도 매우 다양하게 나타나고 있다. 재일제주인 1세는 이주 초기에 일시적인 거주를 목적으로 건너갔으나 최근에 들어 재일은 정주화(定住化) 경향을 보이면서 언어나 교육, 문화 등 여러 면에서 일본 사회로의 변화가 점점 심화되고 있다.

재일제주인의 이주는 1903년 제주해녀의 일본 출가를 시초로 규슈(九州)지역을 중심으로 어로 작업을 수행하면서 이루어졌다. 하지만 재일제주인 사회가 본격적으로 형성된 것은 1910년대 일본의 수탈정책에 의해 토지를 잃거나 생활 터전을 상실한 농민들이 일본 노동시장의 수요 증대에 따라 일자리를 얻어 돈을 벌기 위해 일본으로 건너가면서 시작되었다. 더욱이 1923년 제주도와 오사카를 연결하는 직항항로의 개설은 제주도 출신자들이 일본으로 이주하는 계기를 마련하게 되었다. 또 1930년 후반에 이르러 전쟁수행을 목적으로 징병·징용에 의해 강제적으로 동원되면서 일본으로 건너가게 되었다. 이 시기는 일본의 전시체제 기간으로 1938년에 제정된 '국가총동원법(國

家總動具法)'과 1939년에 제정된 '국민징용령(國民徵用領)' 등으로 노동력 착취를 위한 징용으로 동원되었다. 1945년 이후에 들어서면서 제주 4·3사건 후유증에 따른 밀항, 그리고 1965년 한일 국교정상화, 1989년 해외여행 자율화 등 시대적 상황에 부응하면서 자발적으로 이주하게 되었다.

이처럼 재일제주인의 이주 초기는 조선에 대한 일제의 식민지통치라는 역사적 조건 하에서 진행되었지만 이후 경제적 요인을 비롯하여 역사적, 정치적, 사회적 이유로 이주하여 일본 사회에 정착하면서 재일제주인 사회를 형성하고 있다. 비록 이들의 이주 형태와 동기는 서로 디르디라도 해방을 전후하여 일본 사회에서 삶을 영위했다는 사실은 지금까지 재일제주인의 정체성을 형성하여 다양한 경제적 활동을 수행하면서 거주국과 고향과의 관계를 정립하는 데 중요한 역할을 했다는 것이다.

따라서 본 연구는 재일제주인의 이주와 관련된 기존자료를 통하여 일본 사회에서 활동하는 재일제주인의 이주 시기 및 요인 등을 이주사적 관점에서 접근하는 데 있다. 그런 의미에서 이주와 관련된 역사적 배경을 파악하여 본다는 것은 재일제주인의 삶과 역사, 그리고 재일제주인 사회를 이해하는 데 매우 소중한 작업이라고 할 수 있다. 이를 위해 본장에서는 우선 재일제주인의 이주와 관련된 기존연구를 살펴본 후, 다음으로 재일제주인의 이주 시기를 알아보며, 마지막으로 재일제주인의 이주 요인을 파악하고자 한다.

2. 기존연구의 검토

본장의 목적은 제주도 출신들이 어느 시기에 이주하였는지, 그리고 이들이 어떠한 배경을 통하여 이주하였는지를 살펴보는데 있다. 지금까지 재일한인은 다양한 경제적 활동을 수행하여 왔는데 이들의 이주와 관련하여 국내외 기존연구를 살펴보면 다음과 같다.

우선 재일한인의 이주와 관련하여 기존연구 동향을 살펴보면 다음과 같다. 朝鮮研究所(1957)는 재일한인의 도항시기를 1단계의 시기(1910~1920년), 2단계의 시기(1921~1930년), 3단계의 시기(1931~1938년), 4단계의 시기(1939~1945년) 등 4단계로 구분하여 설명하고 있다. 제1단계에서 제3단계까지는 일본의 식민지정책에 의한 피동적인 산물로서 자유의사에 따른 도항이었지만 제4단계는 침략전쟁 확대에 따라 일본 본토의 군수산업에 노동력을 징발하기 위해 강제적, 집단적으로 이주했다고 한다. 이문웅(1996)은 일본의 식민지정책과 연관시켜 시기 구분을 농민층의 몰락에 따라 도항한 제1기(1910~1938년), 강제연행에 의해 도항한 제2기(1939~1945년), 일본의 패전 후 일본에 남게 된 제3기(1945~1988년), 1989년 한국의 해외여행 자유화 조치로 도일한 제4기(1980년대 말~현재)로 구분하여 재일한인의 형성과정에 대해 설명하고 있다. 丁振聲·吉仁成(1998: 189~216)은 조선과 일본 간의 생활수준 격차가 조선 내에 이민을 희망하는 다수의 노동력을 발생시켰다고 한다. 도항 저지를 통한 일본의 이민정책은 이의 실현을 제약하는 기능을 하였으나 정책의 강도가 이동 압력을 크게 왜곡시킬 정도는 아니었다고 한다. 윤인진(2005)은 한일병합 이전, 제1기(1910~1938년), 제2기(1939~1945년 8월), 제3기(1945년 8월~1980년대 말), 제4기(1980년대 말 이후) 등 5단계로 구분하고 있다. 재일한인의 이주와 정착은 조선에 대한 일제의 식민지통치라는 역사적 조건 하에서 진행되었지만, 이주 형태와 동기가 다르더라도 식민지통제 시기에 강제로 끌려와서 착취당했다는 인식은 재일제주인의 정체성을 형성하고 모국과 거주국과의 관계를 세우는데 중요한 역할을 했다는 것이다. 김 게르만(2005)은 집단 이주의 시작(1910~1923년), 재일한인의 노동 이주(1924~1937년), 한인들의 강제 동원(1939~1945년)으로 구분하였다. 일본 내 한인들은 그 복잡한 역사적 운명 속에서 국가 기관에 의한 공공연한 차별과 일본인들의 쇼비니즘(Chauvinism) 아래에서 천대를 겪어야만 했으니, 민족정체성을 유지하기 위한 인내와 용기가 필요했다는 것이다. 최석신 외(2005)는 일본 정부에 의해 강제 합병이 이루어진 제1기(1910년 이전), 조선인들에 대한 강제 동원이 시작된 제2기(1910~1938년), 해방이 된 제3기(1939~1945년), 한국 정부의 해외여행 자유화 조치가 이루어진 제4기(1945~1988년)와 제5기(1989년 이후)로 구분하고 있다. 재일코리안 사회는 조선인들의 자발적 이주로 형성된 것이 아닌 일제 식민지지배의 산물로서 강압에 의해 이루어졌으며, 일본 정착 이후에도 재일코리안들이 법적 사회적으로 온갖 박해와 차별을 받아 왔던 것이다. 外村 大(2010)는 ① 1919년경까지 ② 1919년경부터 1923년경 ③ 1923년경부터 1925년 10월 ④ 1925년 10월부터 1934년 10월 ⑤ 1934년 10월부터 1939년 7월 ⑥ 1939년 7월부터 1945년 8월까지 등 여섯 시기로 구분하여 설명하고 있다.

김광열(2010)은 1910~1940년대 한인의 일본 이주사 연구에서 20세기 전반 한반도에서 일본 열도로 이주한 한인들을 둘러싼 정치·경제적 환경을 고찰하여 오늘날 일본에 한인 영주자 집단이 존재하는 역사적 연원을 밝히고 있다. 한인의 일본 체재 형태는 1920년대까지 일시적인 구직을 목적으로 한 도일이 대부분 유동적으로 일어났지만 1930년대로 이행하면서 점차 가족을 동반하고 정주하는 형태로 변화하였다. 중일(中日)전쟁과 태평양(太平洋)전쟁으로 이어져 총동원 체제가 본격적으로 전개될 무렵에는 1930년대 중기 이전에 도일한 한인들의 현지 정착화가 이미 상당히 진행된 상태였다고 판단하고 있다.

다음으로 재일제주인의 이주와 관련하여 지금까지의 기존연구를 살펴보면 다음과 같다. 桝田一二(1936)는 제1기(1907~1913년), 제2기(1914~1922년), 제3기(1923~1933년), 제4기(1934~1945년) 등으로 나누어 출가과정을 구분하였다. 그는 출신지를 한정하여 한인 이민노동자의 취로실태를 논술하면서 전전(戰前) 제주도민에 의해 일본으로 이주한 출가노동의 실태를 밝혔다. 姜在彦·金東勳(1989)은 일본으로 유입과정에 대해 크게 농민층의 몰락에 의한 도항과정(1910~1938년)과 강제연행에 의한 도항과정(1939~1945년)으로 구분하고 있다. 전자의 과정을 제1단계의 시기(1910~1920년), 제2단계의 시기(1921~1930년), 제3단계의 시기(1931~1938년) 등으로 구분하여 식민지정책과 관련되어 있음을 설명하고 있다. 河明生(1997)은 사회경제사 측면에서 오사카시 공업의 구조적 관련성에 대해 제주도 출신자를 포함한 한인의 일본 이민의 취로 실태 및 과정을 고찰하였다. 제주도 출신의 오사카 이민 요인은 제주도의 산업부진, 임금 및 고용기회의 확대, 제주도 경제의 전환, 출가제도, 정기항로 개설 등으로 제주도민의 오사카로의 이주를 활발히 촉진시키는 계기가 되었다. 杉原達(1998)은 오사카에 거주하는 조선인을 연구하면서 제주도에 초점을 맞추고 있다. 그는 근대 이후 일본 제국주의의 식민지지배와 노동력 이동이라는 틀에 입각해 조선인의 도일 과정을 분석하는 데 치중하여 제주도라는 지역이 갖는 특수성을 설명하고 있다. 李俊植(2002: 5~31)은 일제강점기에 지속적으로 일어난 제주도민의 오사카 이주에 주목하여, 왜 제주도 출신이 오사카에 집중적으로 거주하게 되었는지, 이들의 삶은 어떠했는지를 밝혔다. 전은자(2008: 137~178)는 일본으로 도항했다 귀향한 제주사람들 16명을 대상으로 면접조사를 실시하였다. 이들이 무슨 이유와 어떤 경로를 통해서 도항했는지, 그리고 일본에서 그들의 생활 상태와 귀향 후 제주에서의 생활상은 어떠했는지 등 그들의 변화된 삶의 다양한 모습을 고찰하였다. 안미정(2008: 179~218)은 2006년부터 2007년까지 참여관찰 및 심층인터뷰를 통해 수집한 사료를 토대로 오사카 이쿠노구(生野區)에 사는 재일제주인 여성들의 생애와 생활을 중심으로 초기 이주와 정착, 귀향에 얽혀 있는 사회문하저 지형을 기술하였다. 조선시장은 이주자들이 초기 정착과정에서 상호거래를 하며 정주기반을 미련했던 사회적 네트워크 공간이라고 할 수 있으며, 사회적으로 무자본의 상황에서 서로 모여 생활함으로써 그들 사이에 형성된 네트워크가 정착의 자본 구실을 했다는 것이다. 高鮮徽(1998)는 면접 및 설문조사를 토대로 제주인의 일본 이동을 세1세대(1901~1930년), 제2세대(1931~1950년), 제3세대(1951~1985년), 제4세대(1986년 이후) 등 4세대로 구분하여 세대별로 특징을 부여하였다.

이상의 기존연구를 종합하면, 연구자들 대부분은 1910년에서부터 해방 이전까지를 중심으로 이주 시기를 몇 단계로 구분하면서 그 특징을 설명하고 있다. 따라서 본장에서는 다른 지역 출신과 대비되는 재일제주인의 이주 역사에 대한 고찰을 통해 기존연구의 공백을 보완하는 데 그 의미를 두고자 한다.

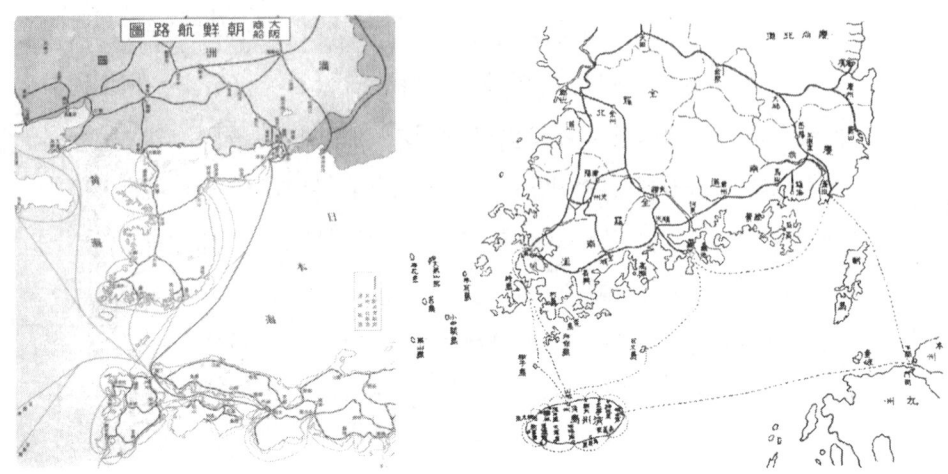

좌) 조선항로도(朝鮮航路圖)   우) 제주도항로도(濟州島航路圖)

3. 재일제주인의 이주 시기

재일제주인 사회는 일본에 거주하는 제주도 출신자에 의해 형성되어 지역 단위의 사회적 결합을 통해 문화가 유지되거나 다양한 활동이 일어나고 있는 사회를 말한다. 그런 의미에서 이들 사회는 재일제주인의 자발적인 이주로만 형성된 것이 아니라 일본 식민지지배의 산물로서 강압에 의해 이루어졌기 때문에 일본 사회에 정착하는 데 법적 사회적으로 온갖 차별을 받아 왔다. 따라서 본장에서는 재일제주인의 이주를 시기별로 ① 제1기(1910년 이전), ② 제2기(1910~1922년), ③ 제3기(1923~1938년), ④ 제4기(1939~1945년), ⑤ 제5기(1945~1964년), ⑥ 제6기(1965~1988년), ⑦ 제7기(1989년 이후) 등 7단계로 구분하여 설명하고자 한다.

1) 제1기(1910년 이전)

제1기는 1910년 이전 제주도 해녀와 어부들이 일본으로 건너간 시기를 말한다. 이 시기에는 기타규슈(北九州)지역의 어선이 제주도 어장에 출몰했던 시기로 경제적인 부를 얻기 위해 일본으로 진출했다. 당시 제주도의 어업은 전통적인 방식으로 인해 근대화된 일본의 통어선과 어로기술에 따라가지 못하면서 일본 어선에 어장을 빼앗겼다. 이러한 상황에서 제주도 출신의 일본 이주는 1903년 제주도 해녀와 어부들이 일본에 진출하면서 시작되었던 것이다.[2]

〈표 2-1〉은 1907년노 기순으로 조선인 지역별·목적별 일본도항사의 통계를 살펴본 것이다. 이 자료에 따르면 조선인 대부분은 출가, 상업, 유학 형태 등을 통해 일본에 건너간 것으로 나타났다. 이처럼 한일병합 이전에도 일본에 조선인이 거주하고 있었는데, 대부분 출가나 유학생 신분으로 이주했기 때문에 재일제주인이 다소 포함되어 있다고 볼 수 있다.

결국 1910년 이전부터 제주도 해녀는 일본인 업자에 고용되어 한반도, 일본 등으로 진출했지만 그 배경에는 일본 어민의 제주도 진출과 밀접한 관련성을 갖고 있다.

<표 2-1> 조선인 지역별·목적별 일본도항자(1907년)

(단위 : 명)

목적별 지역별	출가	상업	유학	어업	기타	합계
부산	295		130			425
군산	0	244	9		47	300
목포	21	18		20	21	80
인천					63	63
평양		2	50		3	55
대구	10	6	9		16	41
기타	1	10	25		2	38
합계	327	280	223	20	152	1,002

자료 : 山協啓浩(1992), 「朝鮮合併以前の日本における朝鮮人勞働者の移入問題」,
　　　『在日朝鮮人運動史研究』22, 在日朝鮮人運動史研究会.

2) 제2기(1910~1922년)

제2기는 1910년부터 1922년까지로 제주도 출신의 노동자가 일본 노동시장에 진입한 시기를 말한다. 이 시기에는 1910년 한일병합 이후 토지조사사업(1910년 3월~1918년 11월), 산미증산계획(1920~1934년)의 실시, 어업의 침탈 등 일본의 제주도 침탈이 본격화되면서 제주도민들의 생활이 매우 어려워지기 시작하여 일본으로 이주하는 사람들이 급증하였다. 그 이유는 일제의 식민지정책에 의해 농어촌이 피폐화되면서 겪는 경제적 어려움과 일본의 공업화로 인해 대량 노동력의 필요성으로 많은 제주도 사람들이 도일했기 때문이다.

당시 제주도는 일제의 식민지정책에 호응하여 일본의 노동력 모집에 적극적으로 협조하여 알선하였다. 제주도 출신의 직공모집은 1914년부터 오사카 한신(阪神)을 시작으로 기타규슈(北九州) 등의 공업지대에서 노동력을 필요로 하면서 이루어졌다. 그 배경에는 게이한신 (京阪神)지역의 노동력 수요와 제주도 출신을 고용했던 회사의 이미지 가 제주도 출신의 일본 진출을 촉진시키는 요인이 되었다. 게다가 니 시니혼(西日本)의 어민이 제주도에 출어하여 제주도 출신을 고용했던 경험이 있었던 것도 크게 작용했다고 볼 수 있다.[3]

3) 제3기(1923~1938년)

제3기는 1923년부터 1938년까지로 정기항로가 개설되면서 제주도 출신자들이 일본으로 건너간 시기를 말한다. 이 시기에는 1923년 제 주(濟州)-오사카(大阪)간 정기항로인 기미가요마루(君が代丸)가 운항 되면서 재일제주인의 오사카 집단 거주가 더욱 활성화되었다.

일본내무성경보국(1923)에 따르면 1920년대 출신지역이 알려진 이 주자 72,815명 가운데 경상남도 출신이 39%, 전라남도(제주도 포함) 출신이 25%, 경상북도 출신이 16%로 나타나 3개도 출신지역이 전체 의 80%를 차지하였다고 한다(윤인진, 2004).

결국 정기항로 개설은 제주도 출신들이 일본으로 이동하기 위한 수 단으로서 기능을 했다. 이로 인해 제주도 출신들은 일본 진출이 용이 하게 되어 1934년에 제주도 인구의 25%가 일본으로 건너가게 되었던 것이다.[4]

4) 제4기(1939~1945년)

제4기는 1939년부터 1945년까지로 1931년 만주사변(滿洲事變)을

일으키고 1937년 중일(中日)전쟁을 개시하면서 제주도 출신자들이 일
본으로 건너간 시기를 말한다. 이 시기에는 일본의 전선(戰線) 확대에
따른 병력과 본토의 전시사업을 지탱할 노동력 확보가 필요하게 되면
서 강제적으로 징병·징용이 이루어졌다.

　당시 일본 정부는 1938년 4월 국가총동원법(國家總動員法)을 발표
하고 1939년 7월 노동력 동원계획을 발표하였다. 그리고 1939년 9월
에 조선인 노동자 모집 및 도항 취급 요강 등 국민징용령(國民徵用領)
을 발표하여 강제연행이 시작되었다. 즉 일본은 전쟁을 수행하기 위
해 매우 강제적으로 한국인을 포함한 제주도 사람들을 징용과 징병으
로 동원한 것이다. 1939년 기준으로 재일제주인은 4만 5천 9백여 명
에서 1945년 해방 당시에 10만여 명으로 증가하였다. 결국 이 시기는
다른 기간에 비해 재일제주인의 이주로 인해 인구 유출이 상당히 이
루어졌던 경우이다.

5) 제5기(1945~1964년)

　제5기는 1945년부터 1964년까지로 해방 이후 고향으로 돌아가지
못해 일본에 잔류하거나 재이주, 그리고 제주 4·3사건 후유증 등으
로 일본에 건너간 시기를 말한다. 이 시기에는 해방 후에 귀국하였지
만 경제적 이유로 인해 재이주하거나 제주 4·3사건으로 인해 정치적
이주가 급격히 증가했던 경우이다.

　당시 제주도 출신들은 1945년 해방 이후 제주도로 귀향하려고 했
으나 여러 가지의 사정으로 귀국하지 못하고 일본에 잔류하게 되었
다. 더욱이 이들은 고향으로 돌아왔으나 제주도의 여의치 않는 사정

으로 인해 다시 일본으로 재이주하게 되었다. 그 이유는 제주도로 귀향하였는데 절대적으로 일자리가 부족하였고 1946년 제주도에 만연했던 전염병 및 불안한 국내 치안문제들로 인해 다시 도일하거나 귀향하지 않고 그대로 정착하는 사람들이 증가했기 때문이다. 이 외에도 이 시기에 도일했던 재일제주인들은 제주 4 · 3사건 밀항자뿐만 아니라 재일제주인의 신부로 이주했던 여성이나 친척방문 등으로 도일하여 체재하는 사람들도 적지 않았다.

6) 제6기(1965~1988년)

제6기는 1965년부터 1988년까지로 1965년 한일협정 체결을 통해 일본과의 교류가 점차 진행되면서 일본으로 건너간 시기를 말한다. 이 시기에는 일본 경제가 호황으로 노동력이 매우 부족한 상황에서 저팬 드림(Japan Dream)이니 경제적 빈곤과 같은 가정상의 이유로 친구나 친척 등 지연 네트워크를 통해 일본으로 이주하는 경우가 많았다. 1971년 12월 말 기준으로 재일제주인은 86,490명으로 재일한인의 14.1%를 차지하고 있다.

당시 제주도 출신들은 재일한인들과 동일하게 법적 지위 면에서 남한에 국적을 가진 영주자로 거주하거나 북한의 난민 신분으로 거주하는 상황이 현실적으로 발생하게 되었다. 또 제주지역에서는 경제적으로 어려움을 겪은 사람들이 일본으로 밀항하기도 했다. 〈표 2-2〉에서 밀항으로 도일한 재일제주인의 비율을 살펴보면 1970년부터 1974년까지 밀항자 740명 중 제주도 출신자가 608명으로 전체의 82.2%를 차지하였다. 불법입국자 중에서 제주도 출신자가 많게 나타난 것은 일본의 식민지경영과 수탈로 인한 가난이 해방 이후에도 해소되지 못하고 1970년대 이후 남녀에 관계없이 많은 사람들이 일본으로 이주하였던 것이다.

〈표 2-2〉 재일한인 불법 입국자의 출신지역별 분포(1970~1974년)

(단위 : 명)

출신 \ 연도	1970	1971	1972	1973	1974	합계
제주도	93	90	154	198	112	608
경상남도		10	18	16	5	49
경상북도	3				3	6
전라남도	12		2	4	4	22
전라북도		1		6		7
충청남도		4				4
경기도			9		3	12
기타	8	2	1	17	4	32
합계	116	77	184	232	131	740

자료 : 藤永 壯(2010), 「재일제주인과 밀항」, 『기억의 구술과 역사』, 제주4·3 62주년 국제심포지움 발표 자료집.

7) 제7기(1989년~현재)

제7기는 1989년부터 현재까지로 1989년 해외여행 자유화가 실시되면서 일본으로 건너간 시기를 말한다. 이 시기에는 1980년대 말 이후 일본의 경제 호황기에 엔고(円高), 임금 상승, 노동력 수요로 인해 일본으로 건너간 소위 뉴커머(newcomer)들이 재일한인 사회에 새로운 집단을 형성하게 되었다.

당시 뉴커머는 1952년 샌프란시스코 강화조약 발효로 식민지 출신

자들의 법적 지위가 외국인으로 변경되면서 주로 1980년대 일본의 국
제화가 급속히 진행됐던 버블경제 이후에 급속도로 늘어났다. 이들은
1980년대 이후 해외여행 자유화로 인해 단기방문 비자를 받고 일본에
들어간 사람, 그리고 체류기간이 지나 불법적으로 취업을 하고 있는
사람들을 가리킨다. 뉴커머의 실제 수는 상당수의 불법 체류자들을
포함해 20~30만 명에 이를 것으로 추산되어, 그들의 1/3 이상이 도쿄
와 오사카지역에 살고 있는 것으로 알려져 있다. 뉴커머들의 거주지
와 직업, 생활양식은 올드커머(oldcomer)에 비해 많은 점에서 구별되
어 전혀 좁혀지지 않는 거리간이 존재하고 있다.

4. 재일제주인의 이주 요인

앞에서 살펴본 바와 같이 재일제주인 이주는 정책적, 행정적, 정치
적, 경제적, 사회적 요인 등 푸시(push)와 풀(pull) 요인에 의해 많은
사람들이 일본으로 건너가면서 이루어졌다. 이와 관련된 이주 요인을
내용별로 살펴보면 다음과 같이 설명할 수 있다.

4.1. 토지조사사업

토지조사사업은 1910년부터 1918년까지 일본이 조선에서 시행한
대규모의 국토조사사업을 말한다. 일본의 토지조사사업은 1910년 조
선을 강제 점령한 후 식민지체제의 수립을 위한 1차적 작업으로 실시
한 식민지정책의 일환이었다. 일제가 실시한 토지조사사업은 토지소

유권조사, 토지가격조사, 지형소유권조사로 나누어 사업을 전개하였다(愼鏞廈, 1979: 10).

제주도에서의 토지조사사업은 1913년부터 2년 동안 토지 소유주로부터 신고를 받아 처리하고 불복신고를 받아 재결결과를 처리하여 1917년 일제의 강권으로 완료되었다. 1910년대 토지조사사업의 결과를 보면, 전국의 경우는 1918년 기준으로 전체 면적 (4,871,061町)에 대해 국유지(137,225町)의 2.8%에 불과했는데 제주도에서는 1926년 기준으로 국유지(19,869町) 비중이 전체 면적(107,860町)의 18.5%에 달해 약 6.5배 정도로 현저히 국유지의 비중이 큰 것으로 나타났다(〈표 2-3〉 참조). 다시 말하면 과거 개간되었던 방대한 목장토의 소유권이 국유화의 대상이 되면서 토지에 대한 농민들의 관습상 경작권이 부정되고 소멸되어 버렸다는 것이다. 그리고 일제는 강탈한 국유지를 다시 제주도 농민에게 반보(反步)당 1원 50전으로 불하함으로써 이중의 수탈을 자행했다(李映勳, 1989: 43~49).

〈표 2-3〉 제주도 농민의 토지 소유 상황(1926년 기준)

(단위 : 町, %)

소유＼토지	畓	田	垈	기타	전체
국유지	59.2	13,654.4	83.6	6,071.9	19,869.1
사유지	836.2	76,410.0	2,086.8	8,658.1	89,991.1
전체	855.4	90,064.4	2,170.4	14,730.0	107,860.2
국유지 비율	6.9	15.8	3.8	41	18.4

주 : 屯土 30,532,073坪(10,177町)
자료 : 李映勳(1990), 『日帝下 濟州島의 人口變動에 關한 硏究』, 高麗大學校 大學院 碩士學位論文.

결국 타 지역에 비해 국유지가 많았던 제주도에서는 주로 과거의 목장과 둔토(屯土)를 경작하던 빈농들, 그리고 화전민들이 그들의 관습화된 경작권을 박탈당하게 되었다. 이로 인해 제주도에서는 조세수탈과 더불어 토지조사사업과 화전 금지를 계기로 빈농들의 상당수가 지주-소작관계가 미발달된 제주도내에서 흡수되지 못하고 지주가 거의 없는 자작농이 대부분을 차지하고 있었다(이영훈, 1989: 49). 이 때문에 제주도민들의 경제상황이 더욱 악화되고 생활의 기반을 도외에서 구할 수밖에 없어서 일본으로 이주하는 현상이 발생한 것이다.

4.2. 일본 노동시장의 수요 증대

제주도민들의 노동시장 진출은 1914년 무렵 오사카방적(大阪紡績)이 제주도에서 직공을 모집하여 오사카와 규슈지역의 여러 공장에 조직적으로 노동지를 유출시키면서 이루어졌다. 이것은 일본사본주의의 발달로 인한 저임금 노동자의 수요가 급격히 증가한 것에 따른 값싼 제주도 출신 노동자를 필요로 했기 때문에 가능했다고 볼 수 있다.

이주 초기에 남자들은 일본인들이 취업을 꺼리는 고무, 유리공장 등에서 일을 한 반면 여자들은 방직(紡織), 신발공장 등에 취직하여 어려운 생활을 보냈다. 이후 재일제주인들은 일본 이주가 급증하면서 공원과 인부, 요업, 금속, 기계, 화학, 섬유, 제지, 피혁, 피복, 토목, 제판인쇄, 오락, 악기공업 등의 직종에 근무하였으며 일본인들에 비해 현저히 낮은 임금으로 노동시장에 진입하였다.

당시 오사카지역은 면방적, 금속, 비철금속가공 공업, 메리야스 산업 등이 발전하면서 산업기반의 중심이 되는 역할을 했다. 이로 인해

일본에서는 공장에서 일할 노동력이 부족하고 저임금 노동력을 확보
하는 것이 불가능해지면서 근면하고 책임감이 강한 제주도 출신 노동
자를 선호했던 것이다. 제주도도 제주도 출신자들이 오사카 노동시장
에 많이 진출할 수 있도록 제주지역의 노동자를 알선·모집하거나 일
본 자유도항에 깊이 관여했다고 볼 수 있다.

4.3. 도항관리정책

조선인의 일본 도항에 관한 정책이 뚜렷하게 형성된 것은 한일병합
에 의해 조선총독부가 들어서고 조선인 노동자가 급증하기 시작한
1910년대 이후부터 본격화되기 시작했다. 일본 후생성(厚生省, 1987)
자료에 의하면, 일본 도항에 관한 제도를 제1기 자유도항제도시대(自
由渡航制度時代, 1910~1923년), 제2기 제한도항제도시대(制限渡航制度時
代, 1923~1939년), 제3기 계획도항제도시대(計劃渡航制度時代, 1939년 이
후)로 구분하고 있다. 당시 일본은 기본적으로 일본 자본의 요구에 따
라 일본의 국내외 정치, 사회 정세와 부분적으로 조선 내 경제 사정에
따라 조선총독부의 견제를 받으면서 조선인의 일본 도항을 장려하거
나 제한하기도 했다. 이런 경우에도 사정에 따라 엄격한 제한의 시기
가 있었는가 하면, 제한의 폭이 상당히 완화되는 경우도 있었다(김기
호, 1994: 9~10).

〈표 2-4〉에서 보면 1929년부터 출발항에서 도항이 감소한 것은 각
지역에서 정책적으로 도항을 저지하는 것으로 나타났기 때문이다. 이
러한 일시 귀향자 수의 감소는 1929년 10월 이후 일시귀선증명제도
를 실시한 것과 관련성이 있다고 볼 수 있다.

〈표 2-4〉 제주항과 오사카항 간의 도항 · 귀환 추이(1928~1931년)

(단위 : 명)

연도 \ 항구	제주항 (오사카 왕래)		오사카항					
			제주도		제주도 이외		합계	
	도항	귀환	도항	귀환	도항	귀환	도항	귀환
1928	18,153	16,541	–	–	–	–	–	–
1929	21,974	19,962	26,361	11,404	16,661	3,336	43,022	14,740
1930	20,643	25,434	23,334	23,893	2,409	5,753	25,743	29,646
1931	22,447	20,150	28.342	18,120	2,480	3,256	30,822	21,376

자료 : 森田芳夫(1996), 『数字が語る在日韓国 · 朝鮮人の歴史』, 明石書店.

따라서 일본의 도항관리정책은 전반적으로 일본 자본주의의 이익을 추구하였지만 경우에 따라 재일(在日) 일본자본가와 재조(在朝) 일본자본가의 이익이 반드시 일치한 것만은 아니었다. 조선총독부(朝鮮總督府)는 양지의 이해관계를 직질히 조절하여 일본 자본수의의 이익을 극대화하는 방향으로 도항정책을 전개하였다. 결국 조선총독부에 의한 도항관리정책은 내지(內地) 자본가의 이익을 도모함과 동시에 조선 내의 노동력 사정과 재조 일본사업가의 이익도 고려하여 실시되었던 것이다.

4.4. 정기항로 개설

재일제주인의 이주는 1922년 제주도와 오사카를 왕래하는 제판항로(濟阪航路)와 1923년 기미가요마루(君が代丸)인 정기항로가 개설되면서 매우 활발하게 이루어졌다. 기미가요마루는 제주도와 일본 오사카를 연결시킨 직행노선의 객선이었다. 선박을 소유한 회사는 아마사기기선(尼崎汽船)으로 1922년 제1 기미가요마루(669톤)를 제주도와 오

제2 기미가요마루(君か代丸)

사카 항로에 취항시켰다. 이 배는 1925년 9월 제주도 동남부 즉 서귀
포와 표선 사이를 향해하던 중 태풍을 만나 뭍으로 배를 돌려 좌초시
키게 되었다. 이리하여 동사(同社)는 1926년부터 제2 기미가요마루
(919톤, 830마력, 승선정원 365명)라는 선명으로 선박을 구입하여 제주도
와 오사카를 잇는 객선으로 취항시켰다. 제주도를 서쪽으로 약 2일
만에 걸쳐서 일주하면 면(面) 소재지 11개소에 기항했고, 제주도를 출
발하면 약 2일 만에 오사카 항구에 도착할 수 있었다.

　이 외에도 조선우선(朝鮮郵船)은 1924년 함경환(咸鏡丸, 749톤)을 제
주-오사카 노선에 투입하고, 그 후 경성환(京城丸, 1033톤)을 투입하여
1925년 4월부터 5년간 명령항로로 지정을 받아 운항하였다. 특히 제주
도민들은 일본 이주가 증가하면서 일본 선박회사(12엔 50전)에 비해 절
반 정도 낮은 운임(6엔 50전)으로 이용자들에게 제공하고자 동아통항조
합(東亞通航組合)을 설립하여 1930년부터 1933년까지 교룡환(蛟龍丸,
3,000톤)을 운항한 바 있다.5)

〈표 2-5〉는 제주도와 오사카 항을 통한 도항자 및 귀환자 추이를 나타낸 것이다. 제주도민의 도일은 1920년대 후반 이후 매년 2만 명 이상을 차지하였는데 1935년 이후에는 1만 명을 밑돌았다. 1933년을 정점으로 일본 도항은 감소한 것으로 나타났지만, 1935년 이후에는 그 이전에 비해 매우 줄어들었다. 이처럼 제주도민들은 1923년부터 제주도에서 오사카를 연결하는 직항항로가 열리면서 일자리를 찾아 일본으로 이주하는 데 한결 수월해졌던 것이다.6)

〈표 2-5〉 재일제주인의 도항자 및 귀환자 추이

(단위 : 명)

연도＼항구	제주도항 조사		오사카항 조사	
	도항	귀환	도항	귀환
1922	3,198			
1923				
1924	14,278	5,107		
1925	15,906	9,646	10,842	8,393
1926	15,862	13,500	21,908	11,180
1927	19,224	16,863	25,508	14,538
1928	16,762	14,703	22,445	14,011
1929	20,418	17,660	26,361	11,364
1930	17,890	21,426	23,334	23,893
1931	18,922	17,685	28,342	18,199
1932	21,409	18,307	24,799	18,148
1933	29,208	18,062	35,973	20,768
1934	16,904	14,130	20,378	15,993
1935	9,484	11,161	8,754	10,562
1936	9,190	11,095	7,902	8,641
1937	7,848	8,004	6,074	8,461
1938	8,979	8,972	8,352	8,675

주 : 공란은 확실한 수치가 확인되지 않아 기재하지 않았음.
자료 : 外村 大(2004, 『在日朝鮮人社會の歷史学的研究―形成・構造・変容』, 錄蔭書房.

4.5. 강제 징병·징용 정책

일본은 1937년 중일전쟁, 1939년 제2차 세계대전, 1941년 태평양전쟁을 발발시킨다. 1939년부터 1945년 사이에 일본은 전쟁을 수행하기 위해 강제적이고 조직적으로 징병과 징용이라는 명목으로 동원하였다. 특히 취업을 목적으로 한 일본 이주는 노무의 계획적인 배치를 확보하기 위해 관(官)알선과 징용 등의 방법을 통해 이루어졌다.

당시 일제는 1940년 일본의 전시체제로 돌입하면서 많은 재일한인들을 군대에 입대시켰다. 해방 당시 일본 군인 및 군속이었던 재일한인들은 36만 4천명에 이르는 것으로 파악되고 있다. 이 수치는 일본 군의 약 10%에 해당하여 강제적으로 전쟁에 끌려간 사람이 많다는 것을 의미한다. 반면 군대에 가는 대신 강제적으로 탄광이나 건설 현장에서 일을 하려는 사람들도 많이 건너갔다. 비행장, 지하 격납고 및 군사시설 등의 건설에 많은 재일한인들이 강제적으로 동원되었던 것이다. 이들은 재일한인을 이주시켜 일본의 식민지정책이나 전쟁을 수행하는 수단으로 인식하여 강제적인 방법을 통해 동원했다.

〈표 2-6〉는 재일한인의 강제 연행된 노동자 수를 나타내고 있다. 재일제주인의 경우는 정확한 수치를 파악하지 못하고 있지만 상당수 제주도 사람들이 연행되었다고 볼 수 있다. 이들은 전체 667,684명 중에서 294,295명(59%)이 탄광 및 금속광산 등 지하노동 공사에 배치되어 위험한 작업을 수행했다(姜在彦·金東勳, 1989: 44).

〈표 2-6〉 강제 연행된 조선인 노동자 수(1945년 4월∼6월 집계)

(단위 : 명)

연도	탄광	금속광산	토건업	제 산업 (공장 포함)	전체
1939	24,279	5,042	3,379	–	38,700
1940	35,431	8,069	9,898	1,546	54,944
1941	32,099	8,988	9,540	2,865	53,492
1942	74,576	9,483	14,848	13,100	112,007
1943	65,208	13,660	28,280	15,089	122,237
1944	85,953	30,507	33,382	130,462	280,304
1945	1,000	–	2,000	3,000	6,000
전체	318,546	75,749	107,327	116,062	667,684

주 : 1945년 4월에서 6월까지 집계한 결과임.
사료 : 姜在彦·金東勳(1989), 『在日韓国·朝鮮人歷史と展望』, 労働経済社.

4.6. 제주 4·3사건 후유증

제주도 사람들은 1945년 해방이 되어 대부분 제주도로 돌아왔으나 1948년 제주 4·3사건을 맞아 각지에서 동요되면서 도피하기 위한 목적으로 젊은 사람들이 일본으로 다시 이주하게 되었다.

〈표 2-7〉에서 이 시기의 제주도에서 일본으로 밀항한 내용을 기록한 GHQ(General Headquarters) 문서를 보면, 1947년 5월부터 12월 사이(8개월) 규슈에 도착한 제주도에서의 밀항선(밀항자)은 15척(479명)이었다. 타 지역에서는 부산(88척, 1,445명), 마산(19척, 400명), 통영(16척, 174명), 여수(8척, 83명) 순으로 나타났다. 1948년 1월에서 3월까지(3개월) 규슈에 도착한 제주도에서의 밀항선(밀항자)은 1척(19명)에 이르러 1948년 전년보다 감소한 것으로 나타났다.

이후 1951년 도착지에서 검거한 360건(2,410명)을 검거자의 출항지별로 보면, 부산 243건(1,496명), 통영 53건(325명). 마산 22건(167명), 여수 15건(151명), 제주도 6건(65명), 기타 21건(206명)으로 되어 있다. 제주도에서의 출항자를 건수로 보면 1.7%로 나타나 인원수로 보아도 2.7%에 지나지 않았다. 결국 제주도에서의 밀항은 대부분 부산을 경유했던 점을 고려하면 밀항자 전체에서 차지하는 비율이 상당한 수에 이를 것으로 보인다.

〈표 2-7〉 제주 4·3사건 전후 국내 밀항·검거 상황

(단위 : 척, 명)

도일시기	출항지	도착지	밀항		검거	
			선박	인원	선박	인원
1947년 5월~12월	제주도	門司-小倉-若松	1	37	1	37
		博多	2	19	0	10
		前原-唐津	1	15	1	1
		呼子-伊万里	1	77	1	77
		壱岐島	1	3	1	3
		対島	2	4	2	4
		佐世保-長崎	2	88	0	20
		熊本	3	84	2	83
		鹿児島	2	152	2	152
1948년 1월~3월	제주도	鹿児島	1	19	0	4
1948년 4월~6월	제주도	佐世保	3	49	-	49
		鹿児島				
		大分				

자료 : 村上尚子(2005), 「4·3시기의 재일제주인-제주도민의 도일과 재일조선인사회 (1945~1950)」, 『在日 제주인의 삶과 제주도』, 제주발전연구원 외 발표 자료집.

4.7. 인적 네트워크 형성

재일제주인의 이주는 지연 네트워크 간의 이동이었고 생활 적응도 그 네트워크를 중심으로 이루어졌다. 이들은 이주한 지역에서 제주도 사람들끼리 집거하여 제주도 커뮤니티를 형성하고 있다.

특히 제주공제회(濟州共濟會)는 1927년 5월 관(官)과 민(民)의 뜻있는 사람들로 구성되어 제주도에서 만든 조직으로 제주도사(濟州島司)를 중심으로 각 면장이 지부장을 맡아 일본 노동시장의 알선 및 직업소개를 담당하였다. 이 공제회는 본도에 본적이 있으면서 일본 내지(內地)로 일하러 나간 사람들의 상호친목 및 생활향상 등 공동의 이익을 도모하고자 오사카에 있는 제주도민을 대상으로 도항안내, 직업소개, 인사상담, 구제사업, 교화사업 등을 내세웠다(濟州島廳, 1936). 그런데 이 단체는 일본으로 이주하는 제수도 출신에게 의무적으로 공제회에 가입하도록 했으며, 도항하는 노동자에게 도항증(渡航證) 1매에 1원씩 회비를 강제적으로 징수하였다. 이는 혈연과 지연관계 성향이 강한 제주도에서 일본으로 이주하는 데 상당한 역할을 수행했다고 볼 수 있다.[7]

결국 재일제주인의 인적 네트워크는 1920년 이후 이미 일본으로 건너가서 일하고 있던 동향 출신의 친척이나 지인이 알선하는 경우가 일본으로 이주하는 데 큰 영향을 주었던 것이다.

4.8. 기타 요인

지금까지 논술한 사항 외에도 재일제주인의 이주는 해방 이전 제주도 어장의 황폐화, 전통산업의 사양화 등 경제적 궁핍에 의해 일본으로 이주하는 경우가 많았다.

우선 제주도 어장에 대한 불법적인 침탈은 일본 어민들의 단순한 어업권 침탈에서 벗어나 제주도 경제적 상황을 더욱 악화시켜 나갔고, 제주도민의 경제생활을 매우 위협하였다. 일본 어민들은 제주도 어장에 출어한 잠수기 어선(약 120척) 중에서 70~80척이 불법적인 조업활동을 전개하여 전복과 해삼, 소라 등을 주로 채취하여 갔다(김동전, 2011). 결국 이것은 제주도 어장이 빠른 속도로 황폐화되고 제주도민들의 생존권이 크게 위협을 받기 시작하면서 제주도 해녀와 어민들이 일본으로 이주하는 계기가 되었던 것이다.

다음으로 제주도민들은 전통산업의 사양화가 급속도로 진행되는 가운데 제주도민들이 절대적 빈곤에서 벗어나고 생존을 위해 새로운 노동시장에 적극적으로 나서게 되면서 일본 이주를 택하게 되었다(河明生, 1997).

이 외에도 해방 이후 1965년 이후 한일기본조약에 따른 국교 정상화, 1989년 해외여행 자유화 등도 재일제주인의 이주에 촉진요인으로 작용했다. 한일 국교정상화는 한일협정이 체결되고 일본과의 교류가 서서히 진행되면서 시작되었다. 이 시기는 일본의 고도 경제성장기로 노동력이 매우 부족한 상황이었다. 이들은 친구나 친척, 마을 사람들이 거주하고 있는 인연을 찾아 일본으로 건너갔다. 이들 가운데 소수는 사업 실패, 가계 파탄으로 부채가 있는 사람들 등 경제적으로 어려움을 갖고 있는 사람들이 일본을 피난처 삼아 밀항하였다. 또 1980년대 해외여행의 자유화로 인해 공식적으로 단기 방문비자를 받고 일본으로 입국하여 체류기간이 지난 채 불법으로 취업을 한 사람들도 있다.

5. 맺음말

본장에서는 일본 이주와 관련된 기존연구를 바탕으로 재일제주인의 이주 시기와 요인에 대해 이주사적 관점에서 접근했다. 이들의 이주 현상은 재일제주인의 삶에 대해 전체적인 흐름을 파악하는 데 중요요한 자료가 되며 지금까지 고찰한 내용을 정리하면 다음과 같다.

첫째, 재일제주인의 이주는 제주도 어장의 황폐화, 전통산업의 사양화에 따른 경제적 궁핍 등 출가해녀, 출가노동자의 경제적 요인에 의해 자발적 이주의 성격이 강했다. 둘째, 재일제주인의 이주는 일본이 식민지지배를 강화하기 위해 토지조사사업, 도항관리정책, 징병 · 징용 동원 등 농민, 노동자의 정책적 요인에 의해 강제적 성격의 이주가 이루어졌다. 셋째, 재일제주인의 이주는 1945년 해방 이후 일본으로 재이주한 경우와 제주 4 · 3사건 등 경제적, 정치적 요인으로 인해 이주한 특성을 갖고 있다. 넷째, 1965년 한일 국교정상화 이후 제주도의 경제적 어려움을 극복하기 위해 일본으로 이주하여 삶을 살아온 경우이다. 다섯째, 1980년대 후반 해외여행 자유화 조치로 재일제주인의 이주에 큰 변화를 가져오게 되면서 유학, 비즈니스 등 자발적 이주를 통해 새로운 집거지역을 형성하고 있다.

따라서 재일제주인의 이주는 1910년 한일병합을 통해 나타난 일본 제국주의의 역사적 산물이다. 제주도 출신이 일본으로 진출하게 된 이유는 출가해녀, 노동력의 필요성에 따른 수요, 일제의 수탈정책에 의해 농지를 잃은 농민들, 일시 귀국했다가 도일한 경우, 제주 4 · 3사건 후유증, 학업 및 취업으로 건너간 경우 등 정책적, 역사적, 정치적, 경제적, 사회적 요인 등으로 인해 이루어졌던 것이다.

▮주_____

1) 지금까지 일본에서 거주하는 재일제주인은 도일(渡日)이라는 용어를 주로 사용하였다. 그러나 제2차 세계대전 이후 일본에서 약 60만 명 규모의 재일한인과 함께 영주자 집단이 차별적인 상황에 처하면서도 계속 존재하였고, 현재는 '특별영주'라는 법적 지위로 거주하고 있다. 본서에서는 현재 일본에서 거주한다는 사실을 중요하게 인식할 필요가 있기 때문에 이주(移住)라는 용어를 사용한다. 다만 문장의 내용에 따라 도일 또는 도항(渡航)이라는 용어를 사용한다.

2) 일본으로 처음 출가한 것은 1903년 도쿄(東京)의 미야케지마(三宅島)로 김녕(金寧)의 사공 김병선(金丙先)씨가 해녀 몇 명을 데리고 건너가면서 그 시초가 되었다고 한다. 이후 제주도 어업 종사자들은 1907년 제주도 어장에 진출한 일본 어선에 편승하여 어업기술을 습득할 목적으로 남성(100여명)이 어로견습(見習)을 다녀오게 되었다(桝田一二, 1976).

3) 남자 1천명을 대상으로 조사한 대판부재주조선인출신별비율표에 따르면 제주 609명, 전남 192명, 경남 85명, 경북 55명 등으로 나타나 제주도 출신이 60% 정도를 차지하고 있었다. 결국 제주도 사람들은 근대 공업노동자로 많이 건너가게 되지만 이들 중 일부는 해녀로 출가했다가 눌러앉은 사람들도 있었다(대판직업보도회, 1924).

4) 히라카타시교육위원회(枚方市教育委員會, 1991)에 따르면 제주도 사람들의 도일은 1934년도 재일한인 537,695명 가운데 제주도 출신자가 50,053(9.3%)명을 차지하였다. 오사카 거주 재일한인 171,160명 중 제주도 출신자가 37,938명(22.2%)으로 나타나 재일제주인 중 오사카 거주 비율이 75.8%로 일본 사회 속에서 제주도 출신자들이 집단적으로 거주하였음을 보여주고 있다.

5) 제주와 오사카항 기선 통계(1924~1929년)에서 보면 많은 제주도 사람들이 직항항로를 통해 일본으로 건너갔음을 보여주고 있다.

구분		1924	1925	1926	1927	1928	1929
선박	척수	69	74	71	95	99	130
	톤수(등부)	29,145	35,311	36,687	48,597	51,364	82,144

자료 : 황경수(2005), 「해방이전의 제주도-일본항로 탐색과 관광자원화 방안」, 제주대학교 사회과학연구소 제7회 미니포럼 발표 자료집.

6) 대판지방행정부보고서(1923)에 의하면 1천 명의 재일한인 노동자를 대상으로 한 설문에서 80% 가량의 이주민이 전라남도 출신이었고 이중 60% 정도가 제주도 출신이었다. 한반도와 일본의 규슈(九州)섬 사이에 위치하여 1923년 오사카지역과의

직항항로가 생긴 제주도는 한인 이주민들의 발판과도 같은 역할을 했다는 것이다
(김 게르만, 2005).

7) 일본내무성경보국(1927) 조사에 따르면 이주자의 73%가 친척 또는 친구를 통해
서 일자리를 찾은 것으로 나타났다. 도항이 일본과 조선을 연결하는 사회적 연결망
을 통해 이루어지면서 조선에서 같은 지역 출신은 일본에서도 같은 지역과 산업에
집중하는 경향을 보였다는 것이다(윤인진, 2004).

재일제주인의 인구와 생업

1. 머리말

2012년 현재 재일제주인은 재일한인 545,401명 중 86,231명으로 약 16%이며, 경상남도(148,496명), 경상북도(109,702명) 다음으로 많은 비중을 차지하고 있다(入管協會, 2012). 이들 대부분은 관동(關東)에 25,123명 (29.1%), 관서(關西)에 56,025명(64.9%)이 살고 있으며, 도쿄(東京) 미카와시마(三河島), 오사카(大阪) 이쿠노구(生野區) 등의 대도시에 집단적으로 거주하면서 재일제주인의 커뮤니티(community)를 형성하고 있다.

재일제주인들은 이주 초기에 가방제조, 신발제조, 자갈이나 고철수집 등 최하위 노동자로 생활하거나 일본인들이 꺼리는 유리, 금속, 고무, 방직공장 등에 종사하였다. 이처럼 이들은 일본에서의 사회구조적 차별이 있었기 때문에 경제활동을 수행하는 데 큰 제약을 받으면서 살아왔다. 또한 이들은 오사카와 도쿄 등에서 주로 공장 노동자로 일하다가 점차 소규모의 가방, 고무, 샌들, 플라스틱 공장 등을 운영하거나 야키니쿠(燒肉)[1]와 파친코[2], 토목·건축업 등의 업종에 종사하였다. 당시 파친코산업은 1990년대 초반까지만 해도 재일한인이 거의 독점하다시피 하였으나 최근에는 일본인들도 적극적으로 투

좌) 오사카시 이쿠노구(生野區)의 코리아타운 우) 조선이치바(朝鮮市場) 내 '혼저옵서' 표지석

자에 참여하는 산업으로 성장하고 있다. 현재에는 무역, 금융, IT 분야의 하이테크 산업으로 진출하고 있는 실정이다.

이와 같은 사실에서 보면 재일제주인은 최근에 들어 봉급생활자 증기 등으로 인해 이들의 직종에 대한 변화의 조짐이 일어나기 시작하고 있다.[3] 하지만 이들은 이주 초기에 차별과 핸디캡으로 인해 주로 일본인들이 싫어하는 업종에 종사하였지만 현재에도 상당수의 사람들이 여전히 영세업종에서 벗어나지 못하고 있는 실정이다.

따라서 본 연구는 일본 사회에서 활동하고 있는 재일제주인의 인구, 직종, 업종의 추이를 살펴보는데 있다. 이를 위해 본장에서는 우선 재일제주인의 인구 구성을 살펴본 후, 다음으로 재일제주인의 직종 변화를 알아보며, 마지막으로 재일제주인의 업종 양상에 대해 파악하고자 한다.

2. 재일제주인의 인구 구성

2.1. 출신도별·출신 상위 부군별 현황(1911년)

〈표 3-1〉에서 1911년 12월 말 일본 외무성 외교 사료관 소장(警視廳の調査, 「調査二保 淸國人 朝鮮人及革命黨關係者調」, 明治 45년 1월 23일 접수)의 문건에 의하면, 우선 재일한인의 출신지역별 인구수는 경상남도가 552명으로 가장 많고 경상북도 279명, 경기도 157명, 전라남도 165명 순으로 나타났다. 이것은 일본에 가까운 지역이나 당시 일본인이 많이 살고 있던 지역에서 도항(渡航)이 많았음을 알 수 있다. 특히 전라남도가 많이 차지하고 있는 것은 같은 도(道)의 제주도 출신자 도일이 급증했기 때문이다. 다음으로 출신 상위 부(府)군(郡)별 특징을 살펴보면 부산부(釜山府) 174명, 경성부(京城府) 112명, 대구부(大邱府) 93명, 제주군(濟州郡) 50명 등으로 각 도의 중심도시인 개시(開市)·개항장(開港場)에서 많이 나타나고 있다. 개항장 주변을 중심으로 한 도읍(都邑)·부군(府郡)도 약 3분의 1을 차지하여 특히 부산근교인 동래부(東萊府)와 제주도(濟州島)에서 현저하게 나타나고 있다(小松 裕·木村健二編, 1998).

〈표 3-1〉 재일한인의 출신도별·출신 상위 부군별 현황(1911년)

(단위 : 명)

출신도별			출신 상위 부(府)군(郡)별			
도	인원	일본인	부(府)군(郡)	인원	부(府)군(郡)	인원
경상남도	552	14,692	부산부(경남)	174	밀양군(경남)	27
경상북도	279	10,697	경성부(경기)	112	경주군(경북)	23
경기도	157	54,760	대구부(경북)	93	창원군(경남)	22
전라남도	165	8,674	동래부(경남)	52	양산군(경남)	20

전라북도	46	7,231	마산부(경남)	26	영천군(경북)	19
충청남도	48	7,330	목포부(전남)	25	청도군(경북)	16
충청북도	31	2,265	인천부(경기)	12	청주군(충북)	11
황해도	16	4,787	군산부(전북)	12	공주군(충남)	11
평안남도	20	12,155	개성부(경기)	11	나주군(충남)	10
평안북도	14	5,888	평양부(평남)	9	안동군(경북)	10
강원도	12	1,403	제주군(전남)	50	거제군(경남)	10
함경남도	14	7,505	울산군(경남)	33	함안군(경남)	10
함경북도	6	7,156	김해부(경남)	32	진해군(경남)	10
불명	43		진주군(경남)	28	계	864
계	1,403	171,543				

주 : 일본인은 1910년 말 현재의 조선재류자(朝鮮在留者) 수를 표시함.
자료 : 小松 裕·木村健二編(1998), 『「韓日倂合」直後の在日朝鮮人·中國人−東アジア
  の近代化と人の移動』, 明石書店.

2.2. 연도별 인구 추이(1923~1938년)

〈표 3-2〉에서 보면 재일한인의 인구는 1920년 후반까지 거의 지속
적인 증가를 보여주고 있지만 1930년 전후 정체 경향이 현저하게 나
타나고 있다. 이처럼 재일한인의 인구는 단순히 새롭게 이주한 사람
뿐만 아니라 일본 내에서 출산한 자연증가 요인도 고려해야 되는데
주로 도일 억제나 강제연행 정책이 일본 이주에 영향을 미치고 있었
다. 특히 일반 재일한인과 다른 도항관리정책이 이루어진 재일제주인
의 인구는 도항관리정책의 변화에 따라 1934년을 정점으로 정체 경
향이 현저하게 나타나고 있다(外村 大, 2004).

⟨표 3-2⟩ 재일한인과 재일제주인의 인구 추이(1923~1938년)

(단위 : 명, %)

연도	재일한인	재일제주인	연도	재일한인	재일제주인
1923	80,015	10,381(13.0)	1931	311,247	33,023(10.6)
1924	118,192	19,552(16.5)	1932	390,543	36,125(9.2)
1925	129,870	25,782(19.9)	1933	456,217	47,271(10.4)
1926	143,798	28,144(19.6)	1934	537,695	50,045(9.3)
1927	171,275	30,505(17.8)	1935	625,678	48,386(7.7)
1928	238,104	32,564(13.7)	1936	690,501	46,463(6.7)
1929	275,206	35,322(12.8)	1937	735,689	45,943(6.2)
1930	298,091	31,786(10.7)	1938	799,878	45,950(5.7)

자료 : 外村 大(2004), 『在日朝鮮人社會の歷史學的硏究―形成·構造·變容』, 綠蔭書房.

2.3. 본적지별 인구 구성(1938년, 1964년)

⟨표 3-3⟩은 1938년과 1964년 시점에서 일본에 거주하고 있는 재일한인의 본적지별 인구수를 살펴본 것이다. 이는 해방 이전 일본도항의 변칙 형대인 진시강제동원이 시작되기 전년도 1938년과 한일간의 국교를 정식으로 수립하여 한국으로부터 신규 입국이 증가하기 시작한 전년도인 1964년을 선택하였다. 1964년 전체 재일한인 총수의 578,572명 중 경상도 출신자가 367,441명으로 64% 정도를 차지하였고, 제주도 출신자의 경우도 86,490명으로 14.9%를 나타내고 있다(金英達, 2003: 110~112).

〈표 3-3〉 재일한인의 본적지별 인구 구성(1938년, 1964년)

(단위 : 명, %)

연도 본적지별	1938년		1964년	
	인원	비율	인원	비율
경상도	484,814	60.6	367,441	63.5
전라도	213,983	26.8	158,044	27.3
제주도	(45,950)	(5.7)	(86,490)	(14.9)
충청도	51,275	6.4	24,190	4.2
경기도	14,433	1.8	9,550	1.7
강원도	8,312	1.0	5,715	1.0
황해도	5,643	0.7	1,905	0.3
평안도	12,490	1.6	3,313	0.6
함경도	8,928	1.1	2,827	0.5
양강도 · 자강도			68	0.01
불명			5,519	0.9
합계	799,878	100.0	578,572	100.0

자료 : 金英達(2003), 『在日朝鮮人の歷史』, 明石書店.

2.4. 거주지 · 출신지별 인구 구성(1974년)

입관협회(入管協會, 1974)에 따르면, 1974년 말 재일한인 인구는 총 63만 8,806명으로 경상남도 24만 6,638명(38.6%), 경상북도 15만 6,683명(24.8%), 제주도 10만 1,378명(19.9%), 전라남도 6만 1,423명(9.6%) 등 4개 지역이 88.9%를 차지하고 있다. 다시 말하면 이것은 재일한인 전체 중에서 경상남북도가 절반을 훨씬 넘는 63.4%를 차지하고 있음을 알 수 있다(〈표 3-4〉 참조).

거주 지역별로 보면 오사카의 경우는 제주도가 63,972명으로 가장 많이 거주하고 있고, 다음으로 경상남도 49,811명, 경상북도 30,619명, 전라남도 21,590명 순으로 나타났다. 일반적 경향으로 보면 경상

남북도, 전라남북도 등의 출신자는 일본 각지에 고루 분포하고 있는 반면, 제주도 출신자는 그 총수의 10만 여명 가운데 오사카 63.9%, 도쿄 19.6%로 합계 83.5%가 대도시에 집중하고 있다. 특히 오사카에 제주도 출신자가 많은 것은 일제강점기 오사카와 제주도 사이에 직항 항로가 개설되어 정기적으로 기미가요마루(君が代丸)가 운항된 것과 관련성이 있다고 볼 수 있다(고성중, 2005: 84).

〈표 3-4〉 재일한인의 거주지·출신지별 인구 구성(1974년)

(단위 : 명)

거주지별 \ 출신지별	경상남도	경상북도	전라남도	제주도	총수
오사카부(大阪府)	49,811	30,619	21,590	63,972	178,720
도쿄도(東京都)	19,924	14,221	7,227	19,785	74,413
효고현(兵庫縣)	34,087	16,312	4,924	5,375	67,044
아이치현(愛知縣)	25,987	17,377	4,391	607	53,657
교토부(京都府)	21,824	13,477	2,634	1,506	43,881
가나가와현(神奈川縣)	11,567	8,781	2,188	2,076	29,569
후쿠오카현(福岡縣)	11,492	8,636	2,151	310	25,786
총수	246,638	158,683	61,423	101,378	638,806

출처 : 入管協會(1974), 『在留外國人統計』.

2.5. 본적지별 인구 현황(2005년)

2005년 현재 시점에서 재일한인 총수는 63만 2,405명으로 이들 대부분이 경상남도(191,293명, 30.25%), 경상북도(137,727명, 21.78%) 등의 출신자로 구성되어 있다(〈표 3-5〉 참조). 그 중에서 일본에 거주하고 있는 재일제주인은 2005년 10만 7,666명으로 추정하고 있어서 재일한인 총수의 17.02% 정도를 차지한다. 여기에 등록을 하지 않은 자와 귀화자를 포함하면 재일제주인은 그 이상이 될 것으로 추정된다. 현재 제주도 인구가 전국 인구의 1% 정도인 점을 감안하면 재일한인

한류 열풍으로 조선시장을 찾은 가게 모습

사회에서 재일제주인의 중요성과 활약은 매우 크다고 할 수 있다.

　재일제주인은 도쿄를 중심으로 한 간토(關東)지역과 오사카를 중심으로 한 간사이(關西)지역에 전체의 94%에 해당하는 사람들이 거주하고 있다. 간사이지역에는 재일제주인 전체의 69%에 해당하는 사람들이 살고 있는데, 주로 오사카에 집중적으로 거주하는 것으로 나타났다. 특히 오사카의 이쿠노구(生野區)는 제주도 출신들이 밀집해 생활하고 있는 곳으로 '일본 속의 제주'라고 일컬어지며, 츠루하시(鶴橋) 옆의 모모타니(桃谷)에는 '코리아 타운(Korea Town)'이라 불리는 곳에 재일제주인들이 운영하는 상가가 밀집되어 있다.

〈표 3-5〉 재일한인의 본적지별 인구 현황(2005년)

(단위 : 명, %)

본적지별	재일한인		본적지별	재일한인	
	인원	비율		인원	비율
서울시	53,242	8.42	전라북도	11,302	1.79
부산시	24,038	3.80	경상남도	191,293	30.25
광주시	1,897	0.30	경상북도	137,727	21.78
대전시	1,550	0.25	강원도	4,606	0.73
경기도	21,380	3.38	제주도	107,666	17.02
충청남도	11,829	1.87	북한지역	3,373	0.53
충청북도	10,031	1.59	기타(미상 포함)	7,110	1.12
전라남도	45,361	7.17	총수	632,405	100.0

자료 : 入管協會(2006), 『在留外國人統計』.

2.6. 재일제주인 집중 상위 10개 도시 인구 현황

〈표 3-6〉에서 1990년과 2000년, 2010년 기준으로 재일제주인의 거주지역이 집중된 상위 10개 지역의 인구 변화를 살펴보면, 특정 지역의 순위와 수, 비율에서 거의 변화가 없음을 알 수 있다. 아직도 상위 10개 지역에 전체 재일제주인의 95% 가량이 집중되어 있다. 2010년의 재일제주인 거주분포 양상은 1990년과 2000년의 수치와 크게 다르지 않고 지역별 순위도 변하지 않았지만 구성비를 보면 도심권, 즉 관서, 관동지역에 집중하는 경향을 볼 수 있다. 관서지역에는 오사카를 중심으로 효고(兵庫), 교토(京都), 나라(奈良県), 관동지역에는 도쿄(東京), 가나가와(神奈川), 사이타마(埼玉), 치바(千葉) 등에 집중적으로 거주하고 있다.

〈표 3-6〉 재일제주인 집중 상위 10개 도시 인구 현황(1990년, 2000년, 2010년)

(단위 : 명, %)

순위	1990년			순위	2000년			순위	2010년		
	都府県	인원	비율		都府県	인원	비율		都府県	인원	비율
1	大阪府	71,677	61.0	1	大阪府	63,635	58.4	1	大阪府	49,271	55.7
2	東京都	21,773	18.5	2	東京都	20,632	18.9	2	東京都	17,670	20.0
3	兵庫県	6,570	5.6	3	兵庫県	6,421	5.9	3	兵庫県	5,266	5.9
4	神奈川県	2,886	2.5	4	神奈川県	3,145	2.9	4	神奈川県	2,845	3.2
5	埼玉県	2,647	2.3	5	埼玉県	2,935	2.7	5	埼玉県	2,535	2.9
6	京都府	1,980	1.7	6	千葉県	2,002	1.8	6	千葉県	1,857	2.1
7	千葉県	1,835	1.6	7	京都府	1,954	1.8	7	京都府	1,709	1.9
8	奈良県	880	0.7	8	奈良県	983	0.9	8	愛知県	906	1.0
9	愛知県	756	0.6	9	愛知県	878	0.8	9	奈良県	778	0.9
10	岐阜県	731	0.6	10	宮城県	603	0.5	10	宮城県	492	0.5
계		111,735	95.1	계		103,188	94.6	계		83,329	94.1
기타		5,778	4.9	기타		5,834	5.4	기타		5,181	5.9
전국		117,513	100.0	전국		109,022	100.0	전국		88,510	100.0

자료 : 入管協會(1991, 2001, 2011), 『在留外國人統計』에서 조사 작성.

2.7. 거주지역별 인구 현황(2012년)

〈표 3-7〉은 재일한인과 재일제주인의 거주 지역별 분포를 살펴본 것이다. 재일한인은 긴기(近畿)지역에 218,166명(40.0%), 관동(関東)지역에 199,881명(36.6%) 등 전체의 76.6%가 거주하고 있지만 일부 재일 한인은 기타 지역에 약간 분산되어 있다. 반면 재일제주인은 긴기(近畿)지역에 56,025명(65.0%), 관동(関東)지역에 25,788명(29.9%)으로 전체의 94.9%가 도시지역에 거주하고 있다. 결국 재일제주인을 포함한 대부분의 한인들은 일본의 8개 지역 중에서 2개 지역을 중심으로 거주하고 있음을 알 수 있다.

〈표 3-7〉 재일한인과 재일제주인의 거주지역별 인구 현황(2012년)

(단위 : 명, %)

거주지역	재일한인		재일제주인	
	인원	비율	인원	비율
홋카이도(北海道)	5,226	1.0	342	0.4
도호쿠(東北)	10,694	2.0	891	1.0
간토(関東)	199,881	36.6	25,788	29.9
쥬부(中部)	55,784	10.2	1,605	1.9
긴기(近畿)	218,166	40.0	56,025	65.0
쥬고쿠(中国)	25,973	4.8	651	0.7
시고쿠(四国)	3,510	0.6	252	0.3
규슈(九州)	26,167	4.8	677	0.8
총수	545,401	100.0	86,231	100.0

자료 : 入管協會(2012), 『在留外國人統計』에서 조사 작성.

3. 재일제주인의 직종 변화

3.1. 한일병합 직후 재일제주인의 잔류지별 직업 구성

〈표 3-8〉은 한일병합 직후 재일제주인의 잔류지별 직업 구성을 살펴본 것이다. 당시 토공(土工)·토방(土方)은 재일한인의 직업에서 공통적으로 많이 나타났는데, 그 중에서 니가다(新潟) 토공(土工)·중임(仲仕)의 경우는 철도공사에 종사하는 노동자가 대부분을 차지하였다. 광산노동자는 나가사키(長崎)에 가장 많고, 다음으로 사가(佐賀)는 절반 이상, 도치기(栃木)에도 일정 수가 존재했다고 볼 수 있다. 이것은 석탄을 중심으로 한 광산 소재지에서 노동하려는 사람들이 다양한 형태로 이동했던 것으로 보인다. 섬유업 노동자는 사이타마(埼玉), 어업·농업은 야마구치(山口), 나가사키(長崎)에 많이 거주했는데 이는

각 지역의 지연산업과 관련되어 있다. 반면 제주도 출신들은 한일병합을 전후로 어업, 운송업, 갱부, 토방가업, 수부 등과 관련된 야마구치(山口), 나가사키(長崎)로 대거 출가했던 것으로 보인다.

〈표 3-8〉 한일병합 직후 재일제주인의 잔류지별 직업 구성

(단위 : 명)

지역 직종	愛知	三重	京都	岡山	広島	山口	佐賀	長崎	熊本	大分	宮崎	계
農兼漁業								2				2
材木運搬人夫								1				1
漁業				1		8		1		2		12
漁夫								2				2
漁業労働		1										1
打瀬網舸子						1						1
坑夫								3				3
土方			2								1	3
職工	1											1
左官助手								1				1
土方稼業								3				3
石炭商雇人								1				1
運送業						5						5
水夫					1			5				6
舟乗業							2		1			3
下男奉公						1						1
下男								1				1
人夫稼						1						1
日雇稼								1				1
学生								1				1
계	1	1	2	1	1	16	2	22	1	2	1	50

자료 : 小松 裕·木村健二編(1998), 『「韓日併合」直後の在日朝鮮人·中國人-東アジアの近代化と人の移動』, 明石書店에서 조사 작성.

3.2. 재일한인의 직업 구성(1935년, 1936년)

제주도에서는 일본의 직공(職工) 모집에 응하면서 1920년대부터 본
격적인 도항이 시작되었다(杉原達, 1998). 1920년대 재일제주인의 직
업 분포는 매우 단순하게 구성되어 있다. 당시 한국이 일본의 식민지
에 예속되어 10년이 지난 시기에서 보면 재일제주인의 직종은 저임금
으로 장시간 육체노동자를 필요로 하는 부문, 더욱이 일본인 노동자
들이 싫어하는 여러 산업부문에 집중하고 있었다.

재일제주인의 절대 다수가 방적공장, 고무공장, 제유공장 등의 공
원(工員) 외에, 토목하청, 하숙, 재봉틀 공장, 가방제조 등 일본 산업
의 최하위층 노동력으로 동원되었다. 그 후 작업 내용이 점차적으로
가방제조업 관련 분야로 집중하게 되면서 직종에 대한 새로운 변화가
나타나기 시작했다. 일반적으로 제주출신자는 '가방제조의 ○○리',
'신발제조의 ○○리'라고 하는 표현이 있을 정도로 출신지역마다 특
정의 직종에 종사하는 경향이 있었다(李仁子, 2004: 7). 이 외에도 상
업, 고물상, 운수업 등의 직종에 종사하였던 사람들이 어느 정도 존재
했다는 사실도 있는 것으로 여겨진다.

〈표 3-9〉에서 재일한인의 직업을 살펴보면 1935년 당시 탄광·광
산노동자, 공장노동자, 토건노동자, 일용직 인부 등 단순노동자가 다
수를 차지하고 있다. 이 외에도 상업의 경우를 보면 점포를 구비하여
상품을 취급하는 사람뿐만 아니라 고물상, 행상, 노점상, 엿(飴)판매
등을 포함한 보통 상인이 아닌 경우도 많았다. 그리고 이들 재일한인
이 많이 취업하는 직종은 저임금, 장시간노동, 비위생적, 위험한 작업
을 수행하는 분야로 일반인이 기피하는 직업이 다수를 차지하였다.

특히 재일제주인의 직업은 토목 · 건축노동(자유노동)이나 광산노동에
종사하는 비율이 낮은 반면 공장노동자는 많게 나타난 것이 특징이라
할 수 있다.

〈표 3-9〉 재일한인과 재일제주인의 직업 구성(1935년, 1936년)

(단위 : 명, %)

직업		재일한인	재일제주인	
		비율	인원	비율
유식(有識)적 직업		0.35		
상업		10.19	3,010	7.48
농업		1.07	244	0.61
이업		0.10	1,780	4.42
노동자	광산	2.81	1,150	2.86
	섬유	10.59	9,375	21.71
	금속	6.56	6,410	14.85
	화학	10.93	12,140	28.12
	자유노동(토건)	24.82	3,263	7.56
	기타		2,736	6.34
	계	82.82	35,074	87.14
요리음식(접객업)		1.62	19	0.04
기타		3.87	124	0.29
합계(有業者)		100.0	40,251	93.22

자료 : 內務省警保局(1935), 『社會運動の現況』; 濟州島廳(1937), 『濟州島勢要覽』.

3.3. ○○○지구 제주도 출신자 직종 비교(1950년)

〈표 3-10〉에서 ○○○지구 제주도 출신자의 직업을 살펴보면 남자
는 고무가공과 재봉틀가공에 대부분 종사하고 있는 반면 남녀의 경우
는 재봉틀가공을 제외하면 거의 중복되어 있지 않은 것으로 나타났

다. 예를 들면 남자는 고무가공업에 종사하는 경우가 가장 많은 반면 여자는 겨우 1명에 불과한 것으로 나타났다. 지금까지 일본에서 생활하는 재일한인의 직업은 토공·인부가 대부분을 차지하였지만 재일제주인의 경우는 한 사람도 없는 것으로 나타났다.

결국 공장노동자 중에서 남자는 고무공, 철공, 유리공, 법랑(琺瑯)공 등이 많고, 여성은 방적공, 고무공, 재봉공 등이 다수를 차지하고 있다. 이와 같이 재일제주인의 대부분이 고무가공이나 재봉틀가공에 종사한 것은 날붙이를 사용하는 것을 싫어했을 뿐만 아니라 소자본으로 경영이 가능했기 때문인 것으로 보인다(泉 靖一, 1966: 254~255).

〈표 3-10〉 ○○○지구 제주도 출신자 남녀 직종 비교(1950년)

(단위 : 명)

직종	제주도 출신자		직종	제주도 출신자	
	남	여		남	여
고무가공	26	1	노점상	1	
재봉틀가공	23	11	무직	5	
고물	2		양재		1
회사원	2		회사 사무원		3
구두제조	2		방적(紡績)공		5
조선복점	1		신발(靴)공		1
양복점	1		재봉		1
양초	1		전기공		1
비누	1		서커스 종업원		1
엿(飴)제조	1		해녀		1
운송업	1		합계	67	26

자료 : 泉 靖一(1966), 『済州島』, 東京大学出版会.

3.4. 제주도 고내리친목회 회원의 직업별 내역

〈표 3-11〉은 재일제주인의 직종에 대한 구체적인 사례를 알아보기
위해 제주도 고내리(高內里)친목회 회원의 직업별 구성을 살펴본 것이
다. 여기서 고내리 출신자를 선정한 것은 전전(戰前)부터 고향 친목회
가 처음으로 형성되어 전후(戰後)에도 고향에 대해 많은 기부를 하는
등 고내리라는 지연을 주축으로 강한 결속력을 유지하고 있기 때문이
다. 또한 이들은 가방제조업이라는 특정의 직업에 많은 사람이 종사
하며 일본 사회 속에서 경제적 기반을 구축하여 사회적 네트워크를
형성하였다(滝沢健次, 2004: 18).

〈표 3-11〉을 보면 1986년에는 고내리 출신자가 가방제조업에서 종
사하는 비율이 상당히 높았던 반면, 1996년과 2000년에 들면서 가방
제조입 종사자가 점점 감소하고 있음을 알 수 있다. 즉 1986년 가방제
조업에 종사한 고내리 출신은 전체의 약 30% 정도를 차지한 이후,
1996년 16.6%, 2000년 12.0%로 점차 감소하고 있다.

한편 회사원, 회사임원으로 종사하는 재일제주인은 1990년 이후
지속적으로 증가하는 경향을 보이고 있다. 가방제조와 관련된 연령
구성을 보면 대부분 40 · 50대 후반 이상의 경우는 재일제주인 1세가
전체의 90%를 차지하고 있는 반면, 20 · 30대의 2 · 3세는 상당히 적
은 전체의 10% 이하가 되고 있다. 이것은 회사원의 비율이 42%로 높
아지고 있음을 감안하면 2 · 3세의 젊은 세대가 이미 가방제조업에 종
사하고 있지 않음을 의미하고 있다(李仁子, 2004). 즉 일본 사회가 변
화하면서 가방, 재단업, 봉제업, 자영업과 관련된 직업에 종사했던
부모세대에 비해 자기의 삶을 찾고자 하는 후손들이 늘어난 것으로

보인다.

따라서 이 친목회는 재일한인 사회에서 가장 결속력이 강한 마을 단위의 친목단체로 널리 알려져 있으며, 더욱이 자수성가한 기업가가 다수 배출된 마을로서 재일한인 사회의 연구에서 재조명되고 있는 사회적 네트워크 조직이라 할 수 있다.

〈표 3-11〉 제주도 고내리친목회 회원의 직업별 내역

(단위 : 명)

직종＼연도	1986년	1990년	1996년	2000년
가방제조	111	107	72	59
회사원	127	127	191	255
회사임원	23	20	58	60
서비스업	50	18	37	3
자영업	48	50	22	56
유기업	4	5	3	–
전문직	5	6	11	17
기타	7	34	39	43
전체	375	367	433	493

자료 : 在日本高內里親睦會(1986, 1990, 1996, 2000), 『在日本高內里親睦會會員名簿』.

4. 재일제주인의 업종 양상

4.1. 해방 이후 재일조선인 본적지별 업종 구성(1947년)

〈표 3-12〉은 해방 이후 재일조선인 본적지별 업종 현황을 살펴본 것이다. 재일조선인의 경우는 고무, 식당, 메리야스, 금속, 유지가공 등에 종사한 것으로 나타났다. 특히 경상남도 출신은 메리야스, 식

좌) 이쿠노구의 중심을 흐르는 히라노가와(平野川) 우) 재일제주인의 가내수공업 현장

당, 고무, 금속, 철공 등에 종사한 경우가 많았다. 반면 재일제주인의 경우는 고무, 금속, 식당, 철조 등에 종시한 것으로 나다났다. 결국 재일조선인들은 일본인들이 싫어하거나 힘든 분야, 소규모 자본으로 경영이 가능한 업종에 대부분 종사한 것으로 판단된다.

〈표 3-12〉 해방 이후 재일조선인 본적지별 업종 구성(1947년 기준)

(단위 : 명)

구분	본적 업종	경성	부산	경기	강원	충북	충남	전북	전남	경북	경남	제주	기타	계
공업	메리야스	1				3	1	1	11	14	56	3	1	91
	반모									1	5			6
	소자가공		1						4	9	11	8		33
	전기	1		1		1			8	4	9	8	1	33
	철조			1				1	10	7	3	24		46
	철공	1				3			4	8	10	9		35
	금속	2	1				3	1	13	5	12	51	2	90
	고무		1	3	2	2	2	1	23	9	16	129	2	190
	유지가공				1	1		2	28	4	7	16		61

대분류	중분류													계
공업	수지가공								1	4	2	3		10
	피혁	1		1			1	1	4			4		12
	일용품			1						1		2		4
	화학											1		1
	기타	1				1			1	3	5	6		17
상업	제품판매				1			1	2	1	3	6		14
	식당		1	3	2	10		2	18	12	28	29	1	106
	식료품									2	2	4		8
	시계						1			2	1			4
	의료									2	1	2		5
	잡화						1			1	2	3		7
	화장품											2		2
	기타								1	3		3		7
청부	건축청부				1					2	4	6		13
운수	수리							1	3	5	5			14
	운송								2	3	4			9
인쇄	인쇄									2	3	3	1	9
의학	의학			1					1	1	1			4
목재	목재			1							2	1		4
수산	수산물					1								1
	계	7	4	11	8	22	10	10	136	106	194	318	10	836

주 : 기타는 평양, 평안남도, 함경남북도, 불명 등임.
자료 : 朴慶植編(2000), 『在日朝鮮人關係資料集成〈戰後編〉第5卷』, 不二出版에서 조
    사 작성.

4.2. 재일제주인의 지역별 업종 구성(1976년)

〈표 3-13〉는 1976년 기준으로 재일제주인의 거주 지역별에 따른
업종 구성을 살펴본 것이다. 전체적으로 보면 재일제주인은 음식, 금속
제품, 유기업, 고무제품 등에 종사하고 있다. 이들 대부분은 다른 거주
지역에 비해 긴기(近畿)지역에서 경영활동을 수행하는 것으로 나타났
다. 이들 지역은 금속, 음식, 고무, 플라스틱, 섬유, 비닐, 도매업, 유기
업 등이 주를 이루어 오사카의 지연산업과 관련되어 있으며 재일제주인

의 자본을 형성하는 계기가 되었다.

〈표 3-13〉 재일제주인의 지역별 업종 구성(1976년)

(단위 : 명)

구분	업종 지역별	北海道 東北	関東 信越	中部 北陸	近畿	中国 四国	九州	계
농림업	농림		1		2			3
건설업	토목건설		5	1	8		1	15
	설비공사				3			3
	건재				1			1
	기타 건설업				5			5
제조업	식료품제조		2		2			4
	섬유제품제조		6	3	32			41
	목재·목제품제조		1		1			2
	가구·장비품제조				5			5
	펄프·종이가공품제조				7			7
	출판·인쇄·제본		2		19			21
	화학공업		3		14			17
	고무제품제조		7		51			58
	비닐제품제조		9		22			31
	플라스틱제품제조업		6		34			40
	유피·동제품·모피제조		6		26			32
	요업·토석제품제조				2			2
	철강		2		7			9
	비철금속				3			3
	금속제품제조업		4	1	64		1	70
	일반기계기구제조업		1		2			3
	전기기계기구제조업				1			1
	정밀기계기구제조업				1			1
	기타 제조업		7		28			35
도매·소매업	도매업	1	4		30	1		36
	대리·무역·중개업		3	2	9	1		15
	일반상품판매업		1		12		1	14
	금속상	1	7		16	1	2	27
	기타 소매업		1		9			10
부동산업	부동산	1	8	1	22			32

운수업	도로화물운송업				2			2
	해운업				1			1
서비스업	음식	27	29	1	60	5		122
	자동차		2		9			11
	여관·호텔·기타 숙박소	2	5			1		8
	세탁·이용·목욕탕· 청소	1	2		4			7
	여행알선		3		2			5
	정보서비스·조사· 광고		1		1	1		3
	의료·보건		1		10			11
	신문·통신		1					1
	일반금융	3	2		5		2	12
	고물상		2		3			5
	전문서비스		2		6			8
	기타 서비스				1			1
오락유기업	오락유기	9	20	1	28	3		61
합계		45	151	10	570	13	7	801

자료 : 統一日報社(1976), 『在日韓國人企業名鑑』에서 조사 작성.

4.3. 재일제주인의 관서지역 업종 분포(1989년)

〈표 3-14〉은 관서지역 제주도 출신자의 업종 분포를 살펴본 것이다. 오사카의 경우는 간사이지역 전체의 대부분을 차지하고 있어서 재일제주인의 중심 거주지로 인식할 수 있다. 재일제주인의 업종은 제조업이 318명으로 가장 많은 비중을 차지하고 있으며, 다음으로 정보서비스 91명, 부동산 50명, 상사도매 40명 순으로 분포되어 있다. 또한 오사카지역의 업종 분포를 보더라도 제조업이 56.6%를 차지하고 있어서 음식업의 15.4%보다 많은 편이며, 다음으로 부동산 8.8%, 건설업 7.1%의 비중을 차지하고 있다.

〈표 3-14〉 재일제주인의 관서지역 업종 분포(1989년)

(단위 : 명)

업종 \ 지역	오사카	교토	효고	합계
농림 · 수산 · 광업				0
건설	23	1	1	25
제조	301		17	318
상사 · 도매	38		2	40
소매 · 판매	22	1	2	25
금융 · 증권 · 보험	8	1	1	10
부동산	47	2	1	50
운수	3		1	4
정보서비스	82	3	6	91
전문 · 기타	8		1	9
합계	532	8	32	572

주 : 오사카의 경우는 518개에 중복된 업종 14개가 포함되어 있음.
자료 : 共同新聞社(1989), 『在日韓國人實業名鑑-關西版』에서 조사 작성.

4.4. 재일제주인의 지역별 입종 비교(1997년)

〈표 3-15〉는 일본 사회에서 제주도 출신자의 업종 분포를 지역별
로 비교한 것이다. 도쿄지역의 업종 분포를 보면, 음식업이 27%를 차
지하여 가방제조업의 21%보다 다소 많은 편이며, 다음으로 신발제조
업 16%, 유기업 15%, 음식업 10%, 기타 11%로 나타났다. 오사카지역
의 업종 분포를 보더라도 신발제조업이 20%를 차지하여 음식업의
17%보다 많은 편이며, 다음으로 유기업 17%, 건설업 15%의 비중을
차지하고 있다. 이와 같은 사실에서 보면 재일제주인은 재일한인의
직종과는 다소 차이를 나타내고 있지만 신발, 가방, 플라스틱, 봉제
등 제조업 분야에서 제주도 출신자들의 경제활동 기반이 되고 있음을
알 수 있다.

〈표 3-15〉 재일제주인의 지역별 업종 비교(1997년)

(단위 : %)

도쿄	업종	신발 제조업	가방 제조업	봉제업	음식업	유기업	건설업	서비스업	기타	합계
	비율	16	21	-	27	15	-	10	11	100.0
오사카	업종	신발 제조업	플라스틱 제조업	봉제업	음식업	유기업	건설업	서비스업	기타	합계
	비율	20	7	10	17	17	15	4	17	100.0

자료 : 在日韓國商工會議所(1997), 『在日韓國人會社名鑑』.

5. 맺음말

본 연구에서는 재일제주인의 인구 구성, 직종 변화, 업종 양상에 대해 고찰했는데, 분석결과를 종합하면 다음과 같이 요약할 수 있다.

첫째, 재일제주인의 이주는 1910년대 초 개항장 주변을 중심으로 현저하게 나타나면서 일본에 가까운 지역이나 당시 일본인이 많이 살고 있던 지역에서 도항(渡航)이 많았다는 것이다. 둘째, 재일제주인의 인구는 1920년 후반까지 거의 지속적인 증가를 보여주고 있지만 1934년 전후 정체 경향이 현저하게 나타나고 있다. 셋째, 재일제주인은 재일한인 전체 중에서 경상남북도 다음으로 많은 비중을 차지하고 있는데, 이들 대부분은 도쿄와 오사카지역에 집단적으로 거주하고 있다. 넷째, 제주도 출신들은 한일병합을 전후로 어업과 관련된 야마구치(山口), 나가사키(長崎)로 대거 출가했던 것으로 보이는데 이후 이들 대부분의 직종이 저임금으로 장시간 육체노동자를 필요로 하는 산업부문에 집중하고 있었다. 다섯째, 관서지역 재일제주인의 업종은 제조업, 정보서비스, 부동산, 상사도매 등의 순으로 분포하고 있다. 여섯째, 재일제주인의 직종은 도쿄지역에서 음식업과 가방제조업, 오사카지역에서 신발제조업, 음식업, 건설업 등이 대부분을 이루고 있다.

따라서 재일제주인은 처음에 단순한 신발공장, 고무공장 등 제조업에서 출발하였으나 지금은 다양한 분야에서 일본인 회사와 경쟁할 정도로 성장을 거듭하고 있다. 앞으로 재일제주인은 일본 사회의 변화에 따라 인구, 직종, 업종 등이 점차적으로 변용되고, 재일한인에 대한 인식의 변모와 함께 이들의 생업활동도 크게 다양해지고 점차 활발하게 추진될 것으로 보인다.

┃주 _____

1) 일본통산성(1992)이 조사한 바에 따르면 1991년도 야키니쿠점포 수는 약 1만 7천 300개, 매출 총액은 5천 300억 엔에 덜했다고 한다. 1998년 통계에서는 점포수가 2만50개 점포로 증가했으나 2001년 광우병 파동 이후 점포 수나 매출액이 격감하여 최근 다시 안정화 추세로 돌아섰다고 한다(日本通産省, 1992; 總務府統計局, 1998).

2) 재일한국상공회의소(1997)에 따르면 재일한인의 민족기간 산업이라고 불리는 파친코산업의 연간 매출액은 30조 엔에 달하고 있다. 그 중 70%를 재일한인 상공인이 경영한다고 가정할 경우, 매출총액은 약 20조 엔에 달하였다. 이는 일본 GDP의 3%에 해당하는 숫자이다(在日韓國商工會議所, 1997).

3) 입관협회(1999)에 따르면 재일한인 상공인이 차지하는 자영업 비율은 60%로 여전히 높았으나 1974년과 1984년 통계보다는 약간 감소했다. 세금신고의 업종별 비율을 보면 회사원 비율은 1999년 30.7%로 매년 증가하고 있다. 이는 재일 3·4세의 3D업종 기피현상으로 인한 직종의 다양화를 의미한다. 파친코산업이나 야키니쿠는 1995년 이후 세금 비율이 증가했으나 그 외의 업종은 여전히 감소하는 추세이다(入管協會, 1999; 日本統計局, 2002).

재일제주인의 사회적 네트워크 특성

1. 머리말

일본의 외국인 전체 인구는 2007년 기준으로 2,084,919명으로 파악되었다. 아시아지역 출신 인구는 한국·조선 598,219명(28.7%), 중국 560,741명(26.9%), 필리핀 193,488명(9.3%) 등을 포함한 1,540,764명에 달하였다. 재일한인 인구는 다른 외국인에 비해 가장 많은 비중을 차지하여, 그 중 재일제주인은 97,651명으로 전체의 약 16.32% 정도를 점유하고 있다(入管協會, 2007).

이들은 자발적으로 이주(spontaneous emigration)한 것이 아니기 때문에 일본 사회에 정착하는 데 많은 어려움을 겪었으며 이로 인해 재일제주인은 사회적·문화적 갈등뿐만 아니라 경제적으로 항상 곤란한 상황에 직면하여 왔다. 결국 한민족 디아스포라(Diaspora)[1] 국가중 재일한인(재일제주인 등)의 일본 이주는 매우 독특하고 복잡한 정착과정을 통해 이루어졌던 것이다(金泰永, 2005: 1~26).

그럼에도 불구하고 재일제주인은 일본 사회에서 불합리한 환경을 극복하고 삶을 영위하고자 문중, 마을, 학교 등 여러 형태의 친목단체인 비공식조직(informal organization)을 형성하면서 혈연(血緣) · 지연 (地緣) · 학연(學緣)과 같은 사회적 네트워크가 강하게 지속되는 특수 성을 지니고 있다. 이러한 네트워크를 형성한 이유는 일본 사회 속에 서 자긍심과 애향심, 그리고 상호간 인적교류를 통해 재일제주인의 삶에 따른 아이덴티티(identity)를 찾고자 했기 때문이다.

따라서 본 연구에서는 濟州特別自治道(2007), 『愛鄕의 보람』, 각종 문중회 · 친목회 · 동창회 관련 자료, 각 마을 洞(里)誌, 耽羅硏究會(濟州島 誌), 각종 道 · 市 · 郡誌 등을 통하여 재일제주인의 삶 속에서 사회적 네트워 크가 어떻게 형성되있으니, 어떠한 특성을 갖고 있는지에 대해 살펴보고자 한다. 이러한 과제를 설정한 이유는 과거 일본으로 이주한 재일제주인의 삶 속에서 사회적 네트워크와 관련된 문제가 매우 복잡한 양상을 나타내면 서 여러 다양한 측면을 가진 주제이기 때문이다. 또한 이들은 일본 이주 초기부터 정착과정에서 필요한 직업을 구하고, 생활 문제를 해결하는 일까지 삶의 변화에 따른 경제활동 전반에 걸쳐 사회적 네트워크를 적극적 으로 활용하고 있었다는데 기인하고 있다. 이를 위해 본장에서는 우선 사회적 네트워크와 관련된 이론적 배경을 살펴본 후, 다음으로 재일제주인 의 사회적 네트워크가 어떻게 형성되었는지를 알아보고, 마지막으로 재일 제주인의 사회적 네트워크 특성을 파악하고자 한다.

2. 이론적 배경

2.1. 사회적 네트워크의 개념

일반적으로 사회과학에서 네트워크 연구는 소집단, 기관, 종족, 마을

공동체에 있는 사람들 사이의 관계에 대한 연결고리의 중요성을 사회과
학자와 인류학자, 사회심리학자들이 설명하고 분석하는 주제이다
(Stokowski, 1994). Wellman(1982: 62~63)은 네트워크(network)란 자원이
동원되는 교환, 의존, 제휴와 같은 과정을 연구할 수 있는 토대이면서
한 개인이나 타 사회와의 직접적 혹은 간접적인 관계를 형성함으로써
새로운 특성이나 능력을 창출하는 것이라고 주장했다. 즉 네트워크가
함축하고 있는 내용은 다양한 주체와의 접촉, 교류, 제휴를 통하여
새로운 자원(기술, 지식, 정보 등)의 발굴과 지속적으로 자기 혁신을 추구해
야 가능하다는 것이다(권병욱, 2005: 3).

또한 네트워크 이론은 인간의 경제행위에 있어서 합리적이고 경제
적 동기보다는 경제행위에 배태(胚胎)되어 있는 다양한 사회적 관계
(문화, 네트워크 등)에 의해 좌우되는 경향이 있음을 설명하고 있다
(Granovetter, 1985: 481~510). 아무튼 사회적 관계를 이루는 네트워크
는 상호에게 의무감이나 기대, 호혜성(互惠性)과 신뢰감을 부과하거
나 유연성(柔軟性), 교환(give and take) 등을 필요로 하며 경제적 성과
에도 영향을 미친다. 더욱이 네트워크는 우리 주변의 다양한 관계로
부터 성립하고, 그 관계를 통하여 네트워크에 관련된 행위자가 다양
한 자원에 접근하고, 상호간에 자원을 전달하며 교환하는 사회적 관
계시스템을 의미한다. 따라서 네트워크는 공식적인 명령 체계나 변동
하는 가치 체계에 적합한 것이 아니라 호혜성과 조화가 유지되는 상
황에 적합하다는 것을 말한다(Walter, 1990: 295~336).

이러한 네트워크(network) 개념과 관련하여 Seibert, Kramier &
Liden(2001: 219~237)은 사회적 네트워크(social network)를 개인 간의
관계로 보고 자아(自我)에 의해 정의된 집단의 사람들 혹은 사회적 행위자

들을 연결하는 사회 연계망의 패턴(patterns of social linkage)이라고 정의
하였다. 즉 사회적 네트워크는 개인이 보유하고 있는 전체 네트워크를
의미하는 것이 아니라 자신에게 도움이 된다고 인정한 관계들로 구성된
다. 또한 Ibarra(1995: 673~703)는 백인과 소수민족 관리자들의 비공식적
네트워크 연구에서 네트워크를 관리자가 직무와 관련된 경력·사회적
지원을 얻기 위해 의존하는 직무 관련 접촉(contact)으로 정의하였다.
Walker(1985: 103~130)는 사회적 네트워크에 대해 개인이 사회적 정체감
을 유지하고 정서적 지원, 물질적 보조, 서비스, 정보 및 새로운 접촉
기회 등을 제공받는 일련의 개인적 관계의 집합체라고 정의하였다.

따라서 사회적 네트워크는 사람들 간의 사회적 관계를 바탕으로 성
립하는 것이고, 행위자들 간의 반복적인 상호작용을 통해 구축되면서
목적 지향적 행위들이거나 상호 간의 호혜적 기대를 통해 이루어진다
(Coleman, 1990: 300~321). 이러한 사회적 네트워크 효과는 정보 획득
과 지원 효과로 집약되며, 그것을 이용하면 필요한 정보를 얻는데 들
어가는 비용과 시간을 절약할 수 있으며, 정보의 수준도 어느 정도
이상을 확보할 수 있다는 것이다(손동원, 2002: 10).

2.2. 기존연구의 검토

본 연구의 목적은 재일제주인의 이주와 정착과정, 그리고 이들 삶
의 변화에서 나타나는 사회적 네트워크 형성과 특성을 살펴보는데 있
다. 이하에서는 재일한인을 포함한 재외한인의 네트워크와 관련된 기
존의 선행연구를 살펴보고자 한다.

Kim, Ill-Soo(1981)는 뉴욕을 중심으로 한 소규모기업이 현지 사회

의 한국 이민자를 경제적으로 상승 이동시켰으며, 에스닉(ethnic) 기업이 현지 사회의 주변산업에 집중되어 있음을 밝혔다. 특히 미국에서 한인 기업가의 성공에 대해 현지 사회의 한인 네트워크가 수행한 역할에 주목하여 에스닉 자원의 중요성을 강조하였다. 이 자원은 특정의 민족성을 공유하는 사람들이 보유하고 있는 자원으로 민족 네트워크[2]뿐만 아니라 이민자의 교육수준, 기업을 지향하는 직업 가치관, 또는 친족이나 지인에 의해 제공되는 노동력, 자금지원, 경영의 노하우 등 다양한 자원이 포함된 것을 말한다. Kim, Ill-Soo(1987)는 한인 이민자가 직업정보, 기업정보, 접촉, 거래, 대출 등을 입수하기 위해 순번제신용조합(RCA : Rotating Credit Association)이라는 계(契)을 통해 사업자본 및 사업정보, 또는 상호원조 등을 확보하는 경우가 많았다고 한다. 즉 동창회, 교회, 기업가 협회 등의 한인 커뮤니티 네트워크가 사업정보의 흐름을 원활하게 하고, 사업에 필요한 네트워크 구축에 주요한 역할을 했다는 것이다.

또한 Kwon, Hyon-Chu(1997)는 교회가 한인 커뮤니티에 있어서 중요한 역할을 담당하고 있었다는 사실을 밝혔다. 즉 교회가 한인 기업가의 경제활동에 필요한 자원을 확보할 수 있도록 장소를 제공한다는 것이다. 특히 그는 한인의 에스닉 교회가 이민자들의 정착과정에 필요한 실제의 비공식 서비스를 제공하는 인프라 구축을 시도하였다고 한다. Yoo, Jin-Kyung(1998)은 애틀랜타의 한인 기업가를 연구하여 창업에 필요한 네트워크를 가족 네트워크와 사회적 네트워크로 분류했다. 가족 네트워크는 친족으로부터 구성된 네트워크이며, 사회적 네트워크는 교회, 기업가 협회, 커뮤니티 조직 등을 통해 형성되는 네트워크를 말한다. 더욱이 창업자본의 확보에는 가족 네트워크 또는 기업정보의 입수경로로서 사회적 네트워크가 유효하게 작용한다는 것을 발견했다. 최근에는 가족 네트워크를 활용하지 않고 창업을 목적으로 이민을 오는 사람들이 많아지고 있는데, 그것은 한인 사회에서의 사회적 네트워크가 형성되어 기업 정보의 입수나 기술 습득이 가능해졌기 때문이다.

이 외에도 본 주제와 관련하여 일본에서의 기존연구를 살펴보면 다음과 같다. 奧田道大(1993)는 아시아인 연구에서 한국인 뉴커머를 점차적 적응(adhesive adaptation)이라는 개념을 통해 핵심 부분에서 자민족(문화)의 정체성을 유지하면서도 유연한 주변 부분에서는 점차적(漸次的)이라고 할 수 있는 이문화(異文化) 환경에 대한 적응 자세를 자각적·자의적으로 수행한다고 했다. 이것은 일본 사회에서 한인이 적극적인 적응, 동화 자세를 나타내는 것처럼 보이지만 민족 자긍심, 전통문화 등 한인 자신의 특성이 그 중심에서 유지되는 것을 말한다. 高鮮徽(1998)는 일본의 4대 집합장소의 하나인 요코하마(横兵)시 A지역의 간이 숙박소에서 생활하는 한국인 노동자를 대상으로 네트워크 관계를 조사했다. A지역에는 1988년경부터 한국인 노동자의 유입이 시작되면서 제주도 출신자 중에서도 K읍 출신자가 많았다. 지금까지 존재했던 재일한인에게 취직을 의뢰하는 관계가 소멸하는 대신에 노동 수요에 관한 정보는 네트워크를 통해 K읍에서 제주도로, 그리고 한인 모두에게 전달되었다는 것이다. 이것은 이민과정에서 지금까지 한인들이 의지해 왔던 혈연이나 지연 네트워크 대신에 도일 이후의 친구 네트워크가 중요하게 작용했음을 의미한다. 타지마(田嶋淳子, 1998)는 신주쿠(新宿) 오쿠보(大久保)지역의 한국인 뉴커머 기업가를 대상으로 한 연구에서 에스닉 기업과 기업가의 번성이 종교시설을 중심으로 한

민족 네트워크에 기인하고 있음을 밝혔다. 에스닉 기업가 층의 형성은
종교시설의 증가와 더불어 뉴커머의 접점을 다양하게 하고, 또한 유학
생이 졸업 후 주재원으로 근무하거나 일본의 외국계 기업에 대한 취직
을 매개로 하여 양적으로도 증가하고 있는 상황을 잘 나타내고 있다.
이러한 뉴커머 한국인의 사회적 관계는 이주자와 그 가족, 한국계 일
본인의 존재 등 종래의 재일한인 뿐만 아니라 일본인도 포함시키면서
일본 사회와의 접점이 확대되어가는 경향을 생각하여 볼 수 있다. 임
채완 외(2007)는 재일한인 기업가 및 기업의 특성을 기술하면서 재일
한인 기업의 네트워크 실태에 대해 분석하였다. 특히 사회적 자본이라
는 측면에서 재일한인들이 조직화하여 형성하는 단체 및 기업을 중심
으로 파악하여 사례연구를 중점적으로 다루고 있다.

　한편 재일제주인의 삶에 대해 '네트워크'의 개념을 사용하여 설명한
기존의 선행연구를 살펴보면 다음과 같다. 小川伸彦·寺岡伸悟(1995:
77~97)는 재일한인 중에서 재일제주인의 '고향 마을'이라는 인적 네트워
크를 중심으로 형성·유지되고 있음을 밝히고 있다. 그는 재일제주인의
인적 네트워크가 재일제주인 사회를 형성했을 뿐만 아니라 고향 제주에
대한 기증에도 커다란 영향을 미쳤다는 것이다. 이문웅(1998: 355~378)
은 재일제주인 사회의 형성과 특성을 타 지역 출신의 재일한인 사회와의
비교적 관점에서 이들 사회의 형성과 유지에 작용하고 있는 제주도
특유의 혈연, 지연 문제를 강조하고 있다. 伊地知紀子(2002: 213~231)는
타향에서의 생활과 공동성(共同性)을 알아보기 위해 재일본행원리친목
회(在日本杏源里親睦會) 사례를 조사하였다. 재일제주인의 친목회는 재
일한인의 다양성을 나타냄과 동시에 그 중에서 제주인의 특수성을 표현
하는 것으로서 사람들이 작은 마을 단위로 모이는 것에 대해 상황규정성

(狀況規定性)과 불가분의 관계에 있다고 주장했다. 滝沢健次(2004: 18~43)는 재일코리안(在日Korean)의 동향 네트워크, 친족 네트워크, 종교 네트워크를 둘러싼 한국 제주도에서의 공동조사를 중심으로 국내와 일본, 미국 등의 각 지역에서 사회적 네트워크 조사를 실시하였다. 특히 이 연구에서는 이주자와 고향 간에 결합되어 있는 밀접한 관계를 명확히 밝히기 위해 제주도 고내리(高內里) 출신자를 중심으로 재일제주인의 이주와 사회적 네트워크에 초점을 두었다. 고광명 · 진관훈(2006: 148~181)은 인적 네트워크의 개념을 기초로 하여 재일제주인의 상공업활동과 제주도에 대한 기증 현상을 분석했다. 이를 통해 제주 사회와 재일제주인 사회가 불신과 갈등을 넘어 서로의 인적 · 물적 자원을 안정적으로 교류할 수 있는 방안을 모색하는 계기가 될 것이라고 했다.

따라서 본장에서는 재일제주인의 삶의 변화에 따른 이주와 정착과정, 지역정체성에 대해 사회적 네트워크 관점에서 접근하여 기존 연구의 공백을 보완하는 데 그 의미를 두고자 한다.

3. 재일제주인의 사회적 네트워크 형성

3.1. 사회적 네트워크 현황

한국 사회는 연줄 사회라는 말에 조직 구성원의 대다수가 동의하고, 혈연 · 지연 · 학연이라는 단어가 일상적으로 통용되고 있는 국내에서도 사회적 네트워크에 대한 관심이 대단히 높은 편이다. 그러나 이러한 사회적 관심에도 불구하고 네트워크=연줄이라는 부정적 인식과 이에 대한 정량적 측정의 어려움 등으로 인해 현재까지 사회적 네

트워크 이론이나 효과에 대한 체계적인 연구는 그다지 많지 않은 실
정이다(전수진·박경규, 2007: 148).

그런 의미에서 재일제주인은 도(시·군·읍·면 등) 단위의 조직을 구
성하는 다른 지역 출신의 재일한인과는 달리 마을(동·리) 단위별로 조
직을 형성하여 유대와 친목 관계를 맺어 오고 있다. 이것은 제주사람
들이 마을을 지역정체성의 기본단위로 인식하고 있고, 사회적 관계의
출발로 인식한다는 것을 의미한다. 이런 맥락에서 재일제주인의 사회
적 네트워크는 고향 마을의 연장이며, 제주 사회의 마을 경계(境界)가
이주지인 일본으로까지 확장되었다고 볼 수 있다(김창민, 2003: 196).
더욱이 재일제주인은 이주 초기에 개인 네트워크를 통해 삶을 영위하
였으나 점차 오사카 이카이노(猪飼野)지역에 모여 살면서 친목회, 상
조회 등의 조직을 만들기 시작하였다. 결국, 이것은 서로 간의 유대를
강화하기 위한 목적으로 타 지역 출신의 재일한인들이 도 단위 혹은
시·군 단위의 조직을 형성하였던 반면, 제주도 출신자들은 마을 단
위의 조직을 만들었던 것이다(이문웅, 1998: 366).

〈표 4-1〉에서 보면 재일제주인의 사회적 네트워크는 혈연 네트워크
5개, 지연 네트워크 175개, 학연 네트워크 36개 등으로 이루어져 있고,
지역단위별로 보면 도(道) 단위 65개, 동(洞) 단위 49개, 리(里) 단위
103개 등 총 217개에 이르고 있다. 거주지역별에 따른 지연 네트워크는
관동(關東) 76개, 관서(關西) 75개, 기타 26개로 분포되어 있다. 이들
대부분은 이주 초기에 제주도 출신들이 일본으로 이주하면서 관서지
역에 많은 조직을 형성했던 것이다. 즉, 이들 사회적 네트워크는 혈연
과 학연 네트워크에 비해 친목회, 향우회 등을 중심으로 한 지연 네트
워크가 대부분을 차지하고 있다. 그런 의미에서 과거 일본으로 이주한

제주도 사람들은 제주도만이 지니고 있는 상부상조의 정신에 입각하여 일본 사회 속에서 삶을 영위하기 위해 상호 간의 네트워크를 형성했다고 볼 수 있다. 더욱이 이들은 사회적 네트워크인 혈연·지연·학연 네트워크를 통해 자금을 융통하기도 하고, 숙박이나 취업 등을 알선하기도 했다.

따라서 재일제주인은 일본이라는 이국에서의 어려운 생활 환경을 극복하기 위하여 친목도모 및 상호부조의 필요성을 공감하고, 마을 단위를 기초로 한 다양한 친족회, 향우회, 동문회 등을 조직하였다. 이것이 이른바 친목단체라고 불리는 재일제주인의 사회적 네트워크라고 할 수 있다.

〈표 4-1〉 재일제주인의 사회적 네트워크 현황

(단위 : 개)

구분		사회적 네트워크				
단위별	지역별	혈연 네트워크	지연 네트워크			학연 네트워크
			관동	관서	기타	
도(道) 단위	제주도	5	4	13	6	36
동(洞) 단위	제주시		11	12	12	
	서귀포시		3	11		
리(里) 단위	북제주군		30	39	6	
	남제주군		10	18		

자료 : 각종 자료에서 필자 작성.

3.2. 사회적 네트워크 조직

재류조선인 관계 주요 단체 현세일람표(在留朝鮮人關係主要團體現勢一覽表, 1993)에 따르면, 당시 경찰당국이 조사한 재일조선인 단체는 전국에서 984개(인원 13만 3,923명)로 그 가운데 오사카부(大阪府)에 등

좌) 역사가 가장 오래된 재일본고내리친목회(旗)　우) 재일본고내리친목회 노래(歌)

록된 단체가 231개(인원 5만 5,109명)로 파악되었다. 이들 단체의 목적
은 친목, 상호부조인 경우가 대부분을 차지하였다. 예를 들면, 오사
카부의 경우 재일조선인 단체의 명칭에 친목이란 단어를 표현한 단체
는 22개로, 이 외에 상조(相助), 친조(親助), 구제(救濟), 동정(同情), 구
조(救助), 공제(共濟), 부조(扶助), 공조(共助) 등의 표현을 포함하면 23
개 단체로 확인되었다. 이들 단체의 대부분은 친목, 부조 성격을 띤
조직이었다(外村 大, 2004: 97~99).

　이처럼 당시 재일조선인 단체가 친목도모, 상호부조를 목적으로
설립되었지만 그 배경에는 일본 정부의 재일조선인에 대한 사회정책
의 부재, 유동적 거주형태, 의사소통에서 일본인들 간의 접촉을 기피
하는 사람, 생활상의 곤란을 조선인들 간의 도움으로 해결해야 하는
상황 등 다양한 요인이 존재했다고 볼 수 있다. 이러한 현상은 같은
고향이면서 친족이라는 재일제주인 간의 결합으로 집단 거주지나 직
업을 거의 동향 출신자가 차지하는 연쇄형 이민(chain emigration)에서

나타났다는 것이다(外村 大, 2004: 98).

〈표 4-2〉에서 보면 도쿄지역의 경우는 재일제주인의 사회적 네트
워크에서 가장 역사가 긴 고내청년회동경지부(高內靑年會東京支部, 인
원 80명)가 존재하고 있다. 반면 오사카지역의 경우는 30개 단체 중에
10개(인원 1,297명)가 제주도 출신의 친목단체로 파악되어 재일제주인
의 커뮤니티가 어느 정도 형성되어 있었음을 알 수 있다. 그런 의미에
서 당시 재일조선인 단체가 대부분 지연 관계에 의해 형성되었지만
거주지를 중심으로 한 지연이나 혈연이 동시에 존재하는 복합적인 요
소를 갖는 난제노 있었나고 볼 수 있다.

〈표 4-2〉 일본에서 지연을 기초로 한 재일조선인 단체(1933년, 1934년)

(단위 : 명)

지역	단체 명칭	출신지 지역	조직 인원
東京	在東京山清郡人會	慶尙南道 山清郡	28
	在東京陝川郡人會	慶尙南道 陝川郡	140
	在東京南海親睦會	慶尙南道 南海郡	80
	在東京義城郡人會	慶尙北道 義城郡	191
	康津郡人會	全羅南道 康津郡	46
	高內靑年會東京支部	全羅南道 濟州島 新右面 高內里	80
	在東京順天郡人契	全羅南道 順天郡	75
	麗水郡人契	全羅南道 麗水郡	31
	在東京井邑鄕人會	全羅北道 井邑郡	60
	西湖親睦會	咸鏡南道 西湖郡	36
	在東京文川親睦會	咸鏡南道 文川郡	34
	在東京定平定友會	咸鏡南道 定平郡	74
	在東京新寧鄕友會	不明	85
大阪	釜山同心大富貯蓄會	慶尙南道 釜山府	31
	在阪居昌親睦會	慶尙南道 居昌郡	170
	固城同志會	慶尙南道 固城郡	80
	大阪固城郡親睦會	慶尙南道 固城郡	50
	在大阪南海親睦會	慶尙南道 南海郡	50

	大邱一光靑年會	慶尙北道 大邱府	100
	湖南九戌會	全羅道	15
	湖南親睦會	全羅道	70
	湖南修養団	全羅道	41
	古今親友會	全羅南道 莞島郡 古今面	23
	西好里靑年會大阪支會	全羅南道 濟州島 右面 西好里	127
	龍水里協和靑年團	全羅南道 濟州島 舊右面 龍水里	100
	金寧里靑年會	全羅南道 濟州島 舊左面 金寧里	255
	細花靑年會	全羅南道 濟州島 舊左面 細花里	100
	住日吾羅里敎化革新會	全羅南道 濟州島 濟州面 吾羅里	85
	三陽里親睦會	全羅南道 濟州島 濟州面 三陽里	60
	道頭親成會	全羅南道 濟州島 濟州面 道頭里	150
大阪	新右日親會	全羅南道 濟州島 新右面	100
	新興里靑年會大阪支部	全羅南道 濟州島 西中面 新興里	170
	濟州島西中面泰興里靑年團	全羅南道 濟州島 西中面 泰興里	150
	在日荷衣共勵會	全羅南道 新安郡 荷衣面	50
	長興親友會	全羅南道 長興郡	50
	在大阪珍島靑年會	全羅南道 珍島郡	170
	宝城親睦會本部	全羅南道 宝城郡	57
	沃川同情會	全羅南道 沃川郡	70
	錦城親興會	全羅南道 羅州郡	10
	麗水親和會	全羅南道 麗水郡	250
	忠淸道親睦會	忠淸道	50
	咸鏡人親睦會	咸鏡道	40
	堂里有信會	堂里	40

자료 : 外村 大(2004), 『在日朝鮮人社會の歷史學的硏究―形成・構造・変容』, 綠蔭書房.

4. 재일제주인의 사회적 네트워크 특성

　　재일제주인 사회에서 집단을 형성하는 원리는 혈연·지연·학연 등을 통해 구성된다고 볼 수 있다. 당시 혈연 조직은 종친회, 문중회, 화수회라는 남성부계 출신을 중시하는 유교이념에 기초하여 결성되

었다. 지연 조직은 도민회, 친목회가 그 대표적인 것으로 동일 지역
(도·동·리 등) 출신자에 의한 수평적 관계에 기초하여 상호부조와 친
목도모를 목적으로 결성되었다. 학연 조직은 동창회, 동문회라는 초·
중·고교 동창회가 서로 만나는 형태로서 상호 간의 친목도모를 목적
으로 결성되었다. 이 외에도 동일 업종의 직업(상인회 등)이나 신앙(종
교 네트워크 등)에 기초하여 관련 조직이 결성되는 경우도 다소 있다.

따라서 재일제주인은 지금까지 혈연·지연·학연을 중심으로 한 사
회적 네트워크를 통해 재일제주인의 다양성(多樣性)을 표현하고, 제
주도 출신자의 특수성(特殊性)을 유지하면서 일본 사회 속에서 삶을
영위하여 왔다.

4.1. 혈연(친족) 네트워크

재일제주인 사회는 다양한 차원의 혈연·지연·학연 조직 등으로
형성되어 있다. 이러한 동향 조직들은 친족회, 종친회 등을 포함한
같은 마을(동·리 등) 출신자로 구성되어 모두 강력한 '우리' 또는 '공동체'
의식을 통해 이루어지고 있다. 특히 친족관계에 의한 네트워크는 이들
사회 속에서 일반적 성격으로서 안(內)에 대한 의식이 강하게 나타나
인간관계에서 가장 우선적 요소로 간주되고 있다(李文雄, 1988: 57).

〈표 4-3〉에서 보면 재일제주인의 혈연 네트워크는 지금까지 파악
한 시점에서 전체 5개로 형성되어 있다. 본장에서는 이들 사회적 네
트워크 중에서 재일본백씨친목회(在日本白氏親睦會)와 재일광산김씨
친족회(在日光山金氏親族會)를 중심으로 혈연 네트워크 특성을 살펴보
고자 한다.

우선 재일본백씨친목회는 1950년 도쿄에 살고 있는 제주도 출신의 백씨(白氏, 약 16명)가 모여서 결성된 혈연 네트워크이다. 이 조직은 지연과 혈연이 중복되는 동향의 집안사람들로 형성된 모임이지만 고향 송금, 족보 편집 등 지역사회에 많은 심혈을 기울이고 있다.

다음으로 재일광산김씨친족회는 1954년 1월 오사카 이쿠노구에 살고 있는 제주도 출신의 광산김씨(약 20명)가 모여서 만든 혈연 네트워크를 말하며 2004년에 창립 50주년을 기념하는 축제를 거행하였다. 이 조직은 오사카에 뿌리를 내린 제주도 출신자들로 구성되어 한인사회에서 비교적 역사가 오래되고 단합이 잘 되어 있는 친족집단 중의 하나이다. 혈연집단 조직에서 문중 단위의 선영이 아닌 동향 친족집단의 공원묘지를 갖고 있다는 것은 본국에서 찾아볼 수 없는 재일제주인 사회의 생활조건이 갖고 있는 특수성을 반영한 것이라고 볼 수 있다. 이것은 공동 부계조상을 갖고 있는 혈연 의식이 강한 광산김씨가 하나의 친족집단으로 뭉치게 했음을 의미한다. 이 조직에서는 그들이 본토와 분명하게 구분되는 제주도 출신이라는 동향의식을 통해 '광김회(光金會)'의 통합성에 그 바탕을 제공해 준 것이다. 이러한 점은 재일한인 사회에서도 제주도 출신들 간의 지연과 혈연 의식이 더욱 강하게 나타나는 이유라고 할 수 있다(이문웅, 2005: 74~79).

따라서 혈연 네트워크는 일본 사회 속에서 혈연집단 관계에 기초하여 뭉쳤으며, 또한 단지 공동 부계조상의 자손들이라는 사실 뿐만 아니라 같은 제주도 출신자로서 사회문화적 유산을 공유하고 있다. 결국 이러한 네트워크는 단지 하나의 부계친족 조직이 아닌 혈연과 지연이 중복되는 교집합 영역에서 출범한 동향의 집안사람들 모임이란 특성을 지니고 있다(이문웅, 2005: 74).

〈표 4-3〉 재일제주인의 혈연(친족) 네트워크 현황

구분	설립	출신	관계	설립 목적
在日本白氏親睦會	1950	白氏	혈연	친목도모, 상호부조, 조상숭배 등
在日光山金氏親族會	1954	光山金氏	혈연	친목도모, 상호부조, 조상숭배 등
在日本南陽洪氏宗親會 (東京·大阪)	1974	南陽洪氏	혈연	친목도모, 상호부조, 조상숭배 등
在日本高氏門中會 (東京·大阪)	1963	濟州高氏	혈연	친족도모, 종친화목, 조상숭배 등
南平文氏東京宗親會	1985	南平文氏	혈연	선조은덕, 조상숭배, 씨족관념 등

자료 : 각종 자료에서 필자 작성.

4.2. 지연(동향) 네트워크

재일한인의 타 지역 출신자에 비교히여 제주도 출신자의 특징직인 것은 지연원리에 의해 집단을 구성한다는 것이다. 재일한인의 타 지역 출신자 경우는 행정구역상에서 가장 상위의 도 단위에서 일반적으로 조직화되어 형성되었지만 제주도 출신자 경우는 도 단위는 물론 가장 하위의 동·리 단위에서 소식화되어 형성되는 경우가 많았다. 이것은 동·리 단위에서 조직 결성이 가능할 정도로 인구학적 측면과 지연결합성 측면에서 생각할 수 있다(이문웅, 1998: 364~369).

〈표 4-4〉에서 보면 지연 네트워크는 도 단위 23개, 동 단위 49개, 리 단위 103개 등 전체 175개로 구성되었는데 도·동 단위보다는 리 단위를 중심으로 형성되어 있다. 거주지역별에 따른 지연 네트워크는 관동 58개, 관서 93개, 기타 24개(지역을 정확하게 구분할 수 없는 경우)로 나타나 도쿄에 비해 오사카가 2배 정도 많이 분포되어 있다. 출신지역별로 구분한 지연 네트워크는 도 단위 17개, 시 단위 37개, 군 단위 97개, 기타 24개로 구성되었는데 시 단위보다는 군 단위에서 전체 175개의 절반에 가까운 조직이 형성되어 있다. 특히 군 단위에서는 남제주군(28

좌) 재일제주개발협회 방문단   우) 재일제주경제인협회 모국산업시찰단 환영식

개)보다 북제주군(69개)이 상당수 차지하고 있는 것으로 나타났다. 그
이유는 북제주군 출신자가 경제적 요인을 비롯한 정치적 이유로 인해
일본 이주가 많았던 것으로 여겨진다.

한편 재일제주인 사회에서는 1960년대에 들어 도 단위로 네트워크
가 형성되었다고 볼 수 있다. 관동지역은 1960년대 이후 제주개발협
회(濟州開發協會, 1961년)를 비롯한 몇 개의 도 단위 친목회를 결성하였
다. 반면 관서지역은 재일제주경제인협회(在日濟州經濟人協會, 1961년)
설립을 계기로 삼아, 이후 재일제주도민회(在日濟州道民會, 1963년), 재
일제주도친목회(在日濟州道親睦會, 1965년), 재일제주청년회(在日濟州青
年會, 1967년)가 창립되었으며, 1994년에 들어 이들 4개 단체를 통합
하여 관서제주도민협회(關西濟州道民協會)를 결성하였다. 이들 단체는
일본 사회 속에서 어느 정도 경제적 여유가 있는 제주도 출신자들로
구성되어, 한국전쟁 이후 지역 경제발전에 기여하고자 다양한 형태로
지원하였다. 결국 도 단위의 친목회는 제주도에 지원을 목적으로 삼
아 의식적으로 결성된 조직이라고 볼 수 있다(伊地知紀子, 2002: 215).

따라서 재일제주인은 일본 사회 속에서 사회적 네트워크를 형성하
면서 이주 초기부터 마을 단위의 지연 네트워크와 밀접한 관련을 맺
어왔다. 즉 이러한 네트워크는 이주 초기의 정착생활에 결정적으로
작용하거나 경제활동 기회의 모색, 자본 융통, 정보 교환 등의 구심점
역할을 했던 것이다. 이러한 이유로 인해 제주도에서는 지연 네트워
크가 활성화된 지역일수록 그 마을 출신의 사회적 네트워크도 활발하
게 진행되었다고 볼 수 있다.

〈표 4-4〉 재일제주인의 지연(동향) 네트워그 현황

구분		지역별	
		관동(동경)	관서(대판)
도(道)단위 네트워크	세주도	在日(本)濟州開發協會, 在日東京耽羅研究會, 在日東京親睦會, 在日本關東濟州道民協會	在日(本)濟州道親睦會, 在日(本)濟州經濟人協會, 在日(本)濟州道民會, 在日(本)濟州靑年會, 在日大阪濟州道4團體統合推進委員會, 在日本濟州道 새마을婦人會(大阪本部), 在日(本)濟州道婦人親睦會, 在日濟州大學圖書寄贈委員會, 在日僑胞鄕土訪問團(大阪), 在日大阪濟州島硏究會, 在日濟州道親睦會, 在日關西道民協會靑年會, 在日本關西濟州道民協會
	기타	在日濟州道體育會, 在日(本)濟州開發協會(岩手支部), 京都협진新友會, 在日京都婦人親睦會, 在日本仙台濟友會, 仙台濟州로터리클럽	
마을洞단위 네트워크	제주시	在日本禾北鄕友會, 在日頭新親睦會, 吾羅在日親睦會, 回泉洞在日僑胞親睦會, 內都洞東京親睦會, 砂水洞出身在日僑胞, 在日寧坪親睦會, 在日東京梨湖洞親睦會, 在日東京頭親睦會, 東京山地親睦會, 山地勇進會東京鄕友會	大阪禾北1洞同友會, 在日大阪禾北1洞婦女會, 在日本奉蓋洞親睦會, 在日本玄沙部落親睦會, 吾羅在日親睦會, 海女洞親睦會, 在日道南親睦會, 在日外都洞親睦會, 內都洞大阪親睦會, 在日煙臺親睦會, 在日本吾道僑胞, 貴日里味水洞出身親睦會
	서귀포시	猊來洞東京親睦會, 在東京法還有志會, 東京法還里親睦會	在日月坪親睦會, 在日本孝敦公進會, 在大阪濟法建親會, 在大阪濟法親睦會, 在大阪濟法婦人親睦會, 在日大阪濟法建親會靑年會, 在日本大阪河川親睦會, 在日下猊里下洞親睦會, 在日僑胞河源出身親睦會, 猊來洞關西親睦會, 在日本西烘洞鄕親會
	기타	日本和歌山北로타리클럽, 在日街路鋪裝推進委, 在日西歸邑親睦會, 在日城山親睦會(静岡), 在日本城山邑親睦會(兵庫), 在日本西歸浦市友會, 在日本成進會, 在日本西歸浦市大川洞月坪出身婦人會, 在日西歸邑親睦會, 中文出身婦人會, 在日濟城會, 大韓商銀市施相友會	

마을(里)단위 네트워크	북제주군	翰林邑(在日洣源里郷友會, 在日本歸德親睦會, 在日頭新親睦會, 關東地區金陵里親睦會, 日本關東地區洣源翰水郷友會) 涯月邑(在東京涯月親睦會, 關東涯月出身親睦會, 在東京新巌有志會, 在日高内里親睦會, 在東京高内婦人會, 在東京都新昌親睦會, 在日郭支郷友有志會) 舊左邑(在東京金寧親睦會, 在日本金寧東京親睦會, 在日本金寧丙辰同年會, 山内協友會, 在日本東京終達里親睦會) 朝天邑(在日朝天親睦會, 東京北村里親睦會, 在日關東北村里親睦會, 在日咸德里親睦會) 翰京面(東京翰京親睦會, 在東京龍塘親睦會, 在東京漢源里婦人親睦會, 在東京板浦親睦會, 在東京金陵親睦會, 在東京新昌親睦會, 在日高山親睦會, 在日龍水親睦會) 牛島面(在日東京牛島親睦會)	翰林邑(在日挟才里親睦會, 大阪歸德親睦會, 在日瓮浦里親睦會, 在日瓮浦出身靑年會) 涯月邑(涯月邑大阪親睦會, 在日本水山里出身親睦會, 在日光令親睦會, 在日長田親睦會, 在大阪高内里親睦會, 在日本錦城里協議會, 在日重巌里親睦會, 在日郭支里親睦會, 在日郭支里일매會, 在日東貴里親睦會, 在日大阪納island里親睦會) 舊左邑(在日坪岱(里)親睦會, 大阪下道婦人會, 上道里相助會, 在日本大阪終達里親睦會, 在日本金寧親睦會, 在日本細花人(里)協議會, 在日本細花婦人會, 在日漢東親睦會, 在日本杏源里親睦會, 在日松堂里協力親睦會) 朝天邑(在日善屹親睦會, 在日大阪咸德親睦會, 在日僑胞10人親睦會, 在日新村親睦會, 在口北村親睦會, 在日臥屹親睦會, 在日咸德里婦人會, 在日新村出身有志會) 翰京面(在日翰京親睦會, 在日高山親睦會, 在日關西地區漢源親睦會, 在日板浦親睦會, 在日演坪親睦會)
	남제주군	大靜邑(在日大韓大靜고을親睦會, 在東京上摹里僑胞, 武陵2里親睦會) 南元邑(在日南元親睦會, 在日本東京居住泰興親睦會, 在東京爲美親睦會) 城山邑(在日城山親睦會) 安德面(在日本關東德修婦人會, 在日和順靑年會) 表善面(在東京表善人協會)	大靜邑(在大阪加波親睦會, 在日日果里親睦會) 南元邑(南元邑在日濟州靑年會, 在日新禮1里出身, 在日本新禮里親睦會, 在大阪爲美親睦會) 城山邑(在日大阪城山親睦會, 在日蘭山親睦會, 在日城山相友會, 在日新山親睦會, 在日水山婦人會, 在日水山里親睦會, 在日始興里民會) 安德面(在日大坪里(民)親睦會, 德修出身大阪相親會, 在日安德柑山親睦會, 倉川出身在日僑胞親睦會) 表善面(在日加時里親睦會)
	기타	在日濟州道師親會, 在日翰林邑婦女會(横浜), 도라지親睦會(靑森), 在日大韓婦人會, 在日鷄林俱樂部, 在日大阪濟州親睦會	

주 1 : 이 표는 지금까지 파악된 친목단체 현황을 작성한 것으로 최근 재일제주인 사회가 변화하면서 소멸된 친목단체가 다수 존재하고 있음을 밝혀둔다.

주 2 : 제주도는 1946년 도제(道制)를 실시한 후 2개 시(제주시, 서귀포시)·군(북제주군, 남제주군)으로 형성되었으나 2006년 고도의 자치권에 기초한 특별자치도가 출범하면서 2개 행정시(제주시, 서귀포시)로 이루어져 있다.

자료 : 각종 자료에서 필자 작성.

4.3. 학연(동교) 네트워크

제주지역 사회에서는 초·중·고교 동창이라는 출신 학교가 가장 중요한 의미를 갖는다. 그 이유는 지연과 함께 근대적 인간관계에서 상호간 접촉의 계기를 만드는 중간적인 의미를 갖기 때문이다. 그래

서 초·중·고교라는 학연 네트워크는 재일제주인 사회에서 아주 중
요한 의미를 부여하고 있다. 결국 이것은 어느 학교에 입학했는지,
또는 어느 학교의 출신인지에 따라 그 사람의 신뢰와 능력을 판단하
는 척도가 되었던 것이다.

〈표 4-5〉에서 보면 학연 네트워크는 관동지역 16개, 관서지역 20개
로 형성되어 있다. 이들 학연 네트워크는 주로 출신 학교에서 지연과
밀접한 관계가 있는 초·중교를 중심으로 만들어졌지만 고교 동창은
초·중학교보다 광범위한 의미를 갖고 있다. 즉 재일제주인은 거의
초등학교 동창관계를 통해 연결되었으며, 특히 같은 학교 출신의 동기
또는 선후배는 수월하고 매우 견고하게 유대관계를 맺게 된다. 이러한
유대관계는 그대로 재일제주인의 이주와 삶의 변화, 그리고 정보교환
등을 증내시키는데 크게 활용되었다(高廣明, 1998: 284~285).

따라서 재일제주인은 다양한 계기를 통해 사회적 네트워크를 형성
하였지만 그 중에서도 어느 네트워크가 현재 가장 중요한 것인지에
대해 중요하게 인식할 필요성이 있다. 지금까지 표현한 혈연, 친족,
지연 등은 비교적 안정된 사회적 네트워크 관계라고 말할 수 있으며
(服部民夫, 1992: 154), 그 외의 관계는 지역별에 따라 징도의 차는 있지
만 방치하거나 관리하지 않으면 사라질 집단이다. 그래서 이러한 네
트워크 관계를 소생시키기 위한 나름대로의 의식을 필요로 하며, 그
것이 현재 행해지고 있는 동창회를 통한 학연 네트워크라고 할 수 있
다. 결국 재일제주인의 학연 네트워크는 상호 간의 네트워크로 연결
될 수 있는 개연성(蓋然性)이 얼마나 높은지를 잘 보여주고 있다.

〈표 4-5〉 재일제주인의 학연(동교) 네트워크 현황

구분	지역별	
	관동(동경)	관서(대판)
학연(學緣) 네트워크	在日高山中增築委員會, 才陵地區樂器寄贈委員會, 在日本禾北校樂器寄贈委員會, 在東京新巖中後援會, 日本孝敎中後援會, 在日表善商高後援會, 在日楮淸敎育後援會, 在日新村校第6會卒業生會, 日本居住洙源初等學校出身, 在東京咸德校第1會同窓會, 在日本金寧中第9會同門會, 在日本東京濟州商高總同門會, 在日本濟州商高總同門會, 在日表善商高後援會, 在日五賢高同窓會, 在日濟卅高東京同窓會	武陵初等學校設立後援會, 始興初等學校後援會, 在日水山國校後援會, 在日楮淸中後援會, 在日本江江國校敎育後援會, 在日泰興人敎育後援會, 在日濟州北校第34會同窓會, 在日大坪國校同窓會, 大阪支部在日爲美國校卒業生會, 朝天校第17會在大阪親睦會, 大阪市法還校出身親睦會, 在日本新村校第3會卒業生會, 在日本新村校第4會卒業生會, 在日本新村校第5會卒業生會, 在日本新村校第9會卒業生會, 在日本新村校總同窓會, 在大阪第一中同窓會, 在日本金寧中同窓會, 大阪五賢高總同窓會, 在日濟卅高大阪同窓會

주 : 이 표는 지금까지 파악된 동창회, 후원회 현황을 작성한 것으로 최근 재일제주인
     사회가 변화하면서 소멸된 학교 관련 단체가 다수 존재하고 있음을 밝혀둔다.
자료 : 각종 자료에서 필자 작성.

5. 맺음말

본 연구는 재일제주인의 삶의 변화에 따른 사회적 네트위크 형성과
특성을 고찰해 봄으로써, 향후 재일한인을 다루는 연구 분야에서 학
문적으로 기여할 수 있는 방향으로 전개하였다. 본 연구의 결과를 종
합하면 다음과 같다.

첫째, 재일제주인은 일본 사회 속에서 어려운 삶의 환경을 극복하
기 위하여 마을(동·리) 단위별로 여러 형태의 사회적 네트워크를 형성
하였다. 결국 재일제주인은 지금까지 혈연·지연·학연을 중심으로
한 사회적 네트워크를 통해 일본에서의 삶(경제활동)을 영위하여 왔다.
둘째, 재일제주인은 일본 사회 속에서 문중회, 종친회, 친족회 등을
중심으로 한 혈연 네트워크를 형성하였다. 결국 혈연 네트워크는 가
족 및 친족 간의 상부상조를 통해 일본 사회에서 뿌리를 내리는 데

아마도 가장 중요한 생존전략(survival strategy)이었던 것이다. 셋째, 재일제주인은 일본 사회 속에서 친목회, 향우회 등을 중심으로 한 지연 네트워크를 형성·유지하여 왔다. 특히 이러한 네트워크 활동은 북제주군이 다른 지역 출신에 비해 가장 활발한 것으로 나타났다. 결국 지연 네트워크는 재일제주인들 간의 친목도모를 비롯한 경제활동을 포함하는 삶의 전반에 깊게 작용하고 있다. 넷째, 재일제주인은 일본 사회 속에서 근대적 인간관계의 계기를 만드는 초·중·고교라는 동창회를 중심으로 학연 네트워크를 형성하였다. 결국 재일제주인은 상대방의 출신학교를 안다는 것이야말로 그 사람의 신뢰의 능력을 인정하는 것과 거의 동등하게 판단되었던 것이다. 다섯째, 사회적 네트워크는 일본 사회 속에서 제주도 출신의 이주 역사와 정착과정, 지역정체성 등 삶의 변화에 따른 인적교류를 통해 재일제주인 사회의 과거와 현재, 그리고 미래를 예측해 볼 수 있다.

한편 본 연구를 통해 기대되는 효과를 살펴보면 다음과 같다.

첫째, 제주도민들은 일본 사회 속에서 제주인의 사회적 네트워크에 대한 새로운 변화가 나타나기 시작하면서 재일제주인의 삶이 지니는 중요성을 새롭게 인식할 수 있는 계기를 갖게 되었다. 둘째, 재일제주인들은 혈연과 학연 네트워크를 통해 일본으로 이주한 경우도 다소 있었지만, 대부분 동향 출신자를 통해 이주하거나 정착함으로써 지연 네트워크가 강하게 지배했다고 볼 수 있다. 셋째, 재일제주인들은 일본의 사회구조적 차별을 극복하기 위하여 사회적 네트워크를 통해 나름대로의 지역정체성을 추구하여 왔던 것이다. 넷째, 일본으로 이주한 한인 중에서 제주도 출신자가 비교적 높게 차지하였던 것은 정치적, 경제적 등으로 인해 이주한 요인도 있었지만 사회적 네트워

크를 통한 지역적 특수성이 비교적 중요하게 작용하였음을 시사하고
있다. 다섯째, 현재 기초통계 자료가 부족한 시점에서 재일제주인의
사회적 네트워크를 고찰하였다는 것은 일본 사회 속에서 제주인의 상
황을 충분하게 고려한 기존의 경험적 자료가 무엇보다도 중요하게 인
식하고 있음을 시사하고 있다.

▌주 _____

1) 디아스포라(Diaspora)는 일상적인 용어가 아니기 때문에 일반인들이 이해하기
쉬운 개념이 아니다. 우리말로는 민족이산(民族離散)으로 번역되는데, 단지 같은
민족구성원들이 세계 여러 지역으로 흩어지는 과정뿐만 아니라 분산한 동족들과
그들이 거주하는 장소와 공동체를 가리키기도 한다. 어원적으로 디아스포라는 그
리스어 전치사 dia(영어로 over, 우리말로 ~를 넘어)와 동사 spero(영어로 to sow,
우리말로 뿌리다)에서 유래되었다. 1990년대에 들어서 디아스포라 연구가 활발해
지면서 디아스포라는 유대인의 경험뿐만 아니라 다른 민족들의 국제이주, 망명,
난민, 이주노동자, 민족공동체, 문화적 차이, 정체성 등을 아우르는 포괄적인 개념
으로 사용되고 있다(윤인진, 2005: 4~5).
2) 민족 네트워크란 민족성을 공유하는 사람들 사이의 사회적 관계로 정의된다. 한인
뉴커머(newcomer)가 만들어 내는 사람과 사람의 일상적인 사회적 관계를 민족 네트워
크라 한다면 취업기회, 정보의 획득, 법률 생활문제, 복지나 생활에 관련된 상호부조
등이 네트워크를 통하여 이루어진다고 생각할 수 있다. 민족 네트워크는 일상적인
개인 네트워크에서부터 경제 거래까지 다양하며 사회적 관계망이 중층적 구조로
점차 확대되는 것을 의미한다. 민족 네트워크는 일상생활 뿐만 아니라 에스닉(ethnic)
기업의 창업을 가능케 하는 자원동원의 수단으로서 개개인을 연결시켜주는 존재이다.
민족 네트워크는 현지 사회의 창업에 있어서 개개인을 활용하는 에스닉 자원 중의
하나이다. 따라서 민족 네트워크는 미국의 에스닉 기업 연구에서 특정의 에스닉
집단이 사회적으로 불리한 조건을 극복하고 경제적으로 성공하기 위해 동원되는
사회적 자원으로서 주목받게 되었다(임영언, 2006: 23~24).

재일제주인의 지역사회 공헌

1. 머리말

　재일제주인은 2007년 기준으로 재일한인 598,219명(28.7%) 중 97,651명으로 약 16.3% 정도를 차지하고 있다. 이들은 관동(關東)지역에 26,983명(27.6%), 관서(關西)지역에 64,000명(65.5%)이 거주하여, 이들 2개 지역의 재일제주인 수가 전체 97,651명 가운데 90,983명으로 93.1%를 치치하고 있다(入管協會, 2007).

　재일제주인의 일본 이주[1]는 1923년 제주도와 오사카를 잇는 정기 항로가 취항하면서 일본과의 왕래가 시작되었으며, 이로 인해 방적(紡績)공업이 발달했던 오사카에 많은 제주도 출신자들이 거주하게 되었다.[2] 당시 일본으로 이주한 제주도 출신자들은 대부분 조선, 탄광, 토목공사 등에 단순 노동으로 투입되었고 반면, 여자들은 주로 방적공장에서 일하면서 인간적 대우를 받지 못하는 중노동에 시달려야만 했다. 결국 이들은 이주 초기부터 자본이나 기술을 가지고 이주했다고 인식하기보다는 단순 노동력을 가지고 일본의 저임금 노동시장에 진입하였다.

하지만 이들은 이국생활의 온갖 역경 속에서도 자신들의 삶보다 고향의 어려운 현실을 더 걱정했다. 제주도에 밀려온 애향의 물결은 마을과 마을을 잇는 교량가설, 도로 확·포장, 상수도, 전화·전기가설, 학교시설, 마을회관 건립에 이르기까지 고향발전에 많은 도움을 주었다. 특히 1965년부터 1979년까지 15년간 고향에 보낸 감귤묘목 (3,470,254본) 기증은 제주도 감귤산업을 일으키는 획기적인 계기가 되었다. 더욱이 이들은 세주도 개발을 위하여 심적·물적 지원을 아끼지 않았으며, 교육·문화사업을 비롯하여 산업·경제 분야에 이르기까지 직접 참여할 뜻을 가지고 자본을 투자하였다.

이와 같이 제주도 2대 산업인 관광개발과 감귤산업은 재일제주인의 기증과 투자활동으로 시작됐고, 본도 출신들의 피와 땀의 결정체로 작용했다. 현재 제주도는 재일제주인 1세들의 많은 기증과 투자활동으로 눈부실만한 발전을 달성하였다. 결국 재일제주인은 제주도 산업발달과 도민소득 향상에 한 축을 형성했다고 볼 수 있다.

이러한 의미에서 본 연구에서는 각종 공식·비공식 자료와 통계, 신문기사 등을 통해 재일제주인이 고향에 애향심을 표현한 지역사회 공헌을 살펴보고자 한다. 이와 같은 문제의식을 갖는 이유는 재일제주인의 기증에 대한 무관심으로 인해 재일제주인 1세를 비롯한 2·3·4세에게도 커다란 마음의 상처를 주었다는 점에 기인하고 있다. 이것은 지금까지 재일제주인과 제주도와의 관계가 형제를 기반으로 한 상호 동반적 관계로 생각하기보다는 제주도 출신들을 지역사회에 일방적으로 물질을 제공해 주는 대상으로만 인식했기 때문이다. 이를 위해 본장에서는 우선, 재일제주인의 기증과 투자와 관련된 이론적 배경을 살펴본 후, 다음으로 재일제주인의 기증활동을 알아보며, 마지막으로 재일제주인의 투자활동을 파악하고자 한다.

2. 기존연구의 검토

본 연구의 목적은 재일제주인의 제주도에 대한 기증 실적을 파악하고 투자활동을 살펴보는데 있다. 그리고 이들이 사회적 네트워크를 통해 재일제주인 사회의 형성과 제주지역 발전의 기제로서 어떠한 역할을 하였는지를 알아보고자 한다. 지금까지 재일한인의 기증과 투자활동 관련 연구는 소수에 불과한 상태이므로 본 주제와 관련하여 한국과 일본에서의 기존연구를 살펴보면 다음과 같다.

河 明生(2003)에 따르면 재일한인 1세들은 일본에서 경제적으로 성공을 이루고 본국투자나 고향에 대한 물질적 공헌에 의헤 금의환향을 실현하고자 했다. 왜냐하면 재일코리안 1세들은 본국의 풍토, 풍습, 언어 등에 익숙하고 금의환향이 현실적으로 가능한 상태였기 때문이다. 또한 박정희 정권 하에서 많은 재일코리안 기업가들이 투자하게 된 동기에 대해 그는 당시 투자가에 대한 한국 정부의 훈장제도와 애국심의 고양에 있다고 주상했다. 그러나 이러한 재일코리안 기업가의 한국 투자요인들은 오히려 기업가들의 합리적인 선택보다는 친척이나 훈장제도라는 비합리적인 인간의 심성에 의존했기 때문에 많은 실패나 기업의 경영난을 초래할 수밖에 없었던 것이다. 梁京姬(2009: 16~30)는 재일한국인 기업가들이 본국에 투자한 신한은행 사례를 중심으로 한국 사회 및 금융업계에 미친 영향을 분석하였다. 이들은 일본 사회의 소수민족으로서 일치단결하여 끊임없는 도전정신을 통해 의해 성공을 이끈 사람들이다. 이러한 경험을 바탕으로 본국의 금융 서비스산업에 큰 영향을

미친 재일한인 기업가의 도전정신, 그리고 신한은행의 조직문화 및
경영방식 등은 향후 한국 사회에 계승되어 갈 것이라고 했다.

　小川伸彦・寺岡伸悟(1995: 77~97)는 재일제주인 사회가 '고향 마을'
이라는 인적 네트워크를 중심으로 형성・유지되면서 고향 제주에 대한
기증에도 커다란 영향을 미치고 있음을 강조하고 있다. 高鮮徽(1998)는
재일제주인 사회에서 지연 네트워크의 대표적인 존재가 마을 친목회
라고 했다. 이는 해방 선후를 통해 일본에서 출신지역별로 마을 친목회
가 결성되었기 때문에 가능했던 것이다. 각 친목회는 규약을 정하고
연중행사나 출신지역에 대한 지원, 일본에서의 상호부조를 강화시켰
다. 더욱이 이러한 사회적 네트워크의 구조를 유지함으로써 재일제주
인들은 출신마을의 지역발전을 위한 기부와 상호교류를 충실히 시행
해 왔던 것이다. 특히 제주도 출신 기업가들은 지역 교육사업에 많은
투자를 해 온 것으로 나타났다고 한다. 李仁子(2004: 7~17)는 이주자와
고향 간에 결합되어 있는 친밀한 관계를 명확히 밝히기 위해 제주도
고내리(高內里) 출신자를 중심으로 재일제주인 이주자의 고향에 대한
기부와 고향 관계의 변천에 초점을 두어 살펴보았다. 이주자 중에는
고향과의 관계를 일절 단절해 버리는 사람도 있지만 동향 출신자 집단
이나 조직을 만들어 고향을 경제적으로 지원하거나 향수를 서로 느끼
는 것이야말로 보편적인 현상으로 생각된다고 했다. 결국 이주자의
기부는 단순히 금전의 수주(受注)를 넘어 위신과 존엄의 수주, 은의와
감사의 교환, 게다가 고향 마을과의 정서적 연대의 갈망을 나타내려고
했다는 것이다.

　이 외에도 고광명・진관훈(2006: 148~181)은 인적 네트워크의 개념을
기초로 하여 재일제주인의 상공업활동과 제주도에 대한 기증 현상을

고찰하였다. 이는 제주 사회와 재일제주인 사회가 불신과 갈등을 넘어 서로의 인적·물적 자원을 안정적으로 교류할 수 있는 방안을 모색하는 계기가 될 것이라고 했다. 이경원·진관훈(2006: 171~188)은 재일제주인의 투자유치 변천을 비판적으로 진단하고 그들의 투자 애로요인을 고찰한 후, 지방정부 차원에서 체계적이고 효율적인 재일제주인의 투자유치 방안을 고찰하였다. 그 결과 공동의 이해관계를 가진 제주도와 재일제주인 기업가들 간에 빈번한 교류와 상호협력을 통해 신뢰라는 사회적 자본을 형성할 필요성이 있고, 또한 이들이 제주도에 안심하고 투자할 수 있는 환경을 조성해야 한다고 했다.

이상이 기존연구를 종합하면, 재일한인의 기증과 투지활동 관련 연구는 국내외적으로 드문 실정이다. 본장에서는 다른 지역 출신과 대비되는 재일제주인의 제주도에 대한 송금과 기증, 그리고 투자 등 지역사회 공헌에 대한 고찰을 통해 기존연구의 공백을 보완하는 데 그 의미를 두고자 한다.

3. 재일제주인의 기증활동

3.1 재일제주인의 송금

1) 도일 노동자의 송금

한일병합 이후 일본의 제주도 침탈이 본격화되면서 일본으로 이주하는 재일제주인 수는 급격하게 증가하기 시작했다. 도일(渡日) 증가의 직접적인 동기는 일제의 식민지정책에 의해 농어촌이 피폐화되면서 겪는 경제적 어려움과 일본의 공업화로 인한 대량 노동력의 필요성,

좌) 제2 기미가요마루 갑판 위의 출가노동자
우) 제2 기미가요마루 선상에 있는 조선인실업가

일본과의 정기항로 개설 등으로 많은 제주도 사람들이 도일하게 되었던 것이다.

당시 일본 도항자 수는 1920년대에 지속적으로 증가하는 추세를 보이다가 1930년대 초에 이르러 정체하게 되었다. 이들의 일본 이주는 일본 경제가 회복되는 1932년부터 다시 증가하여 1933년에 최고 수준으로 도달하였지만 1935년에는 전년도에 비해 낮은 수준으로 감소하게 되었다. 특히 1923년 오사카 직항항로의 개설로 인해 1924년부터 도항자 수는 전년 대비 3배로 증가하였다. 이러한 증가세는 꾸준히 유지되다가 1933년에 들어 절정에 달하고 1935년부터 조금씩 감소하면서 1/3 가량 줄어들게 되었다.

〈표 5-1〉에서 보면 총 송금액과 1인당 송금액은 모두 1928년과 1929년에 비교적 높게 나타났으며 1930년부터 다시 줄어들었지만 1938년에는 가장 높게 나타났다.[3] 이것은 일본 경제가 다시 살아나는 1933년부터 점차 증가했기 때문에 경제변동에 기인한 것으로 보인다. 특히 1929년까지의 총 송금액은 도항자 수의 증가와 함께 늘어

났는데, 이후 일본 내 경제사정의 악화로 총 송금액과 1인당 송금액은 급격히 줄어들었다. 그러나 1933년의 경우를 보면 도항자 수가 늘어났음에도 불구하고 총 송금액은 줄어들었던 반면 1인당 송금액은 전년도에 비해 급격히 증가했다. 더욱이 1인당 송금액은 1938년을 제외하고는 미미한 수준이어서 도일 노동자들이 낮은 임금으로 노동시장에 진입했음을 알 수 있다(진관훈, 2004: 150~151).

따라서 제주도민의 도일은 제주도 전체 인구의 1/4를 차지할 만큼 대규모로 이루어졌는데, 송금액은 당시 제주도 통화량에서 많은 부분을 차지하였다. 이외에도 이들이 고향으로 돌아올 때 직접 가지고 온 액수까지 합치면 훨씬 많았던 것으로 여겨진다. 결국 이는 도일 노동자에 의한 현금 송금이 제주도내에 그대로 유입되면서 제주도 경제발전에 큰 활력을 가져다주었다(濟州島廳, 1937: 24~25).

<표 5-1> 재일제주인의 이주와 송금 현황

(단위 : 명, %)

연도	도항자	귀환자	총 송금액	1인당 송금액
1926	15,862	13,500	774,784	27.06
1927	19,224	16,863	956,571	31.36
1928	16,762	14,703	1,289,714	35.54
1929	20,418	17,660	1,243,714	35.20
1930	17,890	21,416	799,180	25.14
1931	18,922	17,685	715,012	21.65
1932	21,409	18,307	685,155	18.96
1933	29,208	18,062	857,919	29.39
1934	16,904	14,130	1,053,940	21.05
1935	9,486	11,161	1,006,985	20.88
1936	9,190	11,095	1,087,518	23.40
1937	7,484	8,004	1,073,870	23.37
1938	8,979	8,972	1,470,730	52.01

자료 : 濟州島廳(1937, 1939), 『濟州島勢要覽』.

2) 출가해녀의 송금

출가해녀의 일본 진출은 1903년경부터 규슈(九州)와 태평양(太平洋) 연안을 중심으로 이루어졌다. 처음에는 미야케지마(三宅島)에서 시작되어 그 후 오사카를 기점으로 해서 태평양 연안의 각지로 확대되어 갔다. 이후 제주도 출신자들은 1923년 2월 제주도-오사카 간의 직항 항로인 기미가요마루(君が代丸)가 취항하면서 일본으로 이주하게 되었다. 1930년대에는 매년 1,500명 정도의 제주도 해녀가 고용계약을 맺고 해녀노동에 임했다. 〈표 5-2〉에서 보면 1932년 제주도 어업 등록 수는 9,000명에 달했는데, 출가해녀로 나간 지역은 경상남도 35%, 쓰시마 15%, 그 밖에 태평양 연안이었다. 제2차 세계대전이 끝날 때까지 50년간 해녀들이 이동한 분포를 보아도 넓은 지역까지 확대되었다고 볼 수 있다(長嶋俊介, 2008: 53~54).

〈표 5-2〉 제주도 해녀의 출가(出稼) 현황(1930년대)

(단위 : 명, %)

지역	제주해녀		지역	제주해녀	
	인원	비율		인원	비율
함경북도	8	0.12	神奈川県	228	4.82
함경남도	44	0.93	静岡県	233	4.93
황해도	48	1.02	三重県	60	1.30
강원도	212	4.49	徳島県	105	2.22
충청남도	76	1.61	高知県	180	3.81
전라북도	38	0.80	愛媛県	5	0.10
전라남도	592	12.53	鹿児島県	83	1.80
경상북도	337	7.14	長崎県	63	1.33
경상남도	1,640	34.72	対島	705	14.93
千葉県	66	1.40	합계	4,723	100.0

자료 : 濟州島廳(1937), 『濟州島勢要覽』.
　　　　桝田一二(1976), 『桝田一二地理學論文集』, 弘詢社.

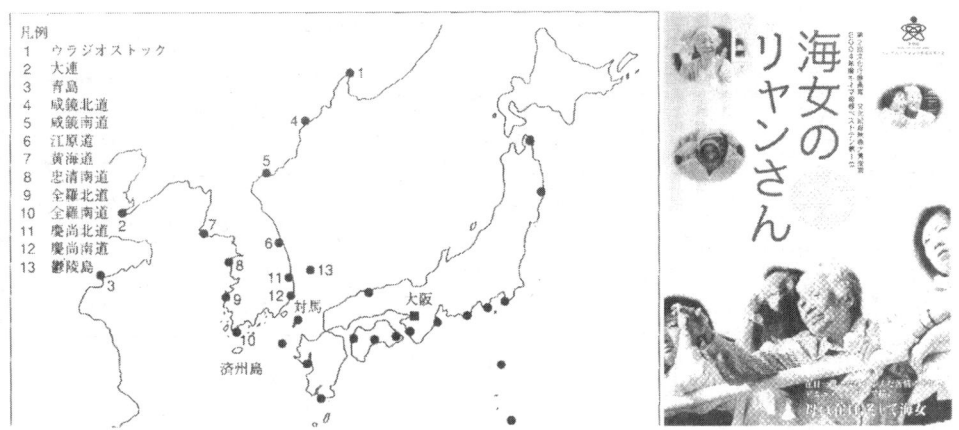

凡例
1 ウラジオストック
2 大連
3 青島
4 咸鏡北道
5 咸鏡南道
6 江原道
7 黄海道
8 忠清南道
9 全羅北道
10 全羅南道
11 慶尚北道
12 慶尚南道
13 鬱陵島

海女のリャンさん

좌) 1930년대 제주도 출가해녀(出嫁海女) 싱황 우) 출가해녀 양(梁)씨의 영화 포스터(1960년대)

1929년 기록에 의하면 당시 제주도 해녀(7,300명)는 도내 연안에서 의 생산 활동으로 약 25만 엔을 벌어들인 반면, 일본으로 이주한 출가해녀(3,500명)는 40만 엔 정도를 벌어들였다고 한다. 이러한 제주도 해녀의 출가와 도내 잠수 활동으로 제주도 농가에서 해녀소득이 차지하는 비율은 점점 높아졌는데, 해안지역의 경우에는 해녀의 경제활동이 중요한 부분을 이루고 있었다. 〈표 5-3〉에서 송금 액수가 기록되지 않은 부분이 있는 것은 출가해녀들이 송금하는 방법을 택하지 않고 대부분 어기(漁期)가 끝나 돌아올 때 현금을 소지하고 돌아오는 경우가 많았기 때문에 정확한 파악이 불가능하였던 것으로 보인다(진관훈, 2004: 149~178).

따라서 출가해녀들의 송금은 도일 제주도민들의 송금과 함께 제주도 농촌의 농가소득이 증가하고 나아가 제주도 경제가 윤택하게 되는 결과를 가져왔던 것이다.

<표 5-3> 제주도 출가해녀의 송금 현황

(단위 : 엔, 명)

연도	출가해녀 수	총 송금액	1인당 송금액	비고
1929	4,310			
1930	3,860	908,000	235	
1931	3,950	687,350	174	
1932	5,078	1,100,000	217	일본 1,600명, 국내 3,478명
1936	3,360	770,000	229	
1937	4,402			일본 1,601명, 국내 2,801명
1939	4,132			일본 1,548명, 국내 2,584명

자료 : 濟州島廳(1939), 『濟州島勢要覽』.

3.2. 재일제주인의 기증 현황과 실적

1) 재일제주인의 기증 현황

재일제주인의 제주도에 대한 기증은 제주도 · 제주도민들과의 물질적 관계를 기초로 하는 혈연(血緣) · 지연(地緣) · 학연(學緣) 등 결속관계를 강화시키기 위한 사회적 네트워크 교류를 의미한다. 이것은 재일제주인의 애향심, 고향인 제주도와의 연대, 제주도민과 재일제주인과의 동반적 관계를 유지할 수 있게 하는 중요한 기제로 작용하여 왔다(고광명 · 진관훈, 2006: 148~181).

<표 5-4>에서 살펴보면 재일제주인의 기증 실적은 전체적으로 교육사업이 가장 많고, 다음으로 공공사업, 즉 새마을 사업과 같은 분야에 대한 기증이 가장 활발하게 나타났다. 예를 들면 1960년대 초 개발단계에서는 도로, 전기 · 전화, 상 · 하수도 개설 등과 같은 생활기반 조성사업, 새마을 사업, 감귤농장 초기 조성, 마을개발, 교육 · 문화 등이 제주도 발전에 커다란 경제적 자원으로 작용하여 왔다. 특히 1980년 이후부터 1990년대 사이에 교육사업 분야가 두드러지게 나타난 것은 기증

초기의 생활시설 사업 및 생활향상 수준에서 벗어나 제주도 경제가 발전됨으로써 교육 분야와 같은 미래지향적 측면에 대한 관심이 증가하였음을 보여주었기 때문이다. 기증 동기인 경우에도 초기의 동정적 애향심, 경제적 우월성에서 벗어나 경제적 성취에 대한 과시와 사회적 명예, 그리고 체면 등이 더 크게 작용했다고 볼 수 있다.

하지만 재일제주인의 기증에 대한 제주도민들의 관심은 제주 사회의 발전과정에서 차지하는 중요성에 비해 매우 미미한 편에 속한다. 오히려 제주도민들은 재일제주인의 기증 현상에 대해 무감각해지면서 의존심이 강화 및 기대 ~~욕구~~의 증가와 같은 부정적인 측면이 잠재해 있는 것도 사실이다. 더욱 안타까운 것은 이들에 대한 제주 사회의 인식이 형제애 · 상호 동반적 관계로 인식하기보다는 일방적이고 물질적 제공의 존재로만 인식하는 경향이 농후했던 것이다. 게다가 수혜자인 제주도민들은 제주 사회의 기증에 대한 사후 처리나 심적 보상에 대한 무성의한 대처로 이들에게 마음의 상처를 주는 경우도 있었다(김희철 · 진관훈, 2007: 101~124).

〈표 5-4〉 재일제주인의 기증 실적 현황(1960년대~2000년대)

(단위 : 천 원)

연대 \ 기증	교육사업	공공사업	문화사업	기타	합계
1960년대	277,613	71,992	80,217	8,010	437,832(1,966건)
1970년대	338,775	616,405	220,836	107,252	1,283,268(2,837건)
1980년대	7,136,222	3,894,924	317,789	233,853	11,582,788(1,825건)
1990년대	6,281,027	2,825,706	123,320	328,172	9,558,225(1,543건)
2000년대	4,572,904	523,029	2,000	168,053	5,265,986(469건)
합계	18,606,541	7,932,056	744,162	845,340	28,128,099(8,640건)

주 : 2000년대는 2007년 6월 30일까지임.
자료 : 濟州特別自治道(2007), 『愛鄕의 보람』.

2) 재일제주인의 개인·단체별 기증

재일제주인의 지역사회 공헌을 살펴보는 것은 재일제주인의 사회적 네트워크와 제주도 간의 사회적 결합의 강도를 파악해 본다는 의미가 있다. 제주도에 사는 사람치고 재일제주인의 지역사회 공헌에 대한 직·간접의 경험을 가지고 있지 않은 사람은 없을 것이다. 이들의 지역사회 공헌은 수혜를 받은 개인에게 생활향상과 같은 경제적 도움으로 작용하기도 했고, 제주의 지역개발을 비롯한 경제발전에도 커다란 역할을 하였다.

〈표 5-5〉에서 재일제주인의 개인·단체를 통한 지역사회 공헌의 연대별 흐름을 살펴보면, 기증 실적은 총 9,219건으로 이중 제주도 697건, 제주시 1,159건, 서귀포시 1,241건, 북제주군 3,667건, 남제주군 2,455건으로 나타났다. 전반적으로 보면 북제주군이 다른 지역에 비해 지역사회 공헌의 수량, 금액 면에서 가장 많은 것으로 나타났다. 이것은 재일제주인의 사회적 네트워크인 친목회, 향우회, 동창회 등이 다른 지역에 비해 활성화된 것과 밀접한 관련이 있다고 볼 수 있다. 즉 재일제주인의 개인·단체를 통한 기증활동은 제주도에서의 지역사회 공헌 현상과 더불어 재일제주인의 지연 네트워크와 밀접히 관련되어 있기 때문이다.

따라서 재일제주인의 지역사회 공헌은 마을 단위의 노력에 의해 크게 영향을 받고 있으며, 재일제주인의 사회적 네트워크와 밀접한 관련이 있다(고광명, 2008: 187~210). 최근에는 제주도의 경제적 기반을 확고히 다지고 도민들이 먹고 사는 걱정이 사라지면서 재일제주인의 본도에 대한 기증 패턴도 변모하고 있다. 향후 재일제주인의 기증은 물품보다는 본도의 길흉사에 내는 성금이나 의연금을 기탁하는 쪽으로 패턴이 변모하게 될 것으로 보인다(재일동포모국공적조사위원회, 2008: 145).

〈표 5-5〉 재일제주인의 개인·단체를 통한 기증 실적

(단위 : 건, 천 원)

구분	연대	개인		단체		전체	
		수량	금액	수량	금액	수량	금액
제주도	1950년대	0	0	1	500	1	500
	1960년대	18	7,419	22	20,835	40	28,254
	1970년대	211	120,031	73	79,083	284	199,114
	1980년대	265	2,483,289	71	179,182	336	2,662,471
	1990년대	85	2,342,601	24	5,703,373	109	8,045,974
	2000년대	41	3,512,004	14	738,146	55	4,250,150
제주시	1950년대	2	20	0	0	2	20
	1960년대	564	35,926	15	2,803	579	38,709
	1970년대	335	82,684	26	27,413	361	110,097
	1980년대	178	4,713,726	21	41,882	199	4,755,608
	1990년대	84	790,533	3	8,000	87	798,533
	2000년대	21	160,390	2	20,000	23	180,390
서귀포시	1950년대	142	1,078	5	1,020	147	2,098
	1960년대	520	42,282	15	6,527	535	48,809
	1970년대	346	72,647	14	33,070	360	105,717
	1980년대	118	481,348	10	20,740	128	502,088
	1990년대	35	397,520	8	21,730	43	419,250
	2000년대	83	386,726	3	12,616	86	399,342
북제주군	1950년대	34	2,742	9	6,170	43	8,912
	1960년대	927	139,359	78	57,066	1,005	196,425
	1970년대	1,437	389,301	44	39,213	1,481	428,514
	1980년대	1,010	2,175,464	39	45,534	1,049	2,220,998
	1990년대	503	1,238,070	14	17,158	517	1,255,228
	2000년대	67	304,739	2	4,015	69	308,754
남제주군	1950년대	17	4,993	1	4,000	18	8,993
	1960년대	705	83,942	26	16,535	731	100,477
	1970년대	1,177	400,706	41	27,381	1,218	428,087
	1980년대	455	884,069	9	9,294	464	893,363
	1990년대	120	1,220,591	5	14,651	125	1,235,242
	2000년대	7	76,000	0	0	7	76,000

주 : 2000년대는 2007년 6월 30일까지임.
자료 : 濟州特別自治道(2007), 『愛鄕의 보람』에서 조사 작성.

좌) 일본에서 들여온 감귤묘목 검수 장면(1960년대) 우) 일본에서 들여온 감귤묘목 수송 과정(1968년)

3) 재일제주인의 감귤묘목 기증

제주도 감귤재배는 1960년대 중반부터 재일제주인들이 일본에서 고향 땅으로 감귤묘목을 조금씩 기증하면서 제주도 전역으로 확산됐다. 게다가 1960년 말에 정부가 감귤생산 발전을 위한 시책을 내놓은 이후 온주감귤 재배는 서귀포를 중심으로 현저하게 확장됐고, 이를 계기로 제주도는 1965년부터 감귤재식 붐이 일기 시작하였다. 이 무렵 재일제주인 사회에서는 재일제주인 관련 단체와 마을 단위 친목회를 통하여 고향에 감귤묘목을 기증하였다. 당시 제주개발협회는 양질의 묘목을 저렴한 가격으로 구입하여 1967년도에 2만 9,000본의 묘목을 기증 알선했다.

〈표 5-6〉에서 보면 1965년부터 1969년까지 기증묘목 및 수입묘목 또는 재산반입으로 들여 온 총 본수는 1,733,711본으로 이때부터 재일제주인 사회에서 기증하는 묘목이 급진적으로 증가하기 시작했다. 오히려 수입묘목은 1970년도에 1,519,300본이 들여와 식재되면서 감소하게 되었다. 이로 인해 제주도에서는 1년에 1백만 본 이상의 묘목

이 기증, 수입, 재산반입 등으로 들여올 것으로 전망하고 있었기 때문
에 기증묘목에 대한 수입지침을 강화하고 수입을 제한하게 되었다.
당시 감귤묘목의 기증은 단순히 묘목의 수요와 공급에만 한정된 문제
가 아닌 제주도의 경제발전 방향과 재일제주인과의 관계 정립에 대한
틀을 마련하는 계기로 이루어졌다. 하지만 1970년 봄에 기증 및 수입
묘목으로 제주도에 공급할 묘목 본수를 60만 본으로 정했으나 실제
는 1,604,300본이 들여와 1백만 본 이상 초과되는 묘목이 공급되기도
했다. 이후 감귤묘목은 일본에서 기증하여 수입되는 양도 점차 감소
하기 시작하여 1979년도를 끝으로 매듭을 짓게 되었다.

이 같은 감귤묘목 기증 외에도 재일제주인들은 기술 연수생을 선발
해 일본에서 감귤재배 기술을 보급하는가 하면, 일본의 감귤재배 전
문가를 제주도에 파견해 현지 지도에 나서는 등 감귤산업 발전에 일
익을 담당했던 것이다.

〈표 5-6〉 제주도 감귤묘목 수입 현황(1965~1985년)

(단위 : 본수)

연두＼감귤묘목	기증묘목	수입묘목	재산반입	합계
1965	1,000	25,349		26,349
1966	54,700	61,052		115,752
1967	52,100	250,205	1,675	303,980
1968	161,500	114,545	13,215	289,260
1969	998,370			998,370
1970	1,519,300	77,000	8,000	1,604,300
1971	1,000		1,000	2,000
1972				
1973	30,270			30,270
1974	215,450	33,283		248,733
1975	270,384			270,384

1976	66,402			66,402
1977	2,684			2,684
1978	4,630			4,630
1979	85,934	200,000		285,934
1980				
1981		600		600
1982		4,866		4,866
1983		5,712		5,712
1984		1,500		1,500
1985		1,500		1,500
합계	3,470,254	774,112	23,890	4,268,256

자료 : 제주발전연구원(2007), 『감귤산업 부흥에 기여한 재일동포들에 관한 기초연구』.

4) 재일제주인의 성금전달

1970년대 재일한인의 한국경제 발전에 대한 기여는 새마을 운동과 불가분의 관계가 있다. 이 같은 대규모 사업을 효과적으로 수행하기 위해 재일거류민단 중앙본부에서는 종합계획을 작성하고 모금활동을 시작했다. 민단은 전 조직을 동원하여 새마을 지원 성금을 위한 모금 운동을 전개하여 거두어진 성금 4억 2천여만 엔을 전국 자매결연 새마을 부락에 전달하였다. 이 외에도 재일한인의 모국에 대한 각종 성금은 9천 1백만 엔과 29억 8천 3백만 원으로 나타났으나 파악되지 않은 부분이 더 많을 것으로 추측된다.

〈표 5-7〉에서 보면 당시 1973년부터 1977년까지 재일거류민단의 지부들과 자매결연을 맺은 본국의 농촌마을은 경기 20개, 강원 17개, 충청 29개, 경상 47개, 전라 26개, 제주 9개 등 모두 148개 마을(지원 성금은 총 5억 244만 원)에 달했다. 지역별로 보면 경남·경북이 자매결연과 성금 지원액에서 다른 지역에 비해 가장 많은 비중을 차지하는 것으로 나타났다.

〈표 5-7〉 전국 새마을 자매결연 및 성금전달 현황

(단위 : 개, 천 원)

지역별	자매결연	성금 지원액	지역별	자매결연	성금 지원액
경기	20	60,660	전남	13	52,090
강원	17	59,390	경북	21	85,080
충북	11	44,680	경남	26	72,340
충남	18	66,160	제주	9	24,630
전북	13	37,410	합계	148	502,440

자료 : 在日韓國人本國投資協會(2005), 『在日韓國人本國投資協會 30年史』.

특히 〈표 5-8〉에서 보면 제주도의 경우는 남제주군(4개)과 북제주군 (5개)을 중심으로 9개 마을과 자매결연을 맺어 총 2천 463만 원을 성금으로 전달받아 지역발전에 많은 공헌을 했다. 이들 마을은 고향 출신들이 거주하고 있는 민단지부를 중심으로 성금지원이 이루어졌다. 또한 재일 거류민단 본국사무소는 새마을 성금과는 별도로 1981년까지 133,650천 원을 전달하였고, 1970년 농약살포용 헬리콥터를 구입(48,500천 엔)하여 기증하였다. 이 밖에도 수많은 재일한인들은 고향 마을의 발전을 위하여 축산업과 양잠업 장려, 농지정리, 도로 및 가교건설, 주택개량, 4H운동, 새마을 회관 및 공장건립 성금 등을 개인적으로 기부한 것으로 나타났다 (在日韓國人本國投資協會, 2005: 169~171).

〈표 5-8〉 제주도 새마을 자매결연 및 성금전달 현황

(단위 : 천 원)

지역별	민단지부	성금 지원액	지원년도
남제주군 표선면 세화리	静岡本部	312	1973년
북제주군 한림면 금릉리	宮城本部	418	1973년
북제주군 한경면 청수리	東京荒川	314	1973년
남제주군 대정면 일과리	秋田本部	299	1973년
남제주군 성산면 신양리	福島本部	202	1973년

북제주군 조천면 신흥리	岩手本部	194	1973년
남제주군 서귀면 서홍리	山形本部	224	1973년
북제주군 조천면 북촌리	東京本部	250	1975년
북제주군 애월면 용흥리	東京本部	250	1975년

자료 : 재일동포모국공적조사위원회(2008), 『母國을 향한 在日同胞의 100년 足跡』,
재외동포재단.

3.3. 교육발전에 대한 공헌

본절에서는 지금까지 공식·비공식 자료를 통해 파악된 재일제주
인의 학교설립, 교육지원, 장학지원 등 교육발전에 대한 공헌[4] 내용
을 살펴보고자 한다.

1) 학교설립에 대한 공헌

지금까지 공식·비공식 자료를 통해 파악된 재일제주인(김평진, 백
이남)의 학교설립에 대한 공헌 내용을 살펴보면 다음과 같다.

우선 동천(東泉) 김평진(金坪珍)은 1966년 운영난에 허덕이는 제주
여자학원(濟州女子學園)을 인수하여 여성교육의 요람으로 육성·발전
시켜 나갔다. 당시 본 학원은 호은(湖隱) 김홍빈(金弘斌) 선생의 유지
를 받들어 1946년 2월 10일에 설립되었지만 형제 간의 학교경영에
대한 의견과 불화가 심각해지면서 더 이상 유지하는 데 어려움을 갖
고 있었다. 이때 재일제주인 기업가 김평진은 김평식(당시 제주관광호
텔 사장)의 주선으로 1966년 7월 제주여자학원을 정상적으로 운영하
기 위해 인수하였다. 현재는 장남 김화남(金和男)이 제주여자학원 이
사장(1995.11~현재)으로 취임하여 새로운 발전을 목표로 추진하면서
미래 지향적으로 변화할 수 있는 전기를 마련하게 되었다.

다음으로 송제(松濟) 백이남(白二南)[5]은 1910년 10월 도쿄 마치다 (町田) 나루세(成瀨)에 성남종합병원을 설립한 이후 어린 시절에 교육시설이 부족하고 배우려 해도 배울 수 없었던 시절을 떠올리며 고향에 배움의 터전을 만들어 주자는 일념을 갖고 있었다. 그리하여 1985년 2월 학교법인 남녕학원(南寧學園)을 설립하여 1986년 3월 남녕고등학교(대지 11,000평, 총 건평 3,300평)를 개교하기에 이르렀다. 또한 본 교가 계속 발전할 수 있는 기틀을 마련하고자 수익 사업체로 남녕개발(南寧開發)을 설립하여 학교발전에 많은 공헌을 했다. 그는 평소 학생들에게 열심히 학문에 전념하고, 그 배움은 나라를 위해 베풀어야 한다는 애국 학생을 천명하여, 건학이념에 학생들이 실천해야 할 생활철학으로 삼게 했다. 현재는 백용환(白湧煥)이 남녕학원 이사장(1995.3~현재)으로 취임하여 제2의 장학(創學) 원년으로 삼아 새로운 기틀을 마련하게 되었다(학교법인 남녕학원 · 남녕고등학교, 2006: 9).

결국 이들은 향토교육 사업에 전념하여 물심양면으로 협조하였으며, 고향에 교육기관을 건립 · 육성하는 데 많은 노력을 기울였던 것이다.

2) 교육시설 지원에 대한 공헌

재일제주인의 애향심은 제주도의 산업발전과 소득향상에 기여했을 뿐만 아니라 교육발전에 큰 힘이 되어 왔다. 앞에서 살펴본 바와 같이 재일제주인의 기증은 공공사업, 문화사업에 비해 교육사업 분야에 큰 관심을 보이는 것으로 나타났다. 1950년대를 전후하여 1978년까지 제주도 교육시설에 지원한 실적은 초등학교 171,490천 원, 중학교 133,317천 원, 고등학교 72,098천 원 등을 합하면 총 376,905천 원에 이르러 초등학교 비중이 가장 많은 것으로 나타났다. 이러한 재

일제주인의 교육지원은 각 지역 또는 마을 주민과의 연대로 이루어지
면서 제주도에 거의 마을마다 초등학교가 있었고, 읍·면까지 중고등
학교가 설립되었던 것이다(제주도교육청, 1979: 458).

〈표 5-9〉에서 보면, 재일제주인의 교육시설 지원은 1950년대
25,996천 원, 1960년대 113,360천 원, 1970년대 262,751천 원, 1980년
대 5,402,346천 원에 이르는 등 지속적으로 증가하였으나 1990년대
1,204,484천 원, 2000년대 256,529천 원에 달하면서 급격하게 감소하
고 있다. 이러한 경향은 1960년대 이후 제주도민의 삶이 어려울 때
고국방문의 문호가 개방되면서 증가하기 시작하였고, 고향 주민의 자
녀교육에 대한 열의에 보답한 것으로 볼 수 있다.

또한 재일제주인의 지원 내용도 학교 사정에 따라 다르게 나타나지
만 학교부지 매입(633,830천 원)에 따른 보조를 비롯하여 교사신축 및
교실증축(4,734,063천 원), 도서(관) 시설(265,061천 원), 시청각 교재
(160,830천 원), 악기류(141,952천 원), 동상과 탑 건립(81,112천 원), 체육
시설(28,822천 원), 과학기구(21,163천 원), 학교 일반비품(363,622천 원),
울타리 축조, 도로정비, 학습지, 교문, 교사 및 숙사, 급수시설, 국기
게양대, 온실, 부속건물, 스쿨버스 등 기타(835,011천 원)에 이르기까지
다양한 분야에 거처 교육지원 활동이 이루어졌다. 결국 재일제주인들
은 교사신축 및 교실증축이 가장 많고, 다음으로 학교부지 확장을 위
한 보조, 도서관(실) 건립 및 도서류, 시청각 교재, 악기류 순으로 지
원하는 등 교육시설 확충에 중점적으로 지원하였다.

따라서 재일제주인은 배움이 어려웠던 자신의 한(恨)을 고향의 후
배들에게 물려주지 않기 위해 물적 및 교육시설 지원을 비롯한 정신
적 지원에 대한 배려도 아끼지 않았다. 결국 이것은 재일제주인의 정

신적 지주로서 작용하면서 제주지역의 학교발전을 비롯한 교육발전
에도 커다란 역할을 다하였다고 볼 수 있다.

〈표 5-9〉 재일제주인의 교육시설 지원 현황

(단위 : 천 원)

교육시설＼연대	학교부지	교사(교실)건축	도서시설	악기류	시청각교재
1950년대	8,930	14,680		378	292
1960년대	8,760	54,223	23,553	11,769	3,256
1970년대	46,750	71,925	28,485	28,849	17,364
1980년대	569,390	4,127,303	154,742	50,327	83,631
1990년대	0	465,932	38,181	42,029	56,287
2000년대	0	0	20,100	8,600	0
합계	633,830	4,734,063	265,061	141,952	160,830

교육시설＼연대	동상 및 탑	일반비품	체육시설	과학기구	기타
1950년대		275	102	1,220	119
1960년대	170	4,442	2,141	993	4,053
1970년대	24,575	10,421	15,078	3,400	15,904
1980년대	32,117	119,838	6,988	15,550	242,460
1990년대	24,250	228,646	4,513	0	344,646
2000년대	0	0	0	0	227,829
합계	81,112	363,622	28,822	21,163	835,011

주 1: 2000년대는 2007년 6월 30일까지 조사한 자료임.
주 2: 1970년대는 기존자료에서 누락된 1979년도 실적을 조사하여 추가하였음.
자료 : 濟州特別自治道(2007), 『愛鄕의 보람』; 제주도교육청(1979), 『제주교육사』.

3) 장학지원에 대한 공헌

제주도 장학지원 활동은 해방을 전후하여 경제적 혼란기에도 불구
하고 독지가에 의해 부분적으로 이루어졌다. 1960년대 이후에 들어
재일제주인은 학교건립, 학교시설, 교재교구 등 물질적 측면에 국한
하지 않고 고향의 가난한 자녀 중에 학업 성적이 뛰어난 학생에 대해

장학금을 지급하는 등 교육발전에 많은 공헌을 했다. 이러한 재일제
주인 중에서 이두후, 안명규, 김정광, 김영조, 한재용, 김순자, 백창
호, 고매화, 이근식 등은 인재를 양성하는 데 그 뜻을 두고 장학지원
에 대한 공헌을 많이 했다(〈표 5-10〉 참조).

우선 이두후(李斗厚, 성산면 온평리)는 이두후장학회(李斗厚獎學會)를
조직하여 성산수산고등학교 재학생(50여명)에게 1962년부터 1976년
까지 학비에 해당하는 장학금 및 대학 진학생에게 1973년부터 학비
전액을 지급하였다. 다음으로 안명규(安明奎, 조천면 신흥리)는 1976년
춘원장학회(春園獎學會)를 설립하여 고향의 유능한 인재를 양성하는
데 노력하였다. 이 장학회는 지금까지 고등학교·대학생들에게 장학
금 명목으로 총 1,693만 원을 지급하였다.

그 뒤를 이어 김정광(金正廣, 구좌면 김녕리)은 1978년 삼려장학회(三
麗獎學會)를 설립하여 경제적으로 어려운 학생들에게 배움의 길을 열
어주기 위해 장학금(기금 1억 원, 연간 지급액 1천만 원)을 지급하였다(제주
도교육청, 1979: 662). 김영조(金永祚, 제주시 도평동)는 1978년 영도복지
회를 창립하여 제주중학교 학생들에게 장학금 혜택을 주었다. 또한
한재용(韓在龍, 조천면 함덕리)은 1960년대 초 고향에 있는 함덕초등학
교 및 중학교에 비품을 보내면서 교육지원 활동을 수행해 왔다. 특히,
고향 출신자들(5명)은 1988년에 기금 5,000만 원을 거출하고 재단법
인 함덕장학회(咸德獎學會)를 설립하여 2008년까지 생활이 어려운 청
소년들에게 장학금을 수여해 왔다.

이 외에도 김순자(金順子)는 남편 좌수반(左銖磐, 애월읍 금성리)의 유
지에 따라 1994년에 10억 원을 출자해서 좌수반문화재단을 설립했다.
이 장학재단은 그 동안 생활이 어렵고 가난한 학생들(70여 명)에게 6억

원의 장학금을 지급하는 등 육영사업에 공헌하였다. 백창호(白昌鎬, 제주시 건입동)는 1986년 제주컨트리클럽을 설립하여 고향발전에 이바지해 왔고, 1994년 기독교 법인단체인 운산장학회를 창립하여 도내 학생들에게 경제적 지원을 해 왔다. 고매화(高梅化, 한경면 낙선리)는 청운장학회를 설립하여 조수초등학교 학생들에게 매년 학비를 지급하였다. 이근식(李根植, 서귀포시 도평동)은 1998년 6억 2천만 엔의 사재를 출연하여 도쿄에 청봉(靑峰)국제교육진흥재단(후에 청봉장학재단으로 개칭)을 설립했다. 이 재단은 본국의 발전을 위한 인재양성을 목적으로 제주도 출신의 우수한 유학생을 선발하여 물심양면으로 시원하기 위해 기금(5억 엔)과 운영자금(1억 2천만 엔)으로 운영되고 있다.

이처럼 재일제주인은 가족이나 친척뿐만 아니라 마을의 생활환경과 교육환경의 개선을 위해 교육시원 활동을 시작했고, 경제적으로 어려운 학생들에게 장학금을 지원하는 데 많은 노력을 기울였다. 결국 이들은 제주도 전체의 생활수준을 향상시키기 위해서 교육을 통해 인재를 육성하는 일이 무엇보다도 가장 중요한 일임을 잘 알고 있었던 것이다.

〈표 5-10〉 재일제주인의 주요 장학지원 현황

장학지원 설립자	출신지역	연도	장학회 명칭	지원 대상	지원 금액
이두후(李斗厚)	성산면 온평리	1962	李斗厚獎學會	고등학생	장학금 · 학비
안명규(安明奎)	조천면 신흥리	1976	春園獎學會	고등 · 대학생	장학금
김정광(金正廣)	구좌면 김녕리	1978	三麗獎學會	도내 학생	장학금
김영조(金永祚)	제주시 도평동	1978	영도복지회	중학생	장학금
한재용(韓在龍)	조천면 함덕리	1988	咸德獎學會	청소년	장학금
김순자(金順子)	애월읍 금성리	1994	좌수반문화재단	도내 학생	장학금
백창호(白昌鎬)	제주시 건입동	1994	운산장학회	도내 학생	경제적 지원
고매화(高梅化)	한경면 낙선리	?	청운장학회	초등학생	학비
이근식(李根植)	서귀포시 도평동	1998	청봉장학재단	유학생	학비 · 장학금

자료 : 제주도교육청(1979), 『제주교육사』 등 각종 자료에서 조사 작성.

4. 재일제주인의 투자활동

4.1. 재일제주인의 자본형성

〈표 5-11〉에서 보면 당시(1991년 기준) 일본에서 고액 납세자는 동경 4명(4,981백만 엔), 고베 2명(1,348백만 엔), 오사카 25명(6,305백만 엔) 등 총 31명으로 대부분 회사들이 오사카에 소재한 것으로 나타났다. 출신지역별로 납세 금액을 보면 전체 12,634백만 엔 중에서 제주시 6,456백만 엔(9명), 한림읍 2,031백만 엔(5명), 남원읍 454백만 엔(4명), 표선면 1,689백만 엔(3명), 대정읍 1,201백만 엔(3명), 조천읍 172백만 엔(2명), 나머지(애월읍 390백만 엔, 한경면 102백만 엔, 서귀포시 49백만 엔, 구좌읍 49백만 엔, 성산면 41백만 엔) 등은 각각 1명으로 제주시 출신이 50% 이상 납부한 것으로 나타났다. 개인별 신고금액은 1990년과 1991년 기준으로 김봉근(金鳳根)이 경영하는 천마(天馬)가 가장 많이 신고한 것으로 밝혀졌다. 그는 일본 내 전체 신고액 12,634백만 엔 중에서 4,462백만 엔을 신고함으로써 개별 기업가로는 제1위를 차지하고 있다. 이처럼 1990년과 1991년도 신고 금액으로 보더라도 재일제주인은 한인경제의 영향력을 확대시켜 나가며 막대한 자본을 형성하여 지역사회 발전에 공헌했다고 볼 수 있다.

〈표 5-11〉 재일제주인 기업가 소득신고 순위(1990년과 1991년 기준)

(단위 : 백만 엔)

순위	회사명(소재지)	대표자(출신지)	1990년 신고금액	1991년 신고금액	일본 내 순위
1	天馬(東京)	金鳳根(濟州市)	4,228	4,462	1,121
2	富士電線(大阪)	康忠男(表善面)	866	875	5,562
3	平和産業(神戸)	姜順贊(翰林邑)	412	755	6,451
4	大邦興業(大阪)	李鼎根(大靜邑)	676	719	6,758
5	星田골프(大阪)	金致富(濟州市)	3,836	710	6,854
6	富士電販(大阪)	康忠男(表善面)	614	666	7,302
7	平和고무(神戸)	姜順贊(翰林邑)	412	593	8,271
8	盛宏(大阪)	安仁淳(濟州市)	523	461	10,717
9	光住建(大阪)	姜哲熙(涯月邑)	122	390	12,795
10	共榮産業(大阪)	李純安(大靜邑)	244	369	13,603
11	金海商事(東京)	金坪珍(濟州市)	171	361	13,842
12	南海會館(大阪)	金昌仁(翰林邑)	132	340	14,667
13	朝日사이렌(大阪)	康贊旭(翰林邑)	412	282	17,691
14	藤田土地(大阪)	金良雄(濟州市)	59	233	21,381
15	日本有機(大阪)	安在祜(表善面)	142	148	33,461
16	ABC觀光(大阪)	梁熙晋(南元邑)	127	141	34,986
17	近畿自動車敎(大阪)	金奉逸(朝天邑)	117	114	43,129
18	大德企業(大阪)	李林根(大靜邑)	99	113	43,470
19	그랜드觀光(大阪)	梁熙晋(南元邑)	78	112	43,486
20	共和紙料(大阪)	金永孝(南元邑)	109	107	45,471
21	松岡단추(大阪)	李寬珩(翰京面)	53	102	47,835
22	第一觀光(東京)	梁熙晋(南元邑)	78	94	51,906
23	愛三産業(東京)	白昌鎬(濟州市)	94	64	74,089
24	眞田化工(大阪)	愼在孝(濟州市)	60	62	76,087
25	丸和(大阪)	吳文弼(翰林邑)	–	61	78,105
26	大信(大阪)	韓長淑(朝天邑)	41	58	81,535
27	新井고무(大阪)	朴達炯(濟州市)	56	55	84,416
28	東洋産業(大阪)	朴東烈(西歸浦)	–	49	93,708
29	昌慶苑(大阪)	金其彦(旧左邑)	–	49	95,145
30	第一化成(大阪)	金富雄(濟州市)	–	48	96,755
31	東京運輸(大阪)	金達孝(城山邑)	43	41	111,185

자료 : 在日本濟州道民會(1993), 『日本의 濟州魂 : 在日本濟州道民會30年史』, 나라 출판.

좌) 구로공단 가발공장 모습(1972년) 우) 한국 최대 방적회사 방림방적(1960년대 말)

4.2. 한국에 대한 투자

재일한인 기업가들은 1965년 한일협정(韓日協定) 이후부터 일본의 앞선 기술을 본국에 이전함으로써 한국의 선진공업화를 이룩하는 데 하나의 디딤돌 역할을 수행하게 되었다. 1964년까지의 공식통계에 따른 재산반입 명목의 재일한인 자금만 해도 2,569만 달러(현재의 가치로 환산하면 약 1억 2,000달러)였다. 특히 1965년부터 1979년까지 재일한인이 본국에 투자한 금액은 10억 달러 이상으로 같은 기간 외국인 투자액 9억 달러를 상회했다.[6] 이처럼 재일한인 기업가들의 국내진출이 급속도로 확산되고 제조업 분야에 대한 투자가 활발하게 이루어져 일본의 선진기술 도입, 공장설비 구축 등으로 인해 산업전반에도 큰 영향을 주었다. 이는 재일한인 1세들의 애국심에서 발로한 투자란 측면도 있었지만 싸고 질 좋은 노동력이 풍부하다는 점 등 한국 시장의 매력도 컸다. 이들 대다수는 한국에서 생산한 제품을 일본에서 판매하는 방식으로 한국을 생산기지로 적극 활용했던 것이다.

〈표 5-12〉에서 보면 본국에 진출한 재일한인 기업가들은 섬유, 기계, 전기 · 전자, 금속 등의 제조업 분야를 비롯해 금융, 관광 · 레저 등과 같은 서비스업 부문까지 점차 사업영역을 확장해 나감으로써 수출 촉진 등 모국의 경제발전에 크게 기여하였다. 특히 본국의 전기 · 전자산업에 견인차 역할을 해온 한국마벨(金容太), 싸니전기(郭泰石), YC안테나(許弼奭) 등을 비롯해 롯데제과(辛格浩), 방림방적(徐甲虎)[7], 삼화제관(姜炳浚), 대한합성화학공업(安在祜), 신한은행(李熙健)[8] 등과 같은 많은 기업가들의 본국 투자활동은 한국의 경제발전에 밑거름이 되어왔다.

제주도 출신으로 제조업에 투자한 대표적인 기업가로 안재호(安在祜)는 일본에서 유기화학공업(주) 등 5개 기업을 운영하면서 1967년에 대한합성화학공업(주)을 설립하여 한국 화학공입의 기초를 다진 기업가로 평가받고 있다. 그는 일본에서 화학회사를 운영하면서 터득한 노하우, 마케팅, 기술, 일본인 직원을 데리고 들어왔을 뿐만 아니라 국내 종업원들을 일본에 파견해 기술 연수를 받도록 했다. 또한 고운종(高雲鍾)은 (주)아사히(旭)비닐(電線製造業)을 경영하면서 1979년에 본국 산업발전에 힘을 보태기 위해 경기도에 한일합작으로 중장비용 유압 컨트롤 밸브전문 업체 (주)한일유압을 설립하기도 했다. (주)한일유압이 생산한 건설 중장비 및 산업용 기계의 모든 제어의 중심에서 이를 컨트롤하는 핵심기기 메인 컨트롤 밸브는 2004년에 옛 산업자원부로부터 '세계일류상품'으로 선정되기도 했다. 이 회사는 거의 모든 부품을 국산화하면서도 'ISO9001'과 R마크를 획득하는 등 뛰어난 기술력을 보유하고 있으며, 연간 매출액의 10%를 연구개발에 재투자하고 공격적 경영을 통해 기업을 영위하는 것으로 알려져 있다.

1990년대에 들어 인건비가 급등하고 기술발전이 진척되면서 재일한인들의 본국 투자도 제조업에서 탈피해 호텔, 골프장, 빌딩 임대 등 서비스업으로 업종의 변화를 보이기 시작한다. 최근에는 제조업·서비스업 중심에서 IT9)업종의 한국진출이 시작되며, 전기에서 전자로의 업종 변화를 도모하기도 했다. 제주도 출신 가네다 세이힝(金田聖彬, 아인소프트)은 2009년 광주지역 온라인게임 개발과 유통사업 전문회사에 향후 7년간에 걸쳐 총 1억 달러(1,200억 원 상당)를 투자하기로 한 바 있다.

〈표 5-12〉 재일한인의 업종별 투자 현황

(단위 : 사)

업종＼연도	1995	1996	1997	1998	1999	2000	2001	2002	2003	2004
전기전자	30	30	28	28	28	30	28	22	22	22
금속	12	13	13	13	13	13	13	4	4	4
화공	16	20	20	20	20	20	20	10	10	10
기계	10	12	10	10	10	10	10	11	11	7
식품	13	13	13	14	14	14	14	4	4	4
섬유의복	4	5	4	4	4	4	4	2	2	2
기타 제조	12	6	5	5	5	5	5			
무역	6	12	13	13	13	13	13	10	10	10
숙박	25	27	28	28	28	28	28	15	13	13
금융	10	12	9	9	9	9	9	11	11	12
건설	7	7	7	8	8	8	8	4	4	3
골프	14	13	13	13	13	13	13	11	11	10
운수	4	4	4	4	4	4	4	2	2	2
건물임대관리	9	13	13	13	13	13	13	9	9	9
기타 서비스	29	21	21	21	55	22	22	16	15	13
합계	201	208	201	203	204	204	204	131	128	120

자료 : 在日韓國人本國投資協會(2005), 『在日韓國人本國投資協會30年史』.

〈표 5-13〉에서 보면 재일한인의 모국투자는 1977년 74사가 본국에 진출하여 그 동안 계속적인 증가를 보이면서 1995년 201사까지 늘어났으며 투자액이 약 3,260억 엔에 달했다. 1997년 본국의 IMF 구제금융(救濟金融)을 계기로 2004년 120사까지 감소하는 경향이 나타나면서 현재 90사가 활동하고 있는 실정이다. 지역별로 보면 제주 지역은 경기침체가 지속되면서 다른 지역에 비해 제주도 투자에 대한 감소 경향이 두드러지게 나타나고 있다. 이는 일본 거품경제의 붕괴와 장기간에 걸친 경제 불황의 영향을 직접적으로 받았으며, 또한 재일민단도 규약에서 일본 '거류(居留)'를 삭제하고 '정주(定住)'를 지향하기 시작했기 때문인 것으로 여겨진다.

결국 이들은 1인당 국민소득 82달러로 출발한 1960년대 초 힘이 없는 한국의 경제부흥을 위해 막대한 재정적 지원과 기술, 노하우를 전수해 주었다. 재일한인의 본국 경제발전에 대한 공헌은 재화만이 아니라 정신적 지원 등 다양하고 광범위하게 이루어졌다. 하지만 최근 재일한인 사회에 대해 취직차별 철폐가 진행되는 한편 재일한인 사회의 우수한 인재가 일본 기업에 흡수되면서 재일한인 기업가가 감소하고 있다. 현재 본국 투자에 대한 관심이 희박해지고 있지만 항후에는 애향심이 아닌 채산성을 중시한 투자가 늘어날 것으로 전망하고 있다.

〈표 5-13〉 재일한인의 지역별 투자 현황

(단위 : 사)

연도 지역	1995	1996	1997	1998	1999	2000	2001	2002	2003	2004
서울	119	121	124	120	121	122	122	73	63	56
부산	12	12	14	14	14	14	14	8	8	8
대구	5	4	5	5	5	5	5	1	1	1
인천	6	6						2	2	2
경기	26	16	19	19	20	20	20	20	20	20
경남	16	16	17	16	16	16	16	15	15	14
경북	12	12	12	10	10	10	10	11	11	11
충남	3	3	4	4	4	4	4	3	3	3
충북		3	4	4	4	4	4	2	2	2
전남	1	1								
광주	1	1								
제주	8	8	6	6	6	6	6	1	1	1
기타			3	3	3	3	3	2	2	2
합계	201	203	208	201	203	204	204	138	128	120

자료 : 在日韓國人本國投資協會(2005), 『在日韓國人本國投資協會30年史』.

4.3. 제주도에 대한 투자

재일제주인의 제주도에 대한 투자는 앞에서 기술한 기증과 혼재되어 나타나거나 유산 등과 같은 고향 제주도에 자산을 위탁하는 형태가 많은 것으로 나타났다. 이는 친인척들과의 사적거래에 있어서 갈등관계가 형성되기도 했으며 대규모 공식적 투자의 장애요인으로 작용하게 되었다(이경원·진관훈, 2006). 특히 1965년에는 제주도 개발을 위한 해외동포 재산반입 허가에 관한 처리지침이 정부에 의해서 결정되었고, 이에 따라 재일제주인의 향토개발을 위한 투자의 길이 열렸다. 지금까지 공식·비공식 자료를 통해 파악된 재일제주인의 투자

좌) (주)제주은행 개점 기념식 장면   우) (주)제주상호신용금고 초창기 사옥 모습

내용을 살펴보면 다음과 같다.

먼저 김평진(金坪珍, 金海商社)은 1963년 외국인이 투숙할 만한 호텔이 없는 점을 감안하여 약 3천만 원으로 제주도에 현대식 시설(건평 2,890㎡)을 갖춘 제주관광호텔(현 하니크라운관광호텔)을 지었다.10) 이후 1964년 서귀포에 허니문하우스(현 파라다이스호텔)와 서귀포관광호텔을 연이어 건립해 제주관광의 인프라를 구축하는 데 크게 공헌했다. 이러한 투자는 재일교포 재산반입의 동기가 되고 제주출신 한인들에게 애향심 발로의 가교 역할을 했다. 게다가 그는 1966년 운영난에 허덕이는 제주여자학원을 인수하여 여성교육의 요람으로 육성·발전시켜 나갔고, 이후 1977년 제주신문사에 투자하여 언론의 지역발전과 문화 창달에 선도적 역할을 했다. 다음으로 김봉학(金鳳鶴, 天馬合成樹脂)은 1969년 제주은행을 창립하고 이후 1974년 제은상호신용금고를 설립하는 등 재일제주인 자본에 의한 제주지역 서민금융기관의 버팀목 역할을 했다. 이후 천마물산, 천마목장, 천마학원, 퍼시픽랜드 등 제주경제와 교육발전, 지역사회 발전에 커다란 공헌을 했다.

그 뒤를 이어 이왈옥(李日玉, 東京協和고무工場·東京山新興業)은 1979년 10월에 고향으로 돌아와 제주팔레스개발(주)을 설립해, 1988년 관광1급 호텔인 제주팔레스관광호텔을 건립했고 이어 1999년에 제주하와이관광호텔을 인수하여 운영하고 있다. 백창호(白昌鎬, 愛三産業·白河産業)는 1986년 제주컨트리클럽을 설립하여 고향발전에 이바지해 왔고, 1994년 기독교법인단체인 운산장학회를 창립하여 도내학생들에게 경제적 지원을 해 왔다. 김홍주(金弘周, 本家かまどや)는 1999년 고향 제주에 자본을 투입해 안덕면 상천리에 29홀 규모의 핀크스 CC(골프클럽)을 개장하여 세계 100대 골프코스에 진입하는 등 좋은 성과를 거둔바 있다. 이러한 투자의 성공은 지금까지 고향 제주에 투자한 재일제주인 기업가가 상당수 좋은 성과를 거두지 못해 재일한인 사회가 고향에 대한 투자를 꺼리는 상황에서 재일제주인의 제주도에 대한 투자를 활성화하는 계기를 마련할 것으로 예상된다.

1990년대 이후 지방자치시대가 도래하면서 지역개발의 자본조성을 위해 지방자치단체장들은 일본으로 건너가 재일제주인의 자본유치에 모든 힘을 기울이는 모습을 보여주고 있다. 제주도는 1997년 8월 1,600억 원을 투자하여 제주컨벤션센터(ICC Jeju)를 건립하였다. 총 출자액(1,600억 원)에 주주가 4,129명인 1CC 주식분포는 제주특별자치도 57.02%, 한국관광공사 17.42%, 그리고 도민과 기업체 등 민간주주가 25.56%를 갖고 있다. 이 중 재일제주인의 자본은 주주 55명이 77억 원을 투자하여 제주컨벤션센터 설립에 기여하는 등 제주도 발전을 위해 노력했다. 하지만 제주컨벤션센터는 2004년 결산 결과에서 71억 원 당기순손실을 기록하면서 매출액도 당초 목표액의 54% 수준인 9억 7,300여만 원에 머물면서 출자금 반환을 요구하는 지경에 이르렀다.[11] 이러한 현상은 제주컨벤션센터 건립 과정에서 보여준 제주도민과 재일제주인과의 혼선 등으로 제주도에 대한 불신이 매우 커지고 있는 상황에서 그 동안 제주도가 재일제주인의 동정심과 애향심으로 투자나 기증에만 의존하여 나타난 결과라고 볼 수 있다.

따라서 재일제주인의 투자는 서비스업, 금융업 등에 소규모이거나 가족단위 혹은 지역에 대한 기증 형식으로 이루어지면서 제주도 경제발전을 위한 밑거름이 되기도 했다. 앞으로 제주도는 지금까지 재일제주인이 고향에 투자할 때마다 좋은 성과가 없어서 2 · 3세들이 새로운 투자에 난색을 표현해 왔기 때문에 제주도에 대한 부사를 늘려 나가는데 노력을 해야 될 것이다.

5. 맺음말

본 연구는 재일제주인의 기증과 투자활동을 고찰해 봄으로써, 향후 재일제주인 연구 분야에서 연구주제를 확장하고 학문적으로 기여할 수 있는 방향으로 전개하였다. 본 연구의 결과를 종합하면 다음과 같이 요약할 수 있다.

첫째, 도일 노동자의 송금은 제주도에 그대로 유입되면서 제주도민들의 현금 보유를 확대시켜 나갔으며, 제주도 경제발전에 큰 활력을 가져다주었다. 둘째, 출가해녀의 송금은 제주도 농촌의 농가소득이 증가하고, 나아가 제주도 경제가 윤택하게 되는 결과를 가져 왔다. 셋째, 재일제주인의 기증은 기증 초기의 생활시설 사업과 생활향상 수준에서 벗어나 교육 분야와 같은 미래지향적 측면에 대한 관심이 증가하였다. 넷째, 재일제주인의 지역사회 공헌은 수혜를 받은 개인에게 생활향상과 같은 경제적 도움으로 작용하기도 했고, 제주도의 지역개발, 경제발전에도 커다란 역할을 했다. 다섯째, 재일제주인의 감귤묘목 기증은 단순히 묘목의 수요와 공급에만 한정된 문제가 아닌 제주도의 경제발전 방향과 재일제주인과의 관계정립에 대한 틀을 마련하는 데 크게 기여했다. 여섯째, 재일제주인은 제주지역의 학교설립, 교육시설 지원, 장학지원 등 교육발전에 대한 공헌을 통해 교육 및 인재양성에 크게 기여했다. 일곱째, 재일제주인 기업가들은 한인경제의 영향력을 확대시켜 나가면서 막대한 자본을 형성하여 지역사회 발전에 많은 공헌을 했다. 여덟째, 재일제주인 기업가는 1960년대 한국의 경제발전을 위해 막대한 재정적 지원과 기술, 노하우를 전수해 주었으며, 다양한 범위 내에서 지역경제 발전에 공헌했다.

따라서 재일제주인의 기증과 투자활동은 제주지역의 눈부실만한 경제발전을 달성하는 데 공헌했으며, 더 나아가 재일제주인의 기증에 대한 올바른 인식을 정립해 나가는데 크게 기여했다고 볼 수 있다.

한편 본 연구를 통해 기대되는 효과를 살펴보면 다음과 같다.

첫째, 재일제주인의 기증과 투자활동을 통해 재일제주인의 삶의 가치를 재조명하고 지역사회 발전에 기여할 것이다. 즉 제주 사회에서는 이들에 대한 올바른 인식을 정립하며, 나아가 재일제주인과 제주 사회와의 건전한 관계를 정립할 수 있는 방안을 찾는 계기가 될 것이다. 둘째, 제주도민들은 재일제주인의 기증활동에 대한 새로운 변화가 나타나기 시작하면서 이들의 삶이 지니는 중요성을 새롭게 인식할 수 있는 계기가 될 것이다. 셋째, 재일제주인의 투자활동을 통해 재일제주인의 자본유치 전략을 마련하고, 이를 통해 재일제주인 자본

의 건전하고 지속적인 유치를 위한 마케팅 전략과 투자유치 정책을
모색하는 데 기여할 것이다. 넷째, 재일제주인의 모국 및 제주도에
대한 투자와 관련된 정부 기록과 민간의 연구물, 매스컴들의 보도기
록들이 극히 부실함에도 불구하고 공식과 비공식 자료를 통해 연구했
다는 점에서 재일한인 연구에 크게 이바지할 것이다.

┃주_____

1) 해방 이전 제주인의 도일은 당시 제주도와 일본과의 생활수준에서 차이가 나고
일본 이주로 인한 기대소득이 컸기 때문에 생겨났던 것으로 여겨진다. 반면 해방
이후 제주인들의 도일은 1947년 3·1 시위에서 노화선이 된 제주 4·3사건으로
인해 제주출신 청년들에 대한 강력한 경찰의 탄압이 이루어졌고, 이에 연루된 제주
인들 중에는 경찰의 강력한 검거를 피하여 일본으로 건너간 현상이 나타났다. 당시
제주 4·3사건을 전후한 시기에 대략 5천~1만 명이 일본으로 밀항한 것으로 추정
되고 있다.

2) 그 이유는 제주노 농촌에 흉년이 들어 일자리가 절대적으로 부족하였거나 1946년
제주도에 만연했던 전염병 및 불안한 치안문제들로 인해 고향으로의 발길을 재촉
하지 못했기 때문이다. 당시 일본의 오사카에서는 70~75% 정도의 재일한인들이
고향으로 돌아왔지만 제주도 출신들이 밀집해서 거주했던 이쿠노구는 60% 정도의
사람들만이 귀향했다고 한다.

3) 1927년에 일본으로 도항한 일본 거주 제주도민들은 매년 백만 원을 고향에 송금
했다고 한다(《매일신보》 1927년 1월 18일자). 같은 해 일본에 건너가 일본 각지에
서 노동을 하고 있는 재일제주인은 3만 명 이상으로 그 중 3천 명 정도가 매년
백만 원 이상을 고향에 보내는 송금 현상이 이어졌다고 한다(《동아일보》 1927년
1월 19일자).

4) 학교설립은 제주지역 교육발전을 위한 인재양성을 목적으로 재일제주인의 투자
를 통해 학교를 신설하거나 기존의 학교를 인수하여 공헌한 경우를 의미한다. 교육
지원은 교육시설의 연약함을 해소하기 위해 재일제주인의 현금이나 현물을 통해
학교시설에 필요한 비품 등을 다양하게 기증한 경우이다. 장학지원은 제주지역의
우수한 인재를 발굴하기 위해 제주도내 학생들을 대상으로 장학금을 비롯한 경제

적 지원에 대해 공헌한 경우이다.

5) 송제(松濟) 백이남(白二南)은 1916년 7월 북제주군 구좌읍 김녕리 2474번지에서 태어났다. 그는 어린 시절에 한문(서당)을 수학했고, 청소년기에 생활고에서 벗어 나고자 1947년 32세 때 일본으로 건너가서 어려운 생활여건 속에서도 "男兒立志出 鄕關, 學若無成死不還(남아가 뜻을 세워 고향을 나와 이루지 못하면 죽어서도 돌아 오지 않겠다)"이라는 결심을 거듭 다짐하며 인내로 삶을 살았다. 그는 타향에서 고향을 그리워하는 마음으로 수돗물이 없던 시절에 우물을 조성하는 데 필요한 일체의 경비를 부담하였고, 초·중학교 교실이 노후한 것을 알고 신축과 개축에 소요되는 많은 금액을 희사하였다.

6) 재일한인의 전체 투자 액수는 정확한 수치로 산출하기 어렵다. 다만 재일본대한민 국민단(이하 민단)을 통한 투자 액수만 해도 대략 3조 2,600억 원으로 추산된다. 1965년부터 시작된 40년 동안의 재일한인의 본국 투자 형태는 친척방문 투자(65~80 년), 제조업 투자(65~88년), 서비스업 투자(88~88년), 첨단산업 투자(2000년 이후) 등 네 가지로 나누어 볼 수 있다.

7) 서갑호(徐甲虎)는 일본에서 사카모토방적(坂本紡績)을 운영하면서 1963년 100 만 달러를 가지고 들어와 방림방적(邦林紡績)을 창립하고 구미공업 단지에 대규모 방직공장을 세웠다.

8) 이희건(李熙健)은 본국에 진출한 기업들의 원활한 자금지원을 위하여 1977년 납입자본금 30억 원(설립등기 납입자본금 5억 원)으로 제일종합금융(第一綜合金 融)을 설립하였다. 이어 1982년에 설립된 신한은행은 국내 최초로 재일한인들의 순수한 민간자본(납입자본금 25억 원)으로 탄생되어 일본에서 축적한 경영노하우 를 도입하여 한국의 금융계에 신바람을 불게 하였다.

9) 손정의(孫正義, 소프트뱅크) 회장은 소프트뱅크 코리아를 설립하여 IT 관련 기업 에 투자한 바 있다.

10) 《제주신문》 1963년 10월 15일자.

11) 제주국제컨벤션센터(ICC제주)는 재일제주인들이 보유한 ICC제주의 주식 가운데 2012년 9월말 현재 36억 7,700만 원(58명)이 발행 당시 액면가(주당 5,000원)에 반환된다고 했다. ICC제주 출범 때 재일제주인 197명이 매입한 주식은 57억 3,100만 원으로 나머지 주식도 반환 신청을 받고 있다. ICC제주 주식을 보유한 재일제주인 중에는 계속 갖고 있길 원하거나 증권을 분실한 경우, 상속 등에 따른 법적 절차가 진행 중인 경우가 있다. 이는 지금까지 6년 동안 진척이 없던 ICC제주 주식 반환요구 가 드디어 실현되어 고향을 사랑한 나머지 ICC제주 주식 공모 요청에 응한 재일제주 인들의 응어리가 마침내 풀렸다는 것이다(《제주의 소리》 2012년 10월 15일).

제2부
재일(在日)제주인의 경영활동 특성

재일상공인의 상공업활동 실태

1. 머리말

2001년 말 현재 일본의 외국인등록 통계를 보면 재일한인의 총수는 63만 2,405명으로 여전히 수위를 차지하고 있다. 그 중 재일제주인은 10만 7,666명으로 전체의 17.2%를 차지하고 있다. 일본으로 도항한 재일제주인 1세들은 고령화로 인해 사회적 측면에서 상대적으로 약화되고 있는 실정에 놓여 있지만 지금까지 재일제주인 사회의 경제적 기반을 구축하여 왔다.

한편 제주도 인구는 전체 한국의 1.2%에 불과하지만 재일한인의 인구수에서 차지하는 재일제주인 비율은 높게 나타나고 있다. 1936년 재일제주인 비율은 제주도 거주 인구의 30% 이상을 차지한 반면, 2001년 재일제주인은 10만 7,666명으로 제주도 인구 54만 7,964명의 19.6%를 차지하여 일제강점기 이후 많은 제주도 출신들이 일본으로 이주하였다.

최근에는 한류열풍으로 인해 재일한인 상공인들의 한국 투자에 대한 관심이 높아지고 있다. 더욱이 이들은 이주 초기에 차별과 핸디캡 등으로 야키니쿠(燒肉), 유기업, 토목·건축업 등에 주로 종사하였으

나 현재에는 무역, 금융, IT 분야의 하이테크 산업에까지 진출하고
있다. 이러한 차원에서 재일상공인의 이야기를 논의하여 본다는 것은
재일제주인들이 거주하는 일본 사회로의 관심과 이해를 증진시키는
데 매우 소중한 작업이라 할 수 있다.

이러한 의도에서 비롯된 본 연구는 在日韓國商工會議所(1997), 『在日
韓國人會社名鑑』과 在日韓國靑年商工人連合會(1989), 『在日韓國商
工人の現狀と課題をさぐる』, 濟民日報社(2004)가 재일제주인의 개인
이력서를 수록한 『濟州人名辭典(在日同胞篇)』 등의 자료를 토대로 일본
사회에서 활동한 재일상공인의 상공업활동 실태를 파악하는 데 있다.
이를 위해 본장에서는 우선 재일상공인의 개념과 경제활동을 살펴본
후, 다음으로 재일한인의 상공업활동 실태를 알아보며, 마지막으로
재일제주인의 상공업활동 실태를 파악하고자 한다.

2. 재일상공인의 개념과 경제활동

2.1. 재일상공인의 개념

재일상공인이라는 용어를 한마디로 규정한다는 것은 상당히 어려
운 일이다. 굳이 표현해야 한다면 재일한인 중에서 상공기업(商工企
業)을 경영하는 사람을 일컬어 재일상공인(이하 상공인, 동포상공인 등)
이라고 말할 수 있다. 상공(商工)이란 대개 상업과 공업 또는 상인과
공인이라 규정되어 있다. 다시 말하면 상공인은 글자그대로 상인(商
人)과 공인(工人)이란 표현을 사용하는데 상인이란 표현은 잘 어울리
는 반면 공인이란 단어는 왠지 어색한 느낌이 든다. 공인이란 용어는

중국어로 근로자의 의미를 나타내기 때문에 상공인을 상인과 공인으로 구분하여 해석하는 데 다소 무리가 있다. 그래서 상공인이란 용어는 상업과 공업을 경영하는 사람 혹은 상(商)기업이나 공(工)기업을 다루는 사람으로 해석하는 편이 바람직할 것이다. 또한 경영이란 용어는 보통 기업을 경영한다는 의미를 내포하기 때문에 상업이나 공업의 경영자를 상공인이라 표현할 수 있다. 이것은 사업상 관계를 가지거나 종사하는 의미를 나타내므로 넓은 범위에서 보면 모든 사람들이 포함될 수 있다. 따라서 상공인이란 상업이나 공업을 경영하거나 그것에 직접 관련되는 사람이라고 이해할 수 있다(吳圭祥, 1991).

한편 재일상공인이란 의미는 한인으로 일본에 거주하면서 상공기업을 경영하는 사람들이다. 그 의미를 갖기 위해서는 일본의 사회적 통념이나 정부 통계 등의 방법을 통하여 상공인에 대응할 수 있는 개념 내지 이와 가까운 범례가 있는지에 대해 살펴보아야 한다. 상공인이란 용어는 상공조합중앙금고(1938년, 동명의 법률에 의해 설립)와 일본상공회의소(1950년 제정된 상공회의소법에 의해 설립된 각 지역의 상공회의소 연합체) 등에서 사용되고 있는 바와 같이 새롭게 탄생된 용어가 아니기 때문에 일본의 정부통계조사자료를 통하여 분류한 네 가지 개념을 살펴보면 다음과 같다.

1) **일본표준산업분류** : 산업이란 사업소에서 사회적 분업으로 이루어지는 재화 및 서비스를 생산하거나 제공하는 것과 관련된 모든 경제활동을 말한다. 영리 활동 외에 교육, 종교, 정당, 노동조합 등의 비영리 활동도 포함된다. 일정 장소에서 주거하면서 경영하고 있는 모든 사업을 산업분류의 대상으로 하고 있다.

2) **일본표준직업분류** : 직업이란 개인이 계속적으로 일을 하면서 얻는 수입을 말한다. 매일, 매주, 매월 주기를 갖고 반드시 보수를 받는다는 것은 사회적으로 유용한 일이다. 일을 하지 않고 수입이 있는 경우, 예를 들어 은급법(恩給法), 생활보호법 등 사회보장이나 파친코 등에서 상품을 얻는 경우 등은 직업이라고 볼 수 없다. 직업분류의 대상은 사업소 중에서 한 사람의 취업자가 실시하고 있는 일의 차이를 표현하는 것으로 취업자인 개인이 된다.

3) **인구 · 노동관계 통계조사분류** : 취업자가 종사하는 직업상 직위에 따라 분류하는 통계 방법으로 계급 구성법을 만들고 있다. 예를 들면, A는 자본가 계급, B는 군인 · 경찰관 · 보안 서비스 요원, C는 자영업자 계층, D는 노동자 계급으로 분류하고 있다.

4) **사회경제분류** : 1970년 국세조사 시기부터 사용되고 있는 방법으로 법무성입국관리국은 재류외국인통계를 공표하여 재일외국인의 직업을 분류하고 있다. 이 분류표는 일본표준직업분류에 기초하여 작성된 것이지만 재일한인 상공인이라 단정할 수 있는 항목은 없다. 그러나 이 분류표를 통해 추측한다면 관리직 종사자 일부, 무역종사자, 판매종사자 전부, 어업, 채광, 채석, 운수 · 통신업 종사자 일부, 기능공 · 생산공정 종사자 대부분이 재일한인 상공인에 포함된다고 여겨진다(吳圭祥, 1991).

결국 일본의 정부통계조사자료에 따른 분류항목을 통해 재일상공인이라는 용어에 상응하는 통계상 분류는 찾아볼 수 없다. 재일상공인의 개념은 일본 사회에서 생활을 영위하거나 영리를 목적으로 상공업활동을 수행하는 사람이라고 할 수 있다. 그런 의미에서 현재의 재일한인이나 재일제주인의 상공인 개념도 그 대부분이 생업을 위해 상공업을 영위하는 사람으로 인식되고 있기 때문에 고유한 의미를 갖는 독자적 개념이 필요하다.

2.2. 기존연구의 검토

본 연구의 목적은 재일한인 사회에 대한 흐름을 파악하기 위해 경영학적 관점에서 재일상공인의 상공업활동에 대한 실태를 살펴보는 데 있다. 최근까지 국내외에서 빌표된 연구 결과는 재일상공인의 상공업활동에 대한 학문적 규명보다는 주로 문화인류학적 관점에서 많이 다루어져 왔다. 지금까지 재일상공인에 관한 기존연구를 살펴보면 다음과 같다.

우선, 재일한인의 상공업활동에 관한 연구를 살펴보면, 徐龍達(1982: 129~139)은 재일한인 상공인을 중심으로 개별방문 년접조사를 통해 경영활동을 분석하였다. 경영자 비율은 684명(62%)으로 절반 이상을 차지하였고, 연령별은 30대가 가장 많았고, 업종별은 제조업, 음식업(飮食業), 유기(遊技)·오락업(娛樂業), 금융·부동산업 등에 종사한 것으로 나타났다. 李光奎(1982: 174~183)는 도쿄에 거주하는 재일한인 상공인(1,000명)을 대상으로 설문조사를 실시하였다. 이 조사에서 재일한인 상공인들은 30대 이상이 가장 많았고, 음식업(飮食業), 유기(遊技)·오락업(娛樂業), 금융·부동산업 등 주로 서비스 업종에 종사하며, 도시에 거주하면서 단일 업종을 중심으로 영세기업을 운영하는 것으로 나타났다. 徐龍達·全在紋(1987: 221~259)은 재일한인 1만 명 이상이 거주하며 한국인상공회가 만들어져 있는 도쿄, 오사카, 후쿠오카 등을 포함한

10곳의 재일한인 상공인 조직을 동원하여 소속회원 수, 업종 분포, 지역산업의 업종, 회원의 고민거리 등을 조사하여, 재일한인들의 전반적인 생활실태를 파악하고 업종 분포에 따른 지역별 특성을 분석했다.

또한 徐龍達(1989: 27~72)은 도쿄를 중심으로 한 업종별 조사를 통해 제조업 21.3%, 서비스업 18.3%, 음식업(飮食業) 17.6%, 기타 서비스업 9.1%, 도·소매업 8.2%, 건설업 7.2%, 금융업 7.0% 등 오사카 조사와 비교하여 2차 산업보다 3차 산업의 구성 비율이 높게 나타나고 있음을 밝혀냈다. 吳圭祥(1992: 3~17)은 해방 이후 일본에서 재일조선인 상공인들이 어떻게 생활해 왔는지를 알아보기 위해 재일조선인의 역사, 상공업활동이나 경영활동의 흐름에 대해 종합적으로 정리하여 재일조선인의 제 문제를 비롯한 상공업활동 연구에 큰 공헌을 했다.

다음으로 재일제주인의 상공업활동에 대한 연구를 시도한 기존의 선행연구를 살펴보면, 고동훈(1999, 2001)은 재일한인의 경제활동에 관한 사적 연구를 통해 소규모이며 단편적이라는 한계가 있음에도 불구하고 재일제주인의 역할을 긍정적으로 파악했다. 고광명·진관훈(2004, 2005)은 관서제주도민협회(關西濟州道民協會, 2004)가 발간한 『관제회 10년 발자취(關濟会10年の步み)』 목록자료를 이용하여 수집된 248명을 대상으로 관서지역의 재일제주인의 상공업활동 실태를 파악하였다. 그러나 본 연구에서는 재일제주인의 상공업활동과 관련된 정보를 얻기 위해 시도되었지만 2차 자료수집에 따른 한계를 가지고 있다. 고광명·진관훈(2006)은 재일제주인의 상공업활동을 파악하고 지역사회 공헌과 특성을 해명하였다. 이를 통하여 제주 사회와 재일제주인 사회가 불신과 갈등을 넘어, 서로의 인적·물적 자원을 안정적으로 교류할 수 있는 방안을 모색할 수 있는 계기로 작용할 것이라고 했다. 고광명(2006:

171~195)은 일본 사회에서 재일제주인의 직종을 파악하고 상공업활동의
특성을 해명하였으며, 이를 통해 제주 사회와 재일제주인 사회 간의
생산적인 교류를 모색하고자 시도되었다.

이처럼 최근 한국에서는 재외(在外)한상을 중심으로 한 상공업활동에
대한 관심이 높아지고 있으나 제주도 입장에서 재일제주인의 상공업
활동에 대한 연구는 상대적으로 미흡한 실정이다. 그 이유는 재일한인
을 포함한 재일제주인의 상공업활동에 대한 기초적인 통계 자료가 결정
적으로 부족하기 때문이다. 이러한 이유로 재일상공인의 상공업활동을
객관적으로 살펴본다는 것은 상당히 어려운 실성에 놓여 있다.

따라서 재일한인(제주인)과 관련된 연구는 주로 문화인류학, 민속,
역사 등을 중심으로 이루어져 사실상 경영학, 경제학적 접근은 그다
지 많지 않는 실정이다. 이러한 관짐에서 재일제주인의 전체저인 흐
름을 파악하고 사회적 현상을 밝히기 위한 경영 · 경제사적 연구의 중
요성이 강조된다. 본장에서는 경영 · 경제학적 관점에서 재일상공인
의 상공업활동에 대한 연구를 수행하기 위해 필요한 기초 자료를 제
공하는 데 그 의미를 두고자 한다.

2.3. 재일한인의 경제활동

1) 산업별 비중

〈표 6-1〉은 2001년 재일한인 기업의 산업별 비중을 나타낸 것이다.
전체 개인기업 수는 884개로 나타났는데, 그 중에서 오사카가 426개
(48.2%)로 가장 많고, 도쿄가 293개(33.1%)로 나타나 두 지역에서 전체
개인기업 수의 대부분을 차지하고 있다. 업종별에서는 도소매 · 음식 ·

숙박업 251개(28.4%)가 운영되고 있어서 제조업 235개(26.6%), 서비스
업 229개(25.9%)보다 약간 많은 편에 속한다. 반면 전체 법인기업 수는
1,535개로 나타났는데 그 중에서 오사카가 712개(46.4%)로 가장 많고,
도쿄가 625개(40.7%)로 나타나 두 지역에서 전체 법인기업 수의 대부분
을 차지하고 있다. 업종별에서는 서비스업 474개(30.9%)가 운영되고
있어서 도소매·음식·숙박업 289개(18.8%), 제조업 283개(18.4%), 금
융·보험·부동산업 255개(16.6%)보다 다소 많은 것으로 나타났다.

〈표 6-1〉 재일한인 기업의 산업별 비중(2001년)

(단위 : 개, %)

구분	자영업(개인)				기업(법인)			
	東京	大阪	福岡	합계	東京	大阪	福岡	합계
광업	0 (0.0)	0 (0.0)	0 (0.0)	0 (0.0)	0 (0.0)	0 (0.0)	1 (0.5)	1 (0.1)
건설업	8 (2.7)	51 (12.0)	20 (12.1)	79 (8.9)	45 (7.2)	106 (14.9)	44 (22.2)	195 (12.7)
제조업	41 (14.0)	182 (42.7)	12 (7.3)	235 (26.6)	86 (13.8)	187 (26.3)	10 (5.1)	283 (18.4)
운수·통신업	3 (1.0)	3 (0.7)	3 (1.8)	9 (1.0)	14 (2.2)	8 (1.1)	6 (3.0)	28 (1.8)
도소매·음식·숙박업	112 (38.2)	84 (19.7)	55 (33.3)	251 (28.4)	179 (28.6)	82 (11.5)	28 (14.1)	289 (18.8)
금융·보험·부동산업	20 (6.8)	26 (6.1)	29 (17.6)	75 (8.5)	105 (16.8)	126 (17.7)	24 (12.1)	255 (16.6)
서비스업	106 (36.2)	78 (18.3)	45 (27.3)	229 (25.9)	190 (30.4)	199 (27.9)	85 (42.9)	474 (30.9)
기타	3 (1.0)	2 (0.5)	1 (0.6)	6 (0.7)	6 (1.0)	4 (0.6)	0 (0.0)	10 (0.7)
합계	293 (100.0)	426 (100.0)	165 (100.0)	884 (100.0)	625 (100.0)	712 (100.0)	198 (100.0)	1,535 (100.0)

자료 : 전남대학교 세계한상문화연구단(2004), ≪한상연구자료-일본한상자료실≫.

2) 고용별 형태

〈표 6-2〉는 1999년 재일한인의 업종별 고용형태를 나타낸 것이다.

전체 산업별 인구수는 25만 5,829명으로 나타났는데, 그 중에서 고용자
가 18만 4,739명(72.2%)으로 가장 많고, 다음으로 자영업 5만 2,679명
(20.6%), 가업종사자 1만 8,411명(3.5%) 순으로 나타났다. 산업별에서는
도·소매업이 7만 9,792명(31.19%)을 고용하고 있어서 서비스업 6만
2,187명(24.31%), 제조업 4만 540명(15.85%)보다 다소 많은 편이다. 산
업별 고용 부문에서는 전체 18만 4,739명 중에서 서비스업이 5만 1,247
명(27.74%)으로 가장 많고, 도·소매업이 4만 8,675명(26.35%)으로 나타
나 산업별 전체 비중에서 절반 이상을 차지하고 있다. 고용형태별에서
는 정규직이 12만 5,701명(68.0%)으로 가장 많아 임시직 3만 1,441명
(17.0%), 관리직 2만 7,597명(14.9%)보다 절반이 넘는 68.0%를 차지하고
있다. 정규직에서는 서비스업이 3만 4,569명(27.5%)으로 가장 많아
도·소매업 3만 1,399명(25.0%), 제조업 2만 867명(16.6%)보다 조금 많
은 편에 속한다.

〈표 6-2〉 재일한인의 업종별 고용형태(1999년)

(단위 : 명, %)

| 구분 | 산업인구 | 고용자 | | | | 자영업 | | 가업종사 |
		계	정규직	임시직	관리직	(1)	(2)	
농업	713 (0.28)	299 (0.16)	190 (0.15)	90 (0.29)	19 (0.07)	47 (0.18)	153 (0.57)	214 (1.16)
임업	79 (0.03)	46 (0.02)	26 (0.02)	14 (0.04)	6 (0.02)	12 (0.05)	12 (0.05)	9 (0.05)
어업	65 (0.03)	31 (0.02)	22 (0.02)	9 (0.03)	– (–)	8 (0.03)	14 (0.05)	12 (0.07)
광업	304 (0.12)	244 (0.13)	147 (0.12)	9 (0.03)	88 (0.32)	16 (0.06)	29 (0.11)	15 (0.08)
건설업	34,886 (13.64)	25,015 (13.54)	16,249 (12.93)	3,243 (10.31)	5,523 (20.01)	4,581 (17.59)	3,498 (13.13)	1,792 (9.73)
제조업	40,540 (15.85)	28,494 (15.42)	20,867 (16.60)	3,995 (12.71)	3,632 (13.16)	3,497 (13.43)	4,698 (17.64)	3,851 (20.92)

전기·가스 ·수도업	171 (0.07)	171 (0.09)	150 (0.12)	20 (0.06)	1 (0.00)	– (–)	– (–)	– (–)
운수·통신업	13,310 (5.20)	11,181 (6.05)	8,765 (6.97)	1,387 (4.41)	1,029 (3.73)	432 (1.66)	1,479 (5.55)	218 (1.18)
도소매업	79,792 (31.19)	48,675 (26.35)	31,399 (24.98)	11,418 (36.32)	5,858 (21.23)	11,848 (45.49)	9,945 (37.34)	9,324 (50.64)
금융·보험업	8,471 (3.31)	7,317 (3.96)	6,423 (5.11)	334 (1.06)	560 (2.03)	368 (1.41)	631 (2.37)	155 (0.84)
부동산업	6,866 (2.68)	4,793 (2.59)	2,499 (1.99)	239 (0.76)	2,055 (7.45)	654 (2.51)	1,076 (4.04)	343 (1.86)
서비스업	62,187 (24.31)	51,247 (27.74)	34,569 (27.50)	8,267 (26.29)	8,411 (30.48)	4,189 (16.08)	4,494 (16.87)	2,257 (12.26)
공무	365 (0.14)	365 (0.20)	182 (0.14)	183 (0.58)	– (–)	– (–)	– (–)	– (–)
기타	8,080 (3.16)	6,861 (3.71)	4,213 (3.35)	2,233 (7.10)	415 (1.50)	395 (1.52)	603 (2.26)	221 (1.2)
합계	255,829 (100.0)	184,739 (100.0)	125,701 (100.0)	31,441 (100.0)	27,597 (100.0)	26,047 (100.0)	26,632 (100.0)	18,411 (100.0)

주) (1)타인을 고용한 경우, (2)타인을 고용하지 않는 경우
자료 : 전남대학교 세계한상문화연구단(2004), ≪한상연구자료-일본한상자료실≫;
　　　 日本統計國(2002), 『國稅調査』에서 참고하여 작성.

한편 재일한국상공회의소(在日韓國商工會議所, 1997)에 따르면 재일
한인이 경영하는 업종은 오락업이 19.3%로 가장 많은 비중을 차지하고
있으며, 다음으로 건설업 14.5%, 서비스업 13.02%, 제조업 12.11%,
음식업 11.8% 순으로 분포하고 있음을 알 수 있다(〈표 6-3〉 참조).

〈표 6-3〉 재일한인의 업종 분포(1997년)

(단위 : 명, %)

업종 분포	유기업	건설업	서비스업	제조업	음식업	부동산업	도소매업	전문 서비스업	금융업 보험업	운수업	농림 광업	합계
인원	1,816	1,380	1,236	1,150	1,121	984	832	449	285	200	41	9,494
비율	19.13	14.54	13.02	12.11	11.81	10.36	8.76	4.73	3.00	2.11	0.43	100.0

자료 : 在日韓國商工會議所(1997), 『在日韓國人會社名鑑』.

3) 지역별 분포

〈표 6-4〉는 2002년 재일한인의 지역별 분포를 나타낸 것이다. 전체 재일한인 수는 62만 5,422명으로 나타났는데, 그 중에서 오사카가 15만 2,768명(24.43%)으로 가장 많고, 도쿄가 10만 1,389명(16.21%)으로 나타나 두 지역에 재일한인의 40.64%가 거주하고 있다. 지역별에서는 긴기(近畿)에 27만 847명(43.31%)이 거주하고 있어서 관동지역의 20만 976명(32.13%)보다 조금 많고, 다음으로 쥬호쿠(中北)에 6만 8,606명(10.97%), 쥬고쿠(中國)에 3만 3,272명(5.32%)의 재일한인이 거주하고 있다. 쥬호쿠에서는 아이치현(愛知県) 한인이 4만 6,134명으로 나타나 대략 쥬호쿠 한인 전체의 67.24%가 이곳에 거주하고 있다. 쥬고쿠는 히로시마(廣島)와 야마구치(山口)에 2만 2,821명이 거주하고 있어서 쥬고쿠지역 한인 전체의 대부분을 차지하고 있다. 이처럼 재일한인의 지역별 경제활동은 일본 사회에서의 사회적 · 경제적 요인에 대한 제약이 있었기 때문에 뜻대로 이루어지지 않는 경우가 많았다. 그러나 이러한 역경 속에서도 1세들이 경제적 기반을 구축하였고, 2 · 3세들이 이를 승계하여 발전시키는 등 젊은 재일한인들의 활약이 두드러지게 나타나면서, 이들 간에 점차 상호유대 강화도 활성화되고 있음을 알 수 있다.

〈표 6-4〉 재일한인의 지역별 분포(2002년)

(단위 : 명, %)

지역	지방	인원	비율	지역	지방	인원	비율
關東	東京	101,389	16.21	近畿	大阪	152,768	24.43
	神奈川	34,435	5.51		兵庫	62,714	10.03
	千葉	17,896	2.86		京都	39,166	6.26
	山梨	2,443	0.39		奈良	5,635	0.90
	栃木	3,217	0.51		滋賀	6,937	1.11
	茨城	5,906	0.94		和歌山	3,627	0.58
	埼玉	18,274	2.92		소계	270,847	43.31
	群馬	3,136	0.50	中國	廣島	12,713	2.03
	靜岡	7,038	1.13		岡山	7,786	1.24
	長野	4,723	0.76		鳥取	1,534	0.25
	新潟	2,519	0.40		島根	1,071	0.17
	소계	200,976	32.13		山口	10,168	1.63
東北	宮城	4,593	0.73		소계	33,272	5.32
	北海道	5,775	0.92	九州	福岡	21,484	3.44
	青森	1,342	0.21		長崎	1,453	0.23
	山形	1,985	0.32		佐賀	1,000	0.16
	岩手	1,111	0.18		大分	2,821	0.45
	秋田	847	0.14		宮崎	781	0.12
	福島	2,138	0.34		熊本	1,243	0.20
	소계	17,791	2.84		鹿兒島	551	0.09
中北	愛知	46,134	7.38		沖繩	544	0.09
	岐阜	7,053	1.13		소계	29,877	4.78
	三重	7,048	1.13	四國	香川	1,130	0.18
	石川	2,493	0.40		愛媛	1,690	0.27
	福井	4,216	0.67		高知	794	0.13
	富山	1,662	0.27		德島	439	0.07
	소계	22,472	10.97		소계	4,053	0.65
				총계		625,422	100.0

자료 : 전남대학교 세계한상문화연구단(2004), ≪한상연구자료-일본한상자료실≫;
入管協會(2003), 『在留外國人統計』.

3. 재일한인의 상공업활동 실태

본 자료는 재일한국청년상공인연합회(1989)에서 발간한 『在日韓國

商工人の現狀と課題をさぐる』에 수록된 설문조사를 원 자료(raw data)로 하고 있다. 이 설문조사는 일본 전국의 재일한인 상공인을 주요 대상으로 '재일한인의 상공업활동을 도모하고 윤택한 동포사회를 구축하기 위한' 기초 자료를 얻을 목적으로 이루어졌다. 조사방법은 대상자를 면접하여 조사사항을 설명하고 담당자가 기입하는 방법을 원칙으로 삼아 1989년 3월 1일부터 5월 31일까지(3개월간) 조사하였다. 이 자료는 전국 각 지구에 있는 청상(靑商)을 중심으로 수집된 3,537명 중에서 유효하게 회답한 3,199명을 분석한 것이다.

따라서 본장에서는 보다 구체적인 재일한인의 상공업활동 관련 정보를 얻기 위해, 연구자가 연령과 업종/업종과 종업원 수/업종과 매출액/업종과 창업년수 등의 표 작업을 재구성하였다.

3.1. 연령과 업종 분포

〈표 6-5〉는 1989년 재일한인 상공인을 대상으로 연령별에 따른 업종별 분포를 나타낸 것이다. 전체 평균에서는 서비스업이 21.7%로 높은 수치를 나타내고 있으며, 다음으로 음식업 14.6%, 제조업 12.3% 순으로 나타났다. 연령별로 29세 이하에서는 제조업이 5.7%로 가장 적은 반면, 음식업 12.3%, 판매업 11.5% 순으로 많은 비중을 차지하고 있다. 총무부통계국(總務府統計局, 1989)에 의하면 일본은 제조업 25.1%, 소매업(음식 포함) 24.5%, 서비스업 16.3%, 건설업 11.6%, 기타 12.4%로 나타나 앞에 언급하였던 재일한인 상공인의 업종 구성과 약간 차이를 보이고 있다.

<표 6-5> 연령과 업종 분포

(단위 : %)

업종 연령	건설업	제조업	판매업	음식업	서비스업	금융업	부동산업	재생 자원산업	기타 서비스
29세 이하	9.8	5.7	11.5	12.3	27.0	4.9	9.0	6.6	9.8
30대	9.8	10.1	8.9	12.4	26.2	5.3	6.2	6.4	12.8
40대	9.6	16.7	9.8	15.0	18.3	6.5	6.7	7.5	7.5
50대	10.2	12.0	7.1	19.4	16.6	4.6	8.1	8.8	7.1
60세 이상	8.8	11.3	5.7	13.2	22.0	3.8	11.9	11.9	6.3
전체 평균	9.7	12.3	8.8	14.6	21.7	5.4	7.4	7.7	9.0

자료 : 在日韓國靑年商工人連合會(1989), 『在日韓國商工人の現狀と課題をさぐる』에 의거하여 새작성.

3.2. 업종과 종업원 수 분포

<표 6-6>에서 재일한인의 상공업활동을 구성하는 인적 측면을 보면 종업원 수는 5명 이하가 42.3%로 가장 많고, 다음으로 6~20명 33.1%, 21명 이상 23.0%로 나타나 20명 이하가 전체 종업원 수의 75.4%를 차지하고 있다. 이들 수치에서 특징적인 것은 종업원 2명이 종사하는 영세사업과 20명이 근무하는 중소기업이 대부분으로 재일한인 상공인 총수의 3분의 2이상을 차지한다는 것이다. 총무부통계국(總務府統計局, 1989)에 따르면 일본 전체의 제조업인 경우는 19명 이하가 86.6%, 20명 이상이 13.4%로 나타나고 있으나 서비스업은 0~5명이 72.6%, 20명 이상이 5.0%로 분포되어 있다. 따라서 재일한인 상공인의 서비스업 비율은 종업원 규모에서 일본의 평균보다 훨씬 높다고 할 수 있다. 특히 파친코산업에서는 21명 이상이 64.8%를 차지하여 다른 업종에 비해 많은 노동력을 필요로 하는 업종이라고 볼 수 있다.

〈표 6-6〉 업종과 종업원 수 분포

(단위 : %)

업종 \ 종업원 수	0~5명	6~20명	21명 이상
건설업	25.2	54.7	20.1
제조업	39.1	42.6	17.8
판매업	52.8	33.3	13.9
음식업	61.9	27.6	8.8
유기업	-	31.0	64.8
호텔	11.1	52.8	33.3
금융업	70.5	15.9	12.5
부동산업	63.1	25.4	9.0
재생자원산업	66.9	23.6	7.1
전체 평균	42.3	33.1	23.0

자료 : 〈표 6-5〉와 동일.

3.3. 업종과 매출액 분포

재일한인 상공인의 매출액은 전체 평균에서 3천만 엔 이내가 33.8%로 가장 많은 비중을 차지하여 3억 엔 이내의 32.8%보다 조금 많고, 다음으로 10억 엔 이상이 15.0%, 10억 엔 이내가 6.8%를 나타내고 있다. 그 중에서 10억 엔 이상 업종에서는 파친코산업이 57.7%를 차지하여 판매업 15.3%, 부동산업 14.8%보다 상당히 많은 비중을 차지하고 있다. 매출액 3천만 엔 이하는 전체 평균에서 33.8%를 차지하여 이들 가운데 대부분의 업종이 음식업(64.0%)과 재생자원산업(55.9%)에서 나타나고 있다. 한편 5억 엔을 초과하는 업종은 전체 평균의 21.8%를 나타내고 있지만 파친코산업이 74.4%를 차지하여 이외의 업종 평균은 11.0% 정도에 불과하다. 또한 매출액 10억 엔이 넘는 업종은 파친코산업 57.7%, 판매업 15.3%, 부동산업 14.8% 등으로 나타난 반면 이를 제외한 다른 업종은 평균 6.25% 정도에 불과하다(〈표 6-7〉 참조).

<표 6-7> 업종과 매출액 분포

(단위 : %)

업종 \ 매출액	3천만엔 이내	3억엔 이내	5억엔 이내	10억엔 이내	10억엔 초과	무 기입
건설업	25.8	50.3	9.4	8.2	5.7	–
제조업	34.7	38.6	9.9	6.9	6.9	–
판매업	31.9	38.2	6.3	6.3	15.3	–
음식업	64.0	27.2	–	–	–	5.0
유기업	–	12.8	5.0	16.7	57.7	5.0
호텔	13.9	66.7	11.1	–	5.6	–
금융업	31.8	44.3	5.7	–	6.8	9.1
부동산업	29.5	37.7	9.8	4.9	14.8	–
재생자원산업	55.9	22.8	8.7	5.5	–	4.7
전체 평균	33.8	32.8	6.7	6.8	15.0	4.9

자료 : 〈표 6-5〉와 동일.

3.4. 업종과 창업년수 분포

창업년수가 20년 이상 넘는 재일한인 상공인은 전체 평균의 40%를 웃돌아 재일한국청년상공인연합회(在日韓國靑年商工人連合會, 1982)의 『靑商一豊かな同胞社會を目指して』 조사 결과에 비해 10% 이상 많게 나타났다. 업종별에서는 재생자원산업이 67.7%를 차지하여 토목공사 61.9%보다 조금 많은 편이며, 다음으로 제조업 57.9%, 음식업 54.4%, 파친코 43.1%를 차지하고 있다. 그 중에서 재생자원산업 (29.9%), 토목공사(26.2%), 파친코(21.0%) 등은 30년 이상의 창업비율이 20%를 웃돌고 있다. 또한 이들 업종 중에 10년 이하 경우는 10% 안팎에 불과하다. 한편 창업 10년 이하 업종은 기타 서비스, 도·소매업 등 판매업, 부동산, 금융업 등이 30% 이상을 차지하는 것으로 나타났다(〈표 6-8〉 참조).

〈표 6-8〉 업종과 창업년수 분포

(단위 : %)

창업년수 / 업종	30년 이상	20년 이상	10년 이상	5년 이상	3년 이상	3년 미만	무 기입
종합건설	15.0	17.5	32.5	20.0	7.5	7.5	-
토목공사	26.2	35.7	23.8	7.1	-	-	4.8
제조업	18.8	39.1	24.3	8.4	3.5	-	-
판매업	11.1	21.5	31.3	16.0	5.6	13.9	-
음식업	5.7	48.7	69.9	34.6	17.0	12.7	3.5
파친코	21.0	22.1	29.2	15.3	5.0	6.0	-
호텔	8.3	27.8	30.6	13.9	11.1	8.3	-
금융업	6.8	17.0	40.9	21.6	4.5	8.0	-
부동산업	13.1	20.5	29.5	18.0	9.0	0.2	-
재생자원산업	29.9	37.8	19.7	-	-	8.7	-
기타 서비스	8.2	19.7	26.5	17.7	9.5	17.7	-
전체 평균	14.7	26.1	29.1	14.4	5.7	7.7	

자료 : 〈표 6-5〉와 동일.

4. 재일제주인의 상공업활동 실태

본 연구는 濟民日報社(2004)가 발간한 『濟州人名辭典(在日同胞篇)』
에 수록된 회원명단을 기본적인 원(元) 자료(raw data)로 하고 있다.
이 자료는 재일제주인의 개인이력서에 관련된 자료이기 때문에, 재일
제주인의 상공업활동과 관련된 기본정보 이외에 보다 구체적이고 분
석적인 정보를 제공하지 못하고 있다. 그래서 통계자료는 제민일보사
(2004)에 수록되어 있는 재일제주인 상공인 209명을 대상으로 수집된
자료를 집계 분석한 결과에 불과하다.

따라서 본 연구에서는 구체적인 재일제주인의 상공업활동과 관련된
정보를 얻기 위하여 연령별/지역별, 연령별/학력별, 연령별/업종별, 지

역별/회사형태별, 지역별/업종별로 나누어 교차분석(cross tabulation) 을 이용하여 표 작업을 실시하였다.

4.1. 연령별 · 출신지역별 분포

〈표 6-9〉에서 연령별에 따른 출신지역 분포를 보면 북제주군 출신 자들이 전체 표본의 48.1%를 감안할 때, 80대 이상과 70대 경우는 북제주군 출신 비율이 48.1% 이하의 40.0%와 36.5%로 나타났으나, 60대와 50대 이하 경우는 59.7%와 53.8%로 나타났다. 제주도 4개 시 · 군 출신지역 분포에서 보면 70대 · 80대 경우는 50대 · 60대의 출 신지역 분포에 비해 비교적 고른 분포를 보이고 있다. 이와 같은 결과 는 정치적, 경제적 등의 이주 요인으로 인해 많은 60대 이상의 북제 주군 출신자들이 일본으로 이주하여 도쿄와 오사카 지역에서 상공업 활동을 수행한 것으로 보인다.

〈표 6-9〉 연령별 · 출신지역별 분포

(단위 : 명, %)

연령 \ 출신지역	남제주군	북제주군	서귀포시	제주시	전체
80대 이상	8(20.0)	16(40.0)	7(17.5)	9(22.5)	40(19.4)
70대	13(20.6)	23(36.5)	13(20.6)	14(22.2)	63(30.6)
60대	7(9.1)	46(59.7)	8(10.4)	16(20.8)	77(37.4)
50대 이하	5(19.2)	14(53.8)	1(3.8)	6(23.1)	26(12.6)
전체	33(16.0)	99(48.1)	29(14.1)	45(21.8)	206(100.0)

자료 : 濟民日報社(2004), 『濟州人名辭輿(在日同胞篇)』에서 조사 작성.

4.2. 연령별 · 학력별 분포

〈표 6-10〉에서 연령별에 따른 학력 분포를 보면 80대 이상 경우는 다른 연령 집단에 비해 중졸 이하, 고졸, 전문학교, 대졸 학력 간의 비율 분포에 큰 차이가 없는 것으로 나타났고, 70대 경우는 60대나 50대 이하 보다 대졸(70대 57.1%, 60대 42.9%, 50대 이하 50.0%)비율이 높은 것으로 나타났다. 또한 60대 경우는 고졸 출신 비율이 다른 연령 집단에 비해 높게 나타난 것이 특징이라고 볼 수 있다. 이러한 결과는 제주도 출신자로서 재일제주인 1세에 해당되는 연령층이 아직도 많음을 알 수 있고 특히 대졸 이상의 고학력을 가진 재일제주인들이 상공업활동을 영위하고 있음을 의미한다.

〈표 6-10〉 연령별 · 학력별 분포

(단위 : 명, %)

연령＼학력	중졸이하	고졸	전문학교	대졸	불명	전체
80대 이상	6(15.0)	6(15.0)	4(10.0)	10(25.0)	14(35.0)	40(19.4)
70대	5(7.9)	7(11.1)	4(6.3)	36(57.1)	11(17.5)	63(30.6)
60대	5(6.5)	25(32.5)	1(1.3)	33(42.9)	13(16.9)	77(37.4)
50대 이하		4(15.4)	3(11.5)	13(50.0)	6(23.1)	26(12.6)
전체	16(7.8)	42(20.4)	12(5.8)	92(44.7)	44(21.4)	206(100.0)

자료 : 〈표 6-9〉와 동일.

4.3. 연령별 · 업종별 분포

〈표 6-11〉에서 연령별에 따른 업종 분포를 보면 제조업이 전체 표본의 49%를 차지하는 것을 감안할 때, 80대와 70대는 전체 표본의 비율보다 높은 57.5%와 58.7%를 각각 나타내고 있으나 60대와 50대

이하 제조업 종사 비율은 각각 42.9%, 30.8%로 전체의 평균 비율
(49%)보다 낮은 분포를 나타내고 있다. 50대 이하 경우는 제조업보다
판매업(34.6%) 비율이 가장 높은 업종으로 나타난 것이 특징이고, 80
대 경우는 서비스업 비율이 17.5%로 다른 연령 집단에 비해 높게 나
타난 것이 주목할 사항이다. 따라서 재일제주인은 60대 이상으로 제
조업 등에서 가장 많은 상공업활동을 영위하고 있음을 의미한다. 특
히 80대 이상 40명으로 나타난 것은 후계자를 아직 결정하지 못하여
경영권을 계속 유지하고 있는 경우로 판단된다.

〈표 6-11〉 연령별·업종별 분포

(단위 : 명, %)

업종 연령	건설업	제조업	판매업	음식업	서비스	기타	전체
80대 이상		23(57.5)	5(12.5)	2(5.0)	7(17.5)	3(7.5)	40(19.4)
70대	2(3.2)	37(58.7)	10(15.9)	2(3.2)	5(7.9)	7(11.1)	63(30.6)
60대	4(5.2)	33(42.9)	18(23.4)	5(6.5)	6(7.8)	11(14.3)	77(37.4)
50대 이하	3(11.5)	8(30.8)	9(34.6)	1(3.8)	2(7.7)	3(11.5)	26(12.6)
전체	9(4.4)	101(49.0)	42(20.4)	10(4.9)	20(9.7)	24(11.7)	206(100.0)

자료 : 〈표 6-9〉와 동일.

4.4. 출신지역별·회사형태별 분포

재일제주인의 회사형태는 넓은 의미에서 보면 주식회사, 유한회사
등 법인회사를 포함한 자영업, 개인상점까지를 말한다. 이들 재일상공
인 중에는 수백 명을 고용하는 상공인이 있는가 하면, 자영업자 혼자
이거나 가족 종사자만으로 경영하는 상공인도 포함될 수 있다. 〈표
6-12〉에서 출신지역별에 따른 회사설립 형태를 보면 남제주군 출신

자 경우는 주식회사(60.0%), 공업소(20.0%), 개인(17.1%) 순이었고, 북
제주군 출신자는 주식회사(58.0%), 개인(24.0%), 유한회사(10.0%) 순으
로 나타났다. 또한 서귀포시 출신자는 주식회사(65.5%), 공업소
(13.8%), 개인·유한회사(각각 10.3%) 순이었고, 제주시 출신자는 주식
회사(53.3%), 유한회사(22.2%), 개인(15.6%) 순으로 나타났다. 따라서
재일제주인 중에는 수백 명 규모의 제조업을 경영하는 상공인이거나
주식시장에 상장해도 손색이 없는 경영자들, 그리고 4~5명 정도가
종사하는 조그마한 공간에서 영업하는 상점주인도 있다고 볼 수 있다.

〈표 6-12〉 출신지역별 · 회사형태별 분포

(단위 : 명, %)

회사형태 출신지역	개인	공업소	유한회사	주식회사	전체
남제주군	6(17.1)	7(20.0)	1(2.9)	21(60.0)	35(16.7)
북제주군	24(24.0)	8(8.0)	10(10.0)	58(58.0)	100(47.9)
서귀포시	3(10.3)	4(13.8)	3(10.3)	19(65.5)	29(13.9)
제주시	7(15.6)	4(8.9)	10(22.2)	24(53.3)	45(21.5)
전체	40(19.1)	23(11.0)	24(11.5)	122(58.4)	209(100.0)

자료 : 〈표 6-9〉와 동일.

4.5. 출신지역별 · 업종별 분포

앞에서 설명한 바와 같이 일본에서 재일제주인이 경영하는 상공업
대부분은 일본의 기업형태 분류상 중소기업에 속하기보다는 영세상공
업에 포함되어 있다. 영세상공업은 생업을 위한 상공업이라 보는 것이
일반적 현상으로 상공인 중에 다소의 차이가 있기는 하지만 이익·이
윤을 추구하기 위해 상공업활동을 영위하는 사람도 당연히 존재한다

고 볼 수 있다. 종업원 수에서는 10명 이하가 절반 이상을 차지하여 소수의 종업원을 고용하는 영세 자영업자가 많고 이들 대부분이 일본 중소기업의 하청에 속하는 영세상공인이라고 할 수 있다.

〈표 6-13〉에서 출신지역별에 따른 업종 분포를 보면 제조업 비중 이 49.3%를 감안할 때, 남제주군 출신자 경우는 제조업이 62.9%, 판매업과 서비스업이 각각 14.3%로 나타났다. 북제주군 출신자 경우는 제조업 35.0%, 판매업 28%, 기타 14.0%로 나타났으며, 서귀포시 출신자 경우도 제조업이 86.2%로 다른 지역 출신자들보다 상대적으로 높은 비율을 나타냈다. 제주시 출신자 경우도 제조업 46.7%, 판매업 17.8%, 기타 15.6%, 서비스업 11.1%로 나타나 다른 지역 출신과 동일한 분포로 나타났다. 따라서 재일제주인은 신발, 가방, 플라스틱, 봉제 등 제조업 분야에서 가장 많은 상공업활동을 수행하고 있음을 알 수 있다.

〈표 6-13〉 출신지역별·업종별 분포

(단위 : 명, %)

업종 출신지역	건설업	제조업	판매업	음식업	서비스	기타	전체
남제주군		22(62.9)	5(14.3)		5(14.3)	3(8.6)	35(16.7)
북제주군	7(7.0)	35(35.0)	28(28.0)	7(7.0)	9(9.0)	14(14.0)	100(47.9)
서귀포시	1(3.4)	25(86.2)	1(3.4)		1(3.4)	1(3.4)	29(13.9)
제주시	1(2.2)	21(46.7)	8(17.8)	3(6.7)	5(11.1)	7(15.6)	45(21.5)
전체	9(4.3)	103(49.3)	42(20.1)	10(4.8)	20(9.6)	25(12.0)	209(100.0)

자료 : 〈표 6-9〉와 동일.

5. 맺음말

본 연구는 재일상공인의 상공업활동 실태를 고찰한 것으로, 분석 결과를 종합하면 다음과 같이 요약할 수 있다.

첫째, 재일상공인은 정치적, 경제적 요인 등으로 인해 많은 경상남북도, 제주도 출신자들이 일본으로 이주하여 도쿄와 오사카지역에서 상공업활동을 영위하는 것으로 보인다. 둘째, 재일상공인은 다른 회사형태에 비해 주식회사 형태로 상공업활동을 영위하는 것으로 나타났다. 셋째, 재일상공인은 재일화인 1세에 해당되는 연령이 많음을 알 수 있고, 특히 80대 이상의 재일한인은 현재까지 후계자를 결정하지 못하고 경영권을 계속 유지하고 있는 것으로 판단된다. 넷째, 재일상공인은 신발, 가방, 플라스틱, 봉제 등 제조업 분야에서 가장 많은 상공업활동을 수행하고 있음을 알 수 있다. 다섯째, 재일상공인은 고학력을 가진 성공인을 중심으로 일본 사회 속에서 상공업활동을 수행하고 있음을 알 수 있다.

이상으로 본 연구를 통해 재일상공인들은 일본 경제에서 차지하는 비중이 높아지고, 재일한인에 대한 인식이 변화하면서 향후 재일한인의 상공업활동도 크게 다양해지고 점차 활발하게 추진될 것으로 보인다.

재일제주인 기업가의 경영활동 특성

1. 머리말

재일한인의 특별영주자는 2000년 말 507,429명에서 2007년 말 430,229명으로 감소하고 있다. 이들은 2007년 기준으로 전체 외국인 등록자 수(2,152,973명)의 약 20%를 차지하여 다른 외국인에 비해 가장 많은 비중을 점유하고 있다. 그 중 재일제주인은 97,651명으로 전체의 약 16.3% 정도를 차지하고 있다(入管協會, 2007).

재일제주인들은 이주 초기부터 자본이나 기술을 가지고 일본으로 이주한 경우보다는 단순 노동력을 가지고 일본의 저임금 노동시장에 진입하였다. 당시 이들은 부동산 중개업, 야쿠자(役者), 파친코, 야키니쿠(燒肉), 화학제품 관련 등 일본인들이 기피하는 직종에 종사하였기 때문에 현재까지 양곡판매점, 잡화상, 공장노동을 통해 익힌 기술을 바탕으로 플라스틱, 고무, 유리 등과 관련된 가내 수공업과 신발, 가방 관련 봉제업에 종사하거나 소규모 자영업을 운영해 오고 있다.

따라서 본 연구에서는 공동신문사(共同新聞社, 1989)가 재일제주인 기업가를 수록한 『재일한국인실업명감(在日韓國人實業名鑑)』 자료 등

을 통해 고향에 애향신을 표현한 재일제주인 기업가의 경영활동 특성
이 무엇인지를 살펴보는데 있다. 이와 같은 과제를 설정한 이유는 지
금까지 단일민족 사상을 고수해 온 일본 정부가 국내의 인구통계나
경제통계를 민족이나 민족자본이라는 관점에서 분류하지 않았기 때
문이다. 이러한 이유로 인해 재일한인 기업가의 경영활동이나 경제활
동 등은 공식통계를 통해 분석할 수 없었던 것이다(朴 一, 2002). 이러
한 문제의식에서 본장에서는 우선 재일한인의 경영활동과 관련된 기
존연구를 검토한 후, 다음으로 연구대상 및 방법을 알아보며, 마지막
으로 재일제주인 기업가의 경영활동 특성을 파악하고자 한다.

2. 기존연구의 검토

본 연구의 목적은 재일제주인 기업가가 어떠한 경영활동 특성을 갖
고 있는지를 살펴보는데 있다. 지금까지 재일한인 연구는 이주의 역
사적 배경, 법적지위, 아이덴티티 문제, 개인 생활사 등 다양한 측면
에서 진행되어 왔다. 하지만 재일한인의 경영활동 관련 연구는 소수
에 불과한 상태이므로 본 주제와 관련하여 국내외에서의 기존연구를
살펴보면 다음과 같다.

姜 誠(1996: 152~155)은 1995년 12월 기준으로 일본 전국의 파친코
점포 수가 1만 8,244개로 나타났는데, 한개 업자가 복수의 법인 또는
개인명의로 경영하는 경우가 많았기 때문에 실제로 6천~8천 개로 추
정하고 있다. 그는 재일한인들이 파친코 산업에 집중하는 이유로 "국
적 차별에 의한 취직 차별로 공공기관이나 민간기업에 취업할 수 없

었던 시대가 장기화되고 사회적 위신이 낮아 일본기업이 투자하기를 꺼려하는 3D 업종이나 틈새시장에 종사할 수밖에 없었다."라고 했다. 辺眞一(2000: 20)은 재일한인들이 경제 분야에서 두드러지게 활약하고 있는 것에 주목하여 재일한인 청년층을 대상으로 설문조사를 실시하였다. 이들은 야키니쿠나 파친코와 같이 일본 사회의 주변산업에서 차별을 받으면서 생활하는 존재가 아니라 경제적 측면에서 일본인들보다 생활수준이 높았다고 한다. 金美德(2002: 34)은 재일코리안 기업의 경우, 중소영세업자가 많고 한정된 경영자원을 갖고 있었기 때문에 지금까지 정면승부보다는 틈새나 기습전법 또는 상식파괴 등으로 상당한 성공을 거두어 왔던 것이다. 향후 이들이 정면 돌파로 새로운 분야를 개척하고, 지속가능한 기술개발과 신선한 발상으로 기업을 경영하지 않으면 어려움에 직면할 것이라고 했다. 朴健市(2002: 201)는 재일한인 기업 중에 파친코산업이 가장 주요한 산업이라고 주장하면서 파친코 점포를 비롯한 파친코 대(臺)를 만드는 파친코 제조메이커가 거대산업을 형성하여, 높은 비중(약 70% 이상)을 차지한다고 했다.

池東旭(2002: 33)은 재일한인들이 파친코 등의 유기업, 고리대금업을 포함한 금융업 및 부동산업, 그리고 음식업 등 3대 업종에 집중하고 있음을 밝혔다. 吳民学·金哲秀(2002: 18)는 일본 통계청 국세조사 보고를 이용하여 재일한인의 상공인과 취업자 수를 추측하여 재일한인의 취업자별 인구를 산업별·고용형태별로 분류하여 분석했으며, 재일한인 사회의 산업구조와 주력업종을 파악했다.

河 明生(2003: 16~17)은 재일한인들이 일본 사회 속에서 공직에 취업할 수 없었기 때문에 영리활동 이외에 자기 자신을 실현할 방법이 없었다고 한다. 이들 중에 재능이 뛰어난 사람과 경제적 상승에 대한

지향성이 강한 사람들은 영리활동을 통해 자기 자신을 실현하고자 했
으며, 특히 영리활동을 수행하는 데 있어서 일본인들보다 상대적으로
뛰어난 탁월성을 발휘했다고 한다. 최석신 외(2005: 7~9)는 주로 문헌
조사와 현지조사(설문조사)를 통해 재일코리안의 소비패턴과 소득규
모, 산업구조, 주력업종 그리고 한국과의 관련성 등을 분석하여 재일
코리안 자영업자들의 경제환경과 실태를 객관적인 입장에서 파악하
였다.

따라서 이상의 기존연구를 종합하면 재일한인 기업가의 경영활동
등의 연구가 어느 정도 진행되고 있으나, 사실 재일제주인 기업가의
경영활동에 대한 연구는 국내외적으로 드문 실정이다. 본장에서는 다
른 지역 출신과 대비되는 재일제주인 기업가를 대상으로 경영활동 특
성을 고찰하여 기존연구의 공백을 보완하는 데 그 의미를 두고자 한다.

3. 연구대상 및 방법

3.1. 연구대상

본 연구는 共同新聞社(1989)가 재일한인 기업가를 수록한 『在日韓
國人實業名鑑』 자료를 기본적인 원 자료(raw data)로 하고 있다. 이
자료에 수록된 기업가는 약 2,500명(大阪府 약 1,500명, 京都府 약 400
명, 兵庫縣 약 600명)에 이르고 있다. 이들 재일한인 기업가 가운데 일
본 사회에서 경영활동을 수행한 제주도 출신 기업가 562명(大阪府 523
명, 京都府 8명, 兵庫縣 31명)을 우선 추출한 후, 경영활동 관련 자료가
양호한 88명(大阪府 86명, 兵庫縣 2명)을 대상으로 분석하였다.

이 자료를 연구대상으로 선정한 것은 첫째, 1910년 이전부터 1960년 이후에 출생한 주요 재일제주인 기업가가 거의 포함되어 있으며, 개인적 요인을 시계열적으로 다룰 수 있기 때문이다. 둘째, 재일제주인 기업가(88명)를 조사한 자료에 기재된 내용이 시기별로 잘 정리되어 있을 뿐만 아니라 표본특성의 추출이 용이하기 때문이다. 셋째, 재일제주인 기업가별 내용이 개인적 요인을 포함한 출생시기, 출신지역, 학력, 업종, 설립시기, 설립자본금, 연간매출액, 종업원 수 등 기업가적 특성을 파악할 수 있기 때문이다. 따라서 본 연구대상의 조사자료는 보다 구체적이고 유용한 정보를 얻기 위하여 8가지 표본특성에 근거하여 구체적인 수치를 우선 기입하고, 이에 근거하여 명목척도로 측정한 자료임을 밝혀둔다.

3.2. 연구방법

본 연구는 재일제주인 기업가의 경영활동 특성과 관련된 유용한 정보를 수집하기 위하여, 자료에 수록된 모든 경영활동과 관련한 수치를 M/S Excel 프로그램에 Coding하는 작업을 실시하였다. 다시 말하면 재일제주인 기업가의 목록자료를 88명 기업가들이 가지고 있는 개인적 요인을 포함한 출생년도, 출신지역, 학력, 업종, 설립시기, 자본금, 매출액, 종업원 수 등 기업가의 경영활동과 관련하여 어떠한 특성을 갖는지를 분석하였다. 본 연구에 사용된 통계 프로그램은 SPSS 10.0version으로, 통계기법은 빈도분석(frequencies analysis)과 교차분석(cross tabulation)을 사용하였다.

3.3. 분석을 위한 항목 구분

본 연구에서는 조사 자료의 분석을 보다 효율적으로 처리하기 위하여 1945년 이전부터 1989년까지 활동한 주요 기업가를 대상으로 8가지 항목을 다음과 같이 분류하였다. ① 출생시기는 1938년 이전과 1938년 이후와 같이 2가지의 시기로 구분하였다. 기업가의 출생 시기를 구분한 것은 1938년 이후 일본 정부의 전쟁 수행을 위한 강제 조치로 제주도 출신자들이 이주하여 재일제주인 사회를 형성해 가는 시기로 인식하였기 때문이다. ② 출신지역은 제주시, 서귀포시, 북제주군, 남제주군과 같은 4개 항목을 갖는 명목척도로 변환하였다. 지역을 4개의 카테고리로 묶은 이유는 당시 기업가의 출신지역을 감안하여 1946년 도제(道制)실시 이후 4개 지역으로 분류되었기 때문이다. ③ 학력은 본래 중졸, 고졸, 대졸, 불명과 같이 4개 항목으로 구분하였다. ④ 업종은 건설, 제조, 상사·도매업, 소매·판매, 금융·증권·보험, 부동산, 운수, 정보서비스, 기타(다 업종)와 같이 10가지로 구분되었으나 분석의 효율성을 높이기 위해 제조업과 비제조업으로 나누었다. ⑤ 설립시기는 1959년 이전, 1960~1969년, 1970년 이후와 같이 3개로 구분하였다. ⑥ 설립자본금은 500만 엔 미만, 500만 엔~1,999만 엔, 2,000만 엔 이상과 같이 3개로 구분하였다. ⑦ 연간매출액은 2.25억 엔 이하, 2.26~5억 엔, 6~15억 엔, 16억 엔 이상과 같이 4개로 구분하였다. ⑧ 종업원 수는 50명 이하와 51명 이상과 같이 2개로 구분하였다.

4. 연구결과

4.1. 표본특성

〈표 7-1〉에서 재일제주인 기업가의 표본특성을 살펴보면, 출생년도는 1938년 이전이 49명(55.7%), 1939년 이후가 39명(44.3%)이며, 출신지역은 북제주군이 38명(43.2%)으로 가장 많고, 제주시 23명(26.1%), 남제주군 14명(15.9%), 서귀포시 13명(14.8%) 순으로 나타났다. 학력은 고졸 33명(37.5%), 대졸 25명(28.4%)이며, 불명인 경우도 29명(33.0%)으로 나타났다. 업종은 제조업이 48명(54.5%)으로 가장 많고, 다음으로 상사·도매 9명(10.2%), 부동산 8명(9.1%), 정보서비스 8명(9.1%) 순으로 나타났다. 설립시기는 1970년 이후가 36명(40.9%)으로 가장 많고, 다음으로 1960~1969년 29명(33.0%), 1959년 이전 23명(26.1%)으로 나타났다. 설립자본금은 500만 엔 미만 32명(36.4%), 2,000만 엔 이상 29명(32.9%), 500~1,999만 엔 27명(30.7%) 순으로 나타났다. 매출액은 2.26~5억 엔 25명(28.4%), 2.25억 이하와 6~15억 엔이 각각 22명(25.0%), 16억 엔 이상 19명(21.6%)으로 나타났고, 종업원 수는 50명 이하 73명(83.0%), 51명 이상 15명(17.0%)으로 나타났다.

〈표 7-1〉 표본 특성

(단위 : 명, %)

구분	항목	인원	빈도	구분	항목	인원	빈도
출생 시기	1938년 이전	49	55.7	업종	부동산	8	9.1
	1939년 이후	39	44.3		운수	2	2.3
출신 지역	제주시	23	26.1		정보서비스	8	9.1
	서귀포시	13	14.8		기타(다 업종)	6	6.8
	북제주군	38	43.2	설립	1959년 이전	23	26.1

	님제주군	14	15.9	시기	1960~1969년	29	33.0
	중졸	1	1.1		1970년 이후	36	40.9
학력	고졸	33	37.5	설립자본금	500만 엔 미만	32	36.4
	대졸	25	28.4		500~1,999만 엔	27	30.7
	불명	29	33.0		2,000만 엔 이상	29	32.9
	농림·수산·광업	0	0.0		2.25억 엔 이하	22	25.0
	건설	2	2.3	연간매출액	2.26~5억 엔	25	28.4
업종	제조	48	54.5		6~15억 엔	22	25.0
	상사·도매	9	10.2		16억 엔 이상	19	21.6
	소매·판매	4	4.5	기업규모	50명 이하	73	83.0
	금융·증권·보험	1	1.2		51명 이상	15	17.0

4.2. 기업가의 경영활동 특성

1) 출생시기별에 따른 경영활동 특성

〈표 7-2〉에서 출생시기별에 따른 재일제주인 기업가의 경영활동 특성을 살펴보면 다음과 같다.

분석결과를 보면, 설립시기($F=4.850$, $p=.088$)에서는 유의수준 10% 이내에서 차이가 나타나는 것으로 분석되었다. 반면 설립자본금($F=2.143$, $p=.343$), 연간매출액($F=2.627$, $p=.453$), 기업규모($F=.137$, $p=.712$) 등은 출생시기별에 따라 유의하지 않는 것으로 나타났다.

결국 재일제주인 기업가는 재일제주인 1세에 해당되는 연령층이 아직도 많음을 알 수 있다. 특히 일본으로 이주한 1세대의 경우는 생계유지의 유일한 수단으로서 상업이나 소규모 경영활동을 수행할 수밖에 없었던 것이다.

〈표 7-2〉 출생시기별에 따른 경영활동 특성

(단위 : 명)

구분	출생시기별	인원	F	P-value
설립 시기	1938년 이전	49	4.850	.088*
	1939년 이후	39		
설립자본금	1938년 이전	49	2.143	.343
	1939년 이후	39		
연간매출액	1938년 이전	49	2.627	.453
	1939년 이후	39		
기업규모	1938년 이전	49	.137	.712
	1939년 이후	39		

주 : *p<0.1, **p<0.05, ***p<0.01

2) 출신지역별에 따른 경영활동 특성

〈표 7-3〉에서 출신지역별에 따른 재일제주인 기업가의 경영활동 특성을 살펴보면 다음과 같다.

분석결과를 보면, 설립시기(F=13.312, p=.038)에서는 유의수준 5% 이내에서 차이가 나타났으며, 설립자본금(F=10.745, p=.097)에서는 유의수준 10% 이내에서 차이가 나타나는 것으로 분석되었다. 반면 연간매출액(F=5.486, p=.790), 기업규모(F=3.979, p=.264) 등은 출신지역별에 따라 유의하지 않은 것으로 나타났다.

결국 재일제주인 기업가는 정치적, 경제적 등의 요인으로 인해 많은 북제주군 출신자들이 일본으로 이주하였으며, 특히 오사카 지역은 도민회(道民會)나 출신 마을을 중심으로 한 친목회 등과 같은 사회적 네트워크 속에서 경영활동을 영위했던 것으로 보인다.

〈표 7 3〉 출신지역별에 따른 경영활동 특성

(단위 : 명)

구분	출신지역별	인원	F	P-value
설립시기	제주시	23	13.312	.038**
	북제주군	38		
	서귀포시	9		
	남제주군	18		
설립자본금	제주시	23	10.745	.097*
	북제주군	38		
	서귀포시	9		
	남제주군	18		
연간매출액	제주시	23	5.486	.790
	북제주군	38		
	서귀포시	9		
	남제주군	18		
기업규모	제주시	23	3.979	.264
	북제주군	38		
	서귀포시	9		
	남제주군	18		

주 : *p〈0.1, **p〈0.05, ***p〈0.01

3) 업종별에 따른 경영활동 특성

〈표 7-4〉에서 업종별에 따른 재일제주인 기업가의 경영활동 특성을 살펴보면 다음과 같다.

분석결과를 보면, 설립시기(F=8.789, p=.012)와 기업규모(F=3.961, p=.047)에서는 유의수준 5% 이내에서 차이가 나타나는 것으로 분석되었다. 반면 설립자본금(F=3.051, p=.217), 연간매출액(F=3.540, p=.316) 등은 업종별에 따라 유의하지 않는 것으로 나타났다.

결국 재일제주인 기업가는 10명 이하의 종업원을 고용하여 작은 공

간에서 신발, 가방, 플라스틱, 봉제 등 제조업 분야에서 가장 많은
경영활동을 수행한 것으로 보인다. 특히 이주 초기에 제주도 출신자
들이 소규모 영세업종에 집중될 수밖에 없었던 이유는 자본이나 생산
수단이 부족한 원인도 있었지만, 무엇보다도 섬 지역 출신이라는 차
별적인 요소가 강하게 존재했다고 여겨진다.

〈표 7-4〉 업종별에 따른 경영활동 특성

(단위 : 명)

구분	업종별	인원	F	P-value
설립시기	제조업	50	8.789	.012**
	비제조업	38		
설립자본금	제조업	50	3.051	.217
	비제조업	38		
연간매출액	제조업	50	3.540	.316
	비제조업	38		
기업규모	제조업	50	3.961	.047**
	비제조업	38		

주 : *p〈0.1, **p〈0.05, ***p〈0.01

4) 설립시기별에 따른 경영활동 특성

〈표 7-5〉에서 설립시기별에 따른 재일제주인 기업가의 경영활동 특
성을 살펴보면 다음과 같다.

분석결과를 보면, 설립자본금(F=14.575, p=.006)과 기업규모(F=11.512,
p=.003)에서는 유의수준 1% 이내에서 차이가 나타났으며, 연간매출액
(F=11.217, p=.082)에서도 유의수준 10% 이내에서 차이가 나타나는 것으
로 분석되었다. 이것은 재일제주인 기업가가 경영활동을 영위하는 데
있어서 다른 경영활동 요인보다 설립자본금, 연간 매출액, 기업규모를

중요하게 인식해야 하는 것으로 판단된다.

결국 재일제주인은 해방 이전에 식민지지배를 당한 경험과 각종 차별에 따라 생계문제를 스스로 해결해야만 했다. 또한 제주도 출신자들은 1960년대 일본의 고도 경제성장과 맞물려 재일제주인 기업가도 1970년 이후에 증가세를 보이고 있으며, 특히 재일제주인 1세 기업가들의 기반을 발판으로 삼아 1970년대 이후 재일제주인 2세가 가업계승이나 창업에 뛰어들면서 활동하고 있음을 보여주고 있다.

〈표 7-5〉 설립시기별에 따른 경영활동 특성

(단위 : 명)

구분	설립시기별	인원	F	P-value
설립자본금	1959년 이전	23	14.575	.006***
	1960~1969년	29		
	1970년 이후	36		
연간매출액	1959년 이전	23	11.217	.082*
	1960~1969년	29		
	1970년 이후	36		
기업규모	1959년 이전	23	11.512	.003***
	1960~1969년	29		
	1970년 이후	36		

주 : $*p < 0.1$, $**p < 0.05$, $***p < 0.01$

5. 맺음말

본 연구에서는 일본 사회 속에서 재일제주인 기업가의 경영활동 특성이 무엇인지를 살펴보았는데 분석결과를 종합하면 다음과 같다.

첫째, 재일제주인 기업가는 1938년 이후보다 1938년 이전에 많이 출생하였으며, 재일제주인 1세에 해당하는 연령층이 많은 것으로 나타났다. 이것은 세대교체가 급격히 진전되면서 사업계승의 문제, 산업구조 변화의 부적응, 급변하는 국제경제 흐름에 부응하지 못하고 상당한 어려움에 직면하고 있음을 의미하고 있다. 둘째, 재일제주인 기업가는 1970년 이후에 500만 엔 미만의 자본금을 갖고 기업을 설립한 경우가 많았으며, 이들 대부분이 일본 사회 속에서 오사카 지역을 중심으로 경영활동을 수행하는 것으로 나타났다. 결국 이것은 일본 이주 초기에 자영업 형태로 사업규모가 작은 것으로 나타났지만 창업 년수가 오래 될수록 종업원 수가 점점 증가하면서 기업규모도 확대된 것으로 판단할 수 있다. 셋째, 재일제주인 기업가는 조그마한 공간에서 신발, 가방, 플라스틱, 봉제 등 제조업 분야에서 가장 많은 경영활동을 수행한 것으로 나타났다. 이것은 유일한 생계수단으로 시작한 자영업이나 소규모 영세기업이 가족경영의 상태에서 벗어나지 못한 것으로 보인다. 넷째, 재일제주인 기업가는 2.26~5억 엔 정도의 매출액을 올리고 있으며, 50명 이하의 종업원을 고용하는 것으로 나타났다. 이러한 현상은 재일제주인 기업가의 대부분이 영세기업 또는 가족경영으로 운영하는 경우로서 종업원 5인 이하의 소규모 영세업자가 많기 때문에 나타났다고 볼 수 있다.

재일제주인 기업가 유형별 경영특성

1. 머리말

  2010년은 1910년 8월 일제에 나라를 빼앗긴 경술국치(庚戌國恥) 100년이 되는 해였다. 일본 제국주의의 침략은 한반도를 36년간 강제적으로 지배하면서 해방 전후(前後)를 계기로 많은 제주도 출신들이 일본으로 이주하여 어려운 삶을 살아오게 했다. 결국 일본의 식민시 지배는 제주도를 비롯한 제주도민들에 많은 영향을 끼쳤으며, 제주 현대사에서 빼놓을 수 없는 부분으로 남아 있다.

  2009년 기준으로 재일제주인은 재일한인 589,239명 중 93,162명으로 약 15.8% 정도를 차지하고 있다. 이것은 재일한인 전체 중에서 경상남북도 다음으로 많은 비중을 차지하고 있다는 것이다(入管協會, 2009). 이들은 일제강점기에 징용·징병 등 강제적으로 이주(involuntary emigration)되고 1945년 광복 이후 제주 4·3사건과 한국전쟁을 피해, 그리고 이주노동자와 출가해녀(出稼海女) 등 가난을 벗어나기 위해 일본으로 건너갔던 것이다. 이들 중 남자들은 조선, 탄광, 토목공사 등에 단순노동으로 투입되었고, 여자들은 주로 고무와 방적공장에서 일하면서 인간적 대우를 받지 못하는 중노동에 시달려만 했다. 결국 이들은 부동산 중개업, 야쿠자(役者), 파친코, 야키니쿠(燒肉), 화학제품 관련 등 일본인들이 기피하는 직종에 주로 종사하였던 것이다.

따라서 본 연구에서는 재일제주인 기업가를 수록한 共同新聞社(1989), 『在日韓國人實業名鑑』 자료 등을 통하여 재일제주인 기업가 유형별에 따른 경영특성이 무엇인지를 살펴보고자 한다.[1] 이러한 연구가 필요한 것은 재일제주인 기업가를 유형별로 분류한다는 것 자체가 사실상 불가능하지만 자료상에 본인 스스로가 나름대로의 비즈니스를 시작하게 된 동기를 밝힌 내용에서 기업가의 창업동기 및 과정 등을 파악할 수 있기 때문이다. 이러한 문제의식에서 본장에서는 우선, 재일한인 기업가와 관련된 기존연구를 검토한 후, 다음으로 연구대상 및 방법을 알아보며, 마지막으로 재일제주인 기업가 유형별에 따른 경영특성을 파악하고자 한다.

2. 기존연구의 검토

본 연구의 목적은 재일제주인 기업가 유형별에 따라 어떠한 경영특성을 갖고 있는지를 살펴보는데 있다. 지금까지 재일한인의 경영특성 관련 연구는 소수에 불과한 상태이므로 국내외에서의 기존연구를 살펴보면 다음과 같다.

吳圭祥(1992: 3~7)은 해방 이후 일본에서 재일조선인 상공인들이 어떻게 생활해 왔는가를 알아보기 위해 재일조선인의 역사, 상공업활동이나 경영활동의 흐름에 대해 종합적으로 정리하여 재일조선인의 제문제를 비롯한 상공업활동 연구에 큰 공헌을 했다. 河 明生(1996: 59~78; 1998: 50~74)은 재일한인 1세 조선인의 사례분석을 통해 마이너 리티의 기업가활동을 고찰하였으며, 이어서 재일한인 1세와 재일한인 2·3세와의 비교분석을 통해 마이너리티의 기업가정신을 분석한 바 있다.[2] 특히 河 明生(2003)은 재일코리안의 기업가활동을 유교적 가치관인 '금의환향'(錦衣還鄕)의 기업가정신(Entrepreneurship)이라고 했다. 이들 기업가의 금의환향 지향은 한민족적 소양이 높은 재일한인 1세 기업가들의 지향성을 한마디로 표현한 것이다.

또한 林永彦(2004)은 일본에서 활동하고 있는 한국인 뉴커머 기업가 조사를 통해 그들의 창업활동이 어떠한 자본에 의해 행해지고 있는지를 사회학적 측면에서 고찰하였다.[3] 임영언 외(2006: 33~35)는 일본 현지조사를 통하여 수집된 문헌조사와 면접조사 자료를 바탕으로 민족자산인 재일코리안 기업의 경영활동 실태를 파악하였다. 金泰永(2005: 1~26)은 불합리한 환경을 극복하고 일본 사회에서 정착한 재일한국인 기업가의 성장 이유를 밝혔다. 더욱이 재일한국인 집단의 사회적 네트워크와 기업가정신과의 관계를 규명하였다. 결과적으로 그는 재일한국인 기업가의 사회적 네트워그 및 기업가정신은 모두 탈(脫)에스닉(ethnic)화가 진전되고 있어 탈에스닉 비즈니스 활동이 전략적으로 필요하다고 했다. 임채완 외(2007: 33~36)는 재일한인 기업가 및 기업의 특징을 기술하면서 재일한인 기업의 네트워크 실태에 대해 분석하였고, 특히 사회적 자본이라는 측면에서 재일한인들이 조직화하여 형성하고 있는 단체 및 기업을 중심으로 파악하여 사례연구를 중점적으로 다루고 있다.

이 외에도 고광명(2009: 293~313)은 일본 사회에서 재일제주인 기업가가 어떠한 경영활동 특성을 갖고 있는지를 고찰하였다. 이들은 이주 초기에 가방, 고무공장 등 영세제조업에서 출발했지만 지금은 파친코, 야키니쿠, 건설업, 부동산업 등 일본 회사와 경쟁할 정도로 성장을 추구하고 있다. 최근 연구에서 보면 韓載香(2010)은 재일한국·조선인이 소유·경영하는 기업이나 성공한 여러 산업(제조업, 토목업, 유기업 등)에서 기업의 자원조달과 그 기반에 주목하면서 전후 약 50년간에 거쳐 이루어낸 역사적 특징이나 그것이 형성된 요인을 밝히고 있다. 그는 재일한국·조선인의 기업·산업을 대상으로 다이나미즘(dynamism)과 커뮤니티를 다한 경제적 기능을 설명하면서 경제사적 측면에서 접근하였다. 李洙任編(2012)은 이주노동자, 기업가의 과거·현재·미래적 관점에서 창업율이 높으며 업종 변경의 빈도가 높아 업종도 다양화되고 있는 재일코리안의 경제활동을 설명하고 있다. 그는 일본 사회에서 재일코리안이 직면한 차별과 배제에 대한 심리적 반발로서 차별적, 배제적 규범이 재일코리안의 기업가정신을 연마할 수 있는 요인으로 형성되어 치열한 경영환경 하에서 성공을 거둔 경제인이 많이 탄생했다는 것이다.

따라서 이상의 기존연구를 종합하면 재일한인 기업가의 경영특성 관련 연구는 어느 정도 진행되고 있으나, 사실 재일제주인 기업가 유형별 경영특성 연구는 국내외적으로 드문 실정이다. 그래서 본 연구에서는 다른 지역 출신과 대비되는 재일제주인 기업가 유형에 따른 경영특성을 고찰하여 기존연구의 공백을 보완하는 데 그 의미를 두고자 한다.

3. 연구대상 및 방법

3.1. 연구대상

본 연구는 統一日報社(1975)『在日韓國人名錄』, 統一日報社(1976)『在日韓國人企業名鑑』, 金府煥編(1977)『在日韓國人社會小史(大阪編)』, 鶴岡正夫(1981)『在日韓国人の百年—私の生活信条』, 共同新聞社(1989)『在日韓國人實業名鑑(關西版)』, 在日韓國商工會議所(1997)『在日韓國人會社名鑑』, 永野慎一郎編(2010)『韓国の経済発展と在日韓国企業人の役割』, 각종 신문자료 등을 참고하여 분석하였다. 특히 본 연구는 共同新聞社(1989)가 재일한인 기업가를 수록한『在日韓國人實業名鑑(關西版)』자료를 기본적인 원 자료(raw data)로 하고 있다. 이 자료에 수록된 기업가는 약 2,500명(大阪府 약 1,500명, 京都府 약 400명, 兵庫縣 약 600명)에 이르고 있다.

따라서 본 연구에서는 재일한인 기업가 중 일본 사회에서 경영활동을 수행한 제주도 출신 기업가 562명(大阪府 523명, 京都府 8명, 兵庫縣 31명)을 우선 추출한 후, 기업가 유형과 관련된 내용에서 경영활동 자료가 양호한 81명(大阪府 80명, 兵庫縣 1명)을 대상으로 분석하였다.

3.2. 연구방법

본 자료는 원래 기업가(81명) 조사를 통해 얻은 내용을 Data Sheet로 전기하여 각 내용에 대한 자료를 수록하였기 때문에, 재일제주인 기업가 유형에 따른 경영특성과 관련하여 구체적인 수치와 같은 기본정보 이외에 보다 분석적인 정보를 제공하지 못하고 있다. 그래서 본 연구는 재일제주인 기업가의 목록자료를 Excel 프로그램에 입력하여 기업가들 (81명)이 가지고 있는 설립시기, 자본금, 업종, 매출액, 종업원 수 등 기업가의 경영활동과 관련하여 어떠한 특성을 갖고 있는지에 대해 분석하였다. 본 연구의 분석에 사용된 통계 프로그램은 SPSS 10.0version으로, 통계기법은 빈도분석(frequencies analysis)과 교차분석(cross tabulation)을 사용하였다.

3.3. 분석을 위한 유형 구분

본 연구에서는 조사 자료의 분석을 보다 효율적으로 처리하기 위하여 1945년 이전부터 1989년까지 활동한 주요 재일제주인 기업가에 대해 4가지 유형으로 구분하고 5가지 경영특성 항목을 다음과 같이 분류하였다.

우선, 기업가 유형은 분석대상 기업가에 따라 Ⅰ유형(생계형), Ⅱ유형(전업형), Ⅲ유형(전향형), Ⅳ유형(계승형) 등과 같이 4가지 유형으로 제시되어 명목척도로 변환하였다. 이처럼 기업가 유형을 4가지로 구분한 이유는 일반적으로 재일제주인 기업가와 관련하여 프로필에서 많이 표현되거나 언급된 내용을 중심으로 유형화하여 구분하였다.[4] Ⅰ유형은 생계유지를 위해 지금까지의 직업경험을 살려서 개인경영 형태로 창업한 경우이다. Ⅱ유형은 기존기업이나 가족기업 혹은 주변의 친척들과 함께 법인회사 형태로 창업한 경우이다. Ⅲ유형은 기존의 직업이나 직장경험, 경영 노하우, 전문적인 기술, 실무경험 등을 살려서 창업한 경우이다. Ⅳ유형은 1세들의 부모나 친척으로부터 기업의 경영권을 계승한 경우이다.

다음으로 경영특성 항목과 관련하여5) ① 설립시기는 1959년 이전, 1960~1969년, 1970~1979년, 1980년 이후와 같이 4개로 구분하였다. ② 설립자본금은 1,000만 엔 미만, 1,000~1,999만 엔, 2,000만 엔 이상과 같이 3개로 구분하였다. ③ 업종은 건설, 제조, 상사·도매업, 소매·판매, 금융·증권·보험, 부동산, 운수, 정보서비스, 기타(다 업종)와 같이 10가지로 구분하였으나 분석의 효율성을 높이기 위하여 제조업과 비제조업으로 나누었다. ④ 연간매출액은 1억 엔 미만, 1~5억 엔, 6~10억 엔, 11억 엔 이상과 같이 4개로 구분하였다. ⑤ 종업원 수는 10명 미만, 10~49명, 50명 이상과 같이 3개로 구분하였다.

4. 연구결과

4.1. 표본특성

〈표 8-1〉에서 재일제주인 기업가의 표본특성을 살펴보면, 설립시기는 1960~1969년이 26명(32.1%)으로 가장 많고, 다음으로 1959년 이전 23명(28.4%), 1970~1979년 18명(22.2%), 1980년 이후 14명(17.3%)으로 나타났다. 설립자본금은 1,000만 엔 미만 33명(40.8%), 2,000만 엔 이상 27명(33.3%), 1,000~1,999만 엔 21명(25.9%) 순으로 나타났다. 업종은 제조업이 49명(60.5%)으로 가장 많고, 비제조업이 32명(39.5%)으로 나타났다. 연간매출액은 1~5억 엔이 32명(39.5%)으로 가장 많고, 다음으로 11억 엔 이상 28명(34.6%), 6~10억 엔 11명(13.6%), 1억 엔 미만 10명(12.3%)으로 나타났다. 종업원 수는 10~49명 46명(56.8%),

10명 미만 20명(24.7%), 50명 이상 15명(18.5%) 순으로 나타났다.

〈표 8-1〉 표본 특성

(단위 : 명, %)

구분	항목	인원	빈도	구분	항목	인원	빈도
설립 시기	1959년 이전	23	28.4	업종	제조업	49	60.5
	1960~1969년	26	32.1		비제조업	32	39.5
	1970~1979년	18	22.2	설립 자본금	1,000만 엔 미만	33	40.8
	1980년 이후	14	17.3		1,000~1,999만 엔	21	25.9
연간 매출액	1억 엔 미만	10	12.3		2,000만 엔 이상	27	33.3
	1~5억 엔	32	39.5	기업 규모	10명 미만	20	24.7
	6~10억 엔	11	13.6		10~49명	46	56.8
	11억 엔 이상	28	34.6		50명 이상	15	18.5

4.2. 기업가 유형에 따른 경영특성

1) 설립시기별 특성

〈표 8-2〉는 재일제주인 기업가 유형에 따른 설립시기별 특성의 결과를 보여주고 있다.

Ⅰ유형은 1959년 이전과 1980년 이후에 설립된 경우(각각 2.5%)가 다른 시기에 설립된 경우보다 다소 높게 나타났고, Ⅱ유형은 1960~1969년에 설립된 경우(16.0%)가 다른 시기에 설립된 경우보다 높게 나타났다. Ⅲ유형은 1970~1979년에 설립된 경우(9.9%)가 다른 시기에 설립된 경우보다 약간 높은 비율을 보이고 있고, Ⅳ유형은 1959년 이전에 설립된 경우(14.8%)가 다른 시기에 설립된 경우보다 높게 나타났다. 결국 재일제주인 기업가들은 1960년을 전후로 경영환경의 변화가 현저하게 나타나면서 생계유지를 목적으로 설립된 경우가 많았던 것으로 보인다.

〈표 8-2〉 기업가 유형에 따른 설립시기별 특성

(단위 : 명, %)

설립시기 유형	1959년 이전	1960~ 1969년	1970~ 1979년	1980년 이후	전체
Ⅰ유형	2(2.5)	1(1.2)	1(1.2)	2(2.5)	6(7.4)
Ⅱ유형	6(7.4)	13(16.0)	8(9.9)	3(3.7)	30(37.0)
Ⅲ유형	3(3.7)	3(3.7)	8(9.9)	6(7.4)	20(24.7)
Ⅳ유형	12(14.8)	9(11.1)	1(1.2)	3(3.7)	25(30.9)
전체	23(28.4)	26(32.1)	18(22.2)	14(17.3)	81(100.0)

주 : 카이제곱=20.029, p=0.018

2) 설립자본금별 특성

〈표 8-3〉은 재일제주인 기업가 유형에 따른 설립자본금별 특성의 결과를 보여주고 있다.

Ⅰ유형은 1,000만 엔 미만의 경우(4.9%)가 1,000만 엔 이상의 경우보다 높게 나타났고, Ⅱ유형은 1,000만 엔 미만의 경우(16.0%)가 1,000~1,999만 엔과 2,000만 엔 이상의 경우보다 다소 높게 나타났다. Ⅲ유형은 설립자본금 규모에 별다른 차이를 보이고 않았고, Ⅳ유형은 2,000만 엔 이상의 경우(13.6%)가 1,000만 엔 이상의 경우보다 높게 나타났다. 결국, 재일제주인 기업가들은 1,000만 엔 미만의 소규모 자본으로 경영하다가 사업규모를 확대하면서 설립자본금이 점차 증가한 것으로 보인다.

<표 8-3> 기업가 유형에 따른 설립자본금별 특성

(단위 : 명, %)

설립자본금 유형	1,000만 엔 미만	1,000~1,999만 엔	2,000만 엔 이상	전체
Ⅰ유형	4(4.9)	1(1.2)	1(1.2)	6(7.4)
Ⅱ유형	13(16.0)	9(11.1)	8(9.9)	30(37.0)
Ⅲ유형	7(8.6)	6(7.4)	7(8.6)	20(24.7)
Ⅳ유형	9(11.1)	5(6.2)	11(13.6)	25(30.9)
전체	33(40.7)	21(25.9)	27(33.4)	81(100.0)

주 : 카이제곱=3.966, p=0.681

3) 업종별 특성

〈표 8-4〉는 재일제주인 기업가 유형에 따른 업종별 특성의 결과를 보여주고 있다.

Ⅰ유형은 제조업의 경우(6.2%)가 비제조업의 경우보다 높게 나타낸 반면, Ⅱ유형은 비제조업의 경우(19.8%)가 제조업의 경우보다 다소 높은 비율을 나타냈다. Ⅲ유형은 제조업과 비제조업의 경우(각각 12.3%)가 동일한 비율을 보이고 있는 반면, Ⅳ유형은 제조업의 경우(24.7%)가 비제조업의 경우보다 상대적으로 높은 비율을 보이고 있다. 결국 재일제주인 기업가들은 제조업을 중심으로 경영하다가 가업계승으로 인해 비제조업 분야로 경영다각화를 시도했다고 볼 수 있다.

<표 8-4> 기업가 유형에 따른 업종별 특성

(단위 : 명, %)

유형 \ 업종	제조업	비제조업	전체
Ⅰ유형	5(6.2)	1(1.2)	6(7.4)
Ⅱ유형	14(17.3)	16(19.8)	30(37.0)
Ⅲ유형	10(12.3)	10(12.3)	20(24.7)
Ⅳ유형	20(24.7)	5(6.2)	25(30.9)
전체	49(60.5)	32(39.5)	81(100.0)

주 : 카이제곱=10.311, p=0.112

4) 매출액별 특성

〈표 8-5〉는 재일제주인 기업가 유형에 따른 매출액별 특성의 결과를 보여주고 있다.

Ⅰ유형은 1억 엔 미만과 1~5억 엔의 경우(각각 3.7%)가 동등한 비율을 나타내고 있고, Ⅱ유형은 1~5억 엔의 경우(17.3%)가 6~10억 엔과 11억 엔 이상의 경우보다 높은 비율을 나타내고 있다. Ⅲ유형은 1~5억 엔과 11억 엔 이상의 경우(9.9%, 11.1%)가 1억 엔 미만의 경우보다 다소 높게 나타났고, Ⅳ유형은 11억 엔 이상의 경우(13.6%)가 1~5억 엔의 경우보다 높게 나타났다. 결국, 재일제주인 기업가들은 사업초기에 소규모 자본으로 사업을 시작했지만 기업규모가 점점 확대되면서 연간매출액이 증가한 것으로 보인다.

〈표 8-5〉 기업가 유형에 따른 매출액별 특성

(단위 : 명, %)

매출액 유형	1억 엔 미만	1~5억 엔	6~10억 엔	11억 엔 이상	전체
Ⅰ유형	3(3.7)	3(3.7)	0	0	6(7.4)
Ⅱ유형	1(1.2)	14(17.3)	7(8.6)	8(9.9)	30(37.0)
Ⅲ유형	3(3.7)	8(9.9)	0	9(11.1)	20(24.7)
Ⅳ유형	3(3.7)	7(8.6)	4(4.9)	11(13.6)	25(30.9)
전체	10(12.3)	32(39.5)	11(13.6)	28(34.6)	81(100.0)

주 : 카이제곱=20.006, p=0.018

5) 기업규모별 특성

〈표 8-6〉는 재일제주인 기업가 유형에 따른 기업규모별 특성의 결과를 보여주고 있다.

Ⅰ유형은 종업원 수 10명 미만의 경우(4.9%)가 10~49명의 경우보다

높게 나타났고, Ⅱ유형은 종업원 수 10~49명의 경우(24.7%)가 10명 미만과 50명 이상의 경우보다 높게 나타났다. Ⅲ유형은 10~49명의 경우(12.3%)가 10명 미만과 50명 이상의 경우보다 높게 나타났고, Ⅳ 유형은 10~49명의 경우(17.3%)가 10명 미만과 50명 이상의 경우보다 높게 나타났다. 결국 재일제주인 기업가들은 조그마한 공간에서 개인 경영 형태로 운영하다가 종업원 수가 증가함에 따라 기업규모를 확대한 것으로 보인다.

〈표 8-6〉 기업가 유형에 따른 기업규모별 특성

(단위 : 명, %)

기업규모 유형	10명 미만	10~49명	50명 이상	전체
Ⅰ유형	4(4.9)	2(2.5)	0	6(7.4)
Ⅱ유형	7(8.6)	20(24.7)	3(3.7)	30(37.0)
Ⅲ유형	6(7.4)	10(12.3)	4(4.9)	20(24.7)
Ⅳ유형	3(3.7)	14(17.3)	8(9.9)	25(30.9)
전체	20(24.7)	46(56.8)	15(18.5)	81(100.0)

주 : 카이제곱=12.189, p=0.058

5. 맺음말

본 연구에서는 재일제주인 기업가 유형별에 따른 경영특성이 무엇인 지를 살펴보았는데, 분석결과를 종합하면 다음과 같이 요약할 수 있다.

첫째, 재일제주인 기업가의 표본 특성을 살펴보면, 설립시기는 1960 년대(32.1%), 설립자본금은 1,000만 엔 미만(40.8%), 업종은 제조업 (60.5%), 매출액은 1~5억 엔(39.5%), 종업원 수는 10~49명(56.8%)로 가장 높은 비율을 나타냈다.

둘째, 재일제주인 기업가의 설립시기를 살펴보면, Ⅰ·Ⅳ유형은 1959
년 이전에 설립된 경우가 높게 나타났으나 나머지 Ⅱ·Ⅲ유형은 각각
1960년대와 1970년대에 설립된 경우가 다른 시기보다 높게 나타났다.
이것은 일본의 고도 경제성장기 하에서 직종 차별에 따른 생계문제를
스스로 해결하기 위해 다수의 회사들을 설립하였으며, 1970년 이후
세대교체가 급격히 진전되면서 가업을 승계하는 경우가 나타나고 있
음을 의미한다.

셋째, 재일제주인 기업가의 설립자본금을 살펴보면, Ⅰ·Ⅱ유형은
1,000만 엔 미만 비중이 높게 나타났고, Ⅲ유형은 다른 자본금 규모
와 비교할 때 고른 분포를 보이고 있는 반면 Ⅳ유형은 2,000만 엔 이
상의 경우가 높게 나타났다. 이것은 일본으로 이주한 1세대의 경우
생계유지의 유일한 수단으로서 소규모 자본을 가지고 경영활동을 수
행했고, 1970년 이후 개인경영에서 법인회사로 경영형태가 변화되면
서 대규모 자본금을 갖고 기업을 설립한 경우가 많아지고 있음을 의
미한다.

넷째, 재일제주인 기업가의 업종을 살펴보면, Ⅰ·Ⅳ유형은 제조업
이 비제조업보다 높게 나타났고, Ⅲ유형은 동등한 비율을 보이고 있
는 반면 Ⅱ유형은 비제조업이 제조업보다 다소 높은 비율을 나타냈
다. 이것은 이주초기에 신발, 가방, 플라스틱, 봉제 등 제조업 분야에
서 가장 많은 경영활동을 수행했지만 최근에 들어 업종 전환이나 다
각적 경영을 시도하는 경우도 나타나고 있음을 보여주고 있다.

다섯째, 재일제주인 기업가의 매출액을 살펴보면, Ⅰ유형은 매출
액 1~5억 엔 이하가 많고, Ⅱ·Ⅲ유형은 1~5억 엔 이상의 경우가 많

은 반면 Ⅳ유형은 11억 엔 이상의 매출을 올리는 것으로 나타났다. 이것은 1960년 전후 기업규모가 작아 매출액이 저조하였지만 기업규모가 커지면서 매출액이 해마다 증가하는 것을 의미한다.

여섯째, 재일제주인 기업가의 기업규모를 살펴보면, Ⅰ유형은 종업원 수 10명 미만이 높게 나타났으나 Ⅱ·Ⅲ·Ⅳ유형은 종업원 수 10~49명의 경우가 그렇지 않은 경우보다 높은 것으로 나타났다. 이것은 종업원 수가 적은 소규모 형태의 개인경영이 많았지만 최근에 들어 기업규모가 확대되면서 법인회사 경영형태로 변화되는 양상을 보이고 있다.

이상으로 본 연구를 통해 재일제주인 기업가 유형은 설립자본금과 업종보다는 설립시기, 연간매출액, 기업규모에 따라 기업가 유형도 변화한다는 사실을 보여주었다.

한편 본 연구를 통해 기대되는 효과를 살펴보면 다음과 같다.

첫째, 이론적 측면에서 기업가 유형에 따라 재일제주인의 자본형성 과정과 기업가활동을 파악하여 재일한인 기업의 비즈니스 모델을 성립하는 데 기여할 수 있다. 둘째, 실무적 측면에서 지금까지 자료의 소개 정도에 머물렀던 재일한인 기업가들이 어떻게 경영활동을 수행하여 왔는지에 대해 구체적으로 알 수 있다는 점에서도 마이너리티 기업가 연구의 폭과 깊이를 더하는 데 기여할 수 있다. 셋째, 재일한인 기업가의 경영특성과 관련된 정부 기록과 민간의 연구물, 매스컴들의 보도기록들이 극히 부실함에도 불구하고 공식과 비공식 자료를 통해 연구한다는 점에서 그 의미가 크다. 넷째, 지금까지 마이너리티 기업가의 생애사적 연구가 경영사의 기업가사 연구로 인식하여 일방적으로 성행되어 왔다는 점에서 신선한 접근방법이라 생각된다. 다섯째, 처음으로

다루어지는 학제적 성격이 강한 주제로서 학문의 기초 자료를 수집하
고, 재일한인 연구에 획기적으로 기여하는 데 그 의미가 크다.

I 주 _____

1) 朴 一(2002)은 재일한인의 역사, 법적지위, 민족교육, 정체성 등에 관한 문헌이
   다양한 분야에서 대량 출판되었음에도 불구하고, 재일한인의 경제활동에 관한 연
   구가 극히 드물다고 지적하였다. 그 이유로 일본 관청의 공식통계에는 서구 유럽과
   같은 이민 기업이나 이민 노동자에 대한 통계가 거의 기재되어 있지 않음을 지적하
   였다. 또한 그는 지금까지 단일민족 사상을 고수해 온 일본 정부가 국내의 인구통계
   나 경제통계를 민족이나 민족자본이라는 관점에서 분류하지 않았기 때문에 이로
   인해 재일한인 기업가의 경영활동이나 경제활동 등을 공식통계로부터 분석할 수
   없었다고 한다(朴 一, 2002: 247~251).
2) 河 明生(1996, 1998)에 따르면 초기 재일코리안 기업가들은 저임금 노동력을 존재
   기반으로 한 노동집약적 경공업의 노동자로서 종사하면서 기술과 노하우, 자본을
   축적하고 소규모 자영업에서 기업가로 발전하여 간다는 가정 하에서 재일코리안
   1세 기업가들을 독립형과 전업형(기존산업전업형, 미지산업전업형, 모방전업형)
   등으로 분류했다. 또한 그는 새일코리안 2 · 3세의 기업가활동에 대해서 신독립형
   (전통산업독립형, 신산업독립형), 신전업형(신모방전업형, 신미지산업전업형), 개
   척형 등으로 유형화했다.
3) 林永彦(2008)은 일본에서 재일코리안 기업가의 창업유형에 대해 생계형, 권유형,
   계승형, 재능형 등 4가지 유형으로 분류하였다. 재일코리안 기업가의 창업농기에
   따른 유형화는 상호배타적 분류가 사실상 어려운 문제라고 인식되지만 복수의 창업
   동기를 갖는 기업가인 경우에 기업가 스스로가 창업할 때 어떠한 동기에 보다 많은
   비중을 두는지에 대해 선택하게 하는 것으로 비교적 객관적 분류라고 여겨진다는
   것이다. 따라서 그는 뉴커머를 포함한 재일코리안 기업가의 다양한 창업동기를
   분석하는 과거 지향적이 아닌 보다 보편적 유형화를 제시하고 이것에 기초하여
   객관적인 자료 수집을 통해 유형별 사례분석을 시도하였다(林永彦 · 李錫寅, 2006:
   382~402).
4) 본장에서 기업가 유형을 나누는 기준은 앞에서 제시한 河 明生(1996, 1998, 2003)과
   임영언(2006) 등의 논문을 참고로 해서 共同新聞社(1989)의 프로필에서 본인이
   직접적으로 동기나 과정 등을 언급한 내용을 토대로 구분하였다(共同新聞社, 1989).

5) 본장에서는 『在日韓國人實業名鑑(關西版)』에 기재된 성명, 통명, 직위, 회사명, 소재지, 성별, 생년월일, 본적, 프로필, 거래은행, 업종, 설립, 자본금, 매출액, 사업내용, 특색 및 최근 현황 등의 내용 중에서 재일제주인 기업가와 관련되어 자료가 양호한 5가지 경영특성을 기준으로 삼아 살펴보았다. 그리고 이와 관련된 기존연구를 살펴보면, 임영언 외(2006)는 경영형태, 소유형태, 기업의 존속연수, 업종 및 주력산업, 기업규모, 재일동포 채용 이유 등을 중심으로 경영특성을 파악하였다. 河 明生(1996, 1998, 2003)은 세대구분, 업종 등의 경영특성을 기준으로 삼아 문헌고찰을 통해 기업가 유형화의 타당성을 입증하고 있다. 반면 임영언 (2006)은 뉴커머를 포함한 재일코리안 기업가의 다양한 창업동기를 분석한 경영특성(창업동기, 세대구분, 업종 등)을 통해 유형화를 제시하고, 자료 수집을 통해 유형별 사례분석을 시도하였다.

제9장
재일제주인 기업가의 사회적 배경

1. 머리말

　제주도 출신들은 오사카를 근거지로 삼아 상공업활동을 두드러지게 하는 것으로 나타났다. 특히 소규모 자본을 축적한 이들은 고무, 유리, 유지, 피혁, 섬유, 잡화 등을 생산하는 제조업에 이르기까지 사업 영역을 점차 넓혀나갔다. 그 중에서도 고무는 생산실비가 간단하고 특별한 기술이 필요하지 않아 가장 먼저 가내수공업으로 발전할 수 있었다. 일부 재일제주인들은 고무관련 가내수공업을 통해 적지 않은 재력을 모았지만, 고무관련 공장은 1949년 후반부터 일본 정부의 규제가 강화되고 대형 제조업체가 등장함에 따라 점차 소멸되었다. 이후 재일제주인들은 음료, 유기업, 대중음식점 등 서비스 업종으로 사업을 확대하여 나갔으며 특히 유기업은 소자본으로 사업이 가능하고 자금 회전율이 높아 사업기반을 마련하지 못한 이들에게 적합한 업종이었다.

　한편 재일제주인 중에는 일본 사회에서 온갖 차별 속에 어렵게 생활해 나가고 있는 동향 출신자들이 상당수 존재한다. 하지만 이들 가운데 일부는 일본에 건너가 어려운 속에서도 무(無)에서 유(有)를 창조한 세계굴지의 기업을 창업시킨 기업가들도 존재한다. 이들은 이주 초기에 양곡판매점, 잡화상, 공장노동을 통해 익힌 기술을 바탕으로 플라스틱, 고무, 유리 관련 가내수공업, 신발공장, 봉제업에 종사하면서 정말 힘들게 자본을 형성해 왔다. 1970년대에 이르면서 1세 기업가들은 2선으로 물러나고 지금은 2·3세들이 전면에 나서기 시작하면서 자기 분야에서 독특하고 눈부시게 활동하고 있다. 최근에는 기계설비, 조선업, 관광업 등에서 일본 기업과 경쟁할 정도로 성장을 거듭하고 있다.

따라서 본 연구는 일본 사회에서 기업을 설립하거나 경영의 최고 위치에 있었던 제주도 출신들이 어떠한 사회적 배경 하에서 기업가활동을 영위했으며, 또는 출생년도, 출신지역, 학력, 경영형태, 경영이념 등을 포함하여 어떠한 개인적 배경 하에서 탄생하게 되었는지를 규명하는 데 있다. 최근 기업가정신(Entrepreneurship)에 대한 관심이 국제적으로 높아지는 시점에서 본장에서는 재일제주인의 자본형성에 기여한 기업가의 등장에 따른 사회적 배경이 어떻게 이루어졌는지를 고찰하여 기업가적 특성을 모색하는 데 있다.

2. 기존연구의 검토

본 연구의 목적은 재일제주인 기업가를 유형화하여 기업가 탄생의 사회적 배경을 살펴보는 데 있다. 최근까지 국내외에서 발표된 대부분의 연구결과를 보면, 기업가의 사회적 배경에 대한 규명보다는 기

업가정신에 관한 접근이 주를 이루어 왔다. 더욱이 국내에서 재일한
인 기업가에 대한 관심이 높아지고는 있으나, 기업가의 사회적 배경
에 대한 연구는 상대적으로 미흡한 실정이다. 이하에서는 기업가의
사회적 배경과 관련된 기존의 선행연구를 살펴보고자 한다.

　Cooper et al.(1987: 11~23)은 기업가 중에서 부모가 자영업에 종사하거
나 기업가인 경우가 50% 정도를 차지한다고 주장했다. 이러한 결과는
어린 시절에 부모가 보여주는 기업가적 기질이 자녀의 성장에 많은
영향을 미치기 때문에 가정환경에서 부모와의 관계가 기업가적 활동의
방향이나 수준을 결정하는 가장 중요한 요소라고 할 수 있다. Lerner
et al.(1997: 315~339)은 이스라엘 여성 기업가의 성과와 관련한 연구에서
사회학습이론(창업 기업가 부모), 인적자본(학력, 이전 직업, 이전 창업경험,
이전 직위, 사업기술 등), 동기·목적(성취동기, 자율성 동기, 경제적 동기), 네트
워크(조언자, 인적 네트워크 수), 인구 통계적 변인(연령, 자녀 수, 결혼 여부),
환경요인(재정원천, 산업특성) 등의 요인과 재무적·비재무적 성과와의
관계를 통해 동기와 사회학습, 인적 네트워크, 이전 창업경험, 직무경험,
기술, 환경 등의 요인이 성과와 유의한 관계가 있음을 밝혀냈다.

　한편 Collins et al.(1964)에 따르면 기업가가 되기를 원하는 사람은
특성상 남의 지배를 받기 싫어하며 상당히 개성들이 강하여 교육수준
과 반비례할 수 있다고 지적했다. Stuart et al.(1987: 215~230) 연구
에서는 신생기업의 성과에 미치는 요인으로 창업경험이 중요하며 기
업가의 교육수준이 오히려 성과와 역의 관계로 나타났다. 그러나
Cooper et al.(1987)은 중소기업의 창업자(890명)에 대한 연구 조사에
서 66% 이상이 고등학교 이상의 교육을 받은 것으로 나타났다. 이러
한 부분을 감안한다면 교육정도는 기업가의 특성과 상당히 밀접한 관

련을 갖는 것으로 판단된다.

石川健次郎(1974: 85~117)는 『大人名事典』의 직종란에 실업가라고 기술된 422명(조사 항목은 출신, 가족 내 지위, 출생지, 최초 이주지, 교육지역 등)을 대상으로 메이지(明治)시대 기업가활동에 대해 통계적 관찰을 시도하였다. 靑沼吉松(1965)는 최고경영층 420명(조사 항목은 거주지와 출생지, 고등교육기관의 배치, 지역별 경영자 배출비율, 학력 등)을 추출하여 1965년 전후에 주목된 일본적 경영의 봉건적 특성을 부정하지 않고 공업화와 관련하여 경제주체의 문제를 규명하였다. 滿成 博(1960)는 일본 산업계의 회장, 사장, 경제단체의 대표자 212명(조사 항목은 출신, 학력, 업종, 경력 등)을 조사하여 일본의 엘리트에 대한 실증적 연구를 시도하였다. 비즈니스 엘리트가 거대기업의 톱매니지먼트 지위에 이르는 과정을 객관적으로 관찰하여, 그것을 기초로 현대 비즈니스 엘리트가 연공서열제도, 교육제도, 기업 내 관료제와 어떠한 관련성이 있는지를 추적하였다. Hirshmeier(1964)는 일청(日淸)전쟁 이전에 혁신적인 활동을 행하고 적어도 현저한 성공을 거둔 50명(조사 항목은 출생년도, 출신계급, 실무훈련, 업적 등)을 추출하여 메이지시대 기업의 모든 측면을 검토하는 기초 작업을 시도하였다. 그리고 재벌창업자 이외에도 혁신성과 지도력을 지닌 실업가의 고찰을 통하여 메이지시대 기업가의 일반성에 대해 검증을 시도하였다. 淺野俊光(1980: 87~115)는 일본 공업화 시대에 적극적인 활동을 나타낸 인물 212명(조사 항목은 출생년도, 출신계급, 훈련, 도시, 기업유형 등)을 추출하여 일본 공업화의 기반을 농촌에서 찾아야 한다며, 각 계층에서 배출하는 '다원적 공업화(多元的 工業化)'의 입장에서 분석을 전개하고 있다. 그러면서도 그는 지금까지의 연구가 정부의 기업가적 노력 혹은 재벌의 활동을 일

본 자본주의의 발전의 지주(支柱)로서 중요하게 여겼기 때문에 도시
의 대재벌, 지도력을 갖고 있는 대실업가에 조사의 초점이 지나치게
편중됐음을 지적하였다. 麻生 誠(1970)는 출생연대별로 각각 127명과
120명의 비즈니스 엘리트(조사 항목은 출신, 학력, 경력 패턴, 엘리트의 학
력구성, 평균 연령 등)를 대상으로 사회체제의 폐쇄성과 개방성, 고정성
과 유동성을 염두에 둔 사회적 성격의 결정요인, 역할 규정에 대한
영향, 출신계급과 이익의 관계인 '체제엘리트(體制エリート)'의 사회적
출신계층을 고찰하였다.

이 외에노 본 주제와 관련하여 한국에서의 기존연구를 살펴보면 다
음과 같다. 金泳謨(1971: 107~125)는 日帝時 대지주의 사회적 배경이
대단히 높고 권력, 즉 경제외적 방법에 의한 토지자본의 형성이 강력
하였고, 그들의 사회변동은 오늘날 한국 사회의 권력 지배층을 형성하
고 있음을 알았다고 한다. 趙璣濬(1969: 751~752)은 한국의 근대 기업
가에 관한 사적연구를 시도하면서 한국 기업가의 생활과정과 그 행동
양식의 패턴을 연구하기 위하여 조선말기와 일제강점기의 한국인 기
업가에 대하여 언급하고 있다. 高承濟(1975)는 조선말기와 일제시기를
연구의 시대적 범위로 구분하여 당시 25개 사업부문의 대표적인 기업
과 기업가의 사례를 소개하고 있다. 당시 민족기업의 형성 및 발전과
정 외에 창업형 경영자들에 대한 인물사적 고찰에 상당한 초점을 두고
있다. 黃明水(1976)는 한국에서 시대별로 기업가정신이 어떻게 형성되
고 변천되어 왔는지를 구체적으로 논술하고 있다. 한국 기업가의 기업
동기, 행동양식을 형성하는 데 유교정신의 영향이 매우 크며, 유교사
상과 한국경제의 발전과는 밀접한 관계가 있음을 밝히고 있다. 한상복
(1997: 5~32)은 경북 영주시 풍기읍(豊基邑)의 직물산업 중소기업가들

의 사회적 배경과 경제행위에 관한 경험적 자료를 통하여 사례연구를
시도하였다. 직물기업가들의 사회적 배경은 초창기에 이북 출신이 압
도적으로 많았으나 최근에는 본고장 출신이 증가하고 있다. 직물기업
의 소유와 경영주체는 창업자들이 그들의 2세대보다 6배 이상인 것으
로 나타났다. 또한 직물기업가들의 사회계층과 생활양식은 기업의 규
모에 따라 뚜렷한 차이를 보여주고 있고, 경제행위도 자산 및 투자의
규모와 형태에 따라 각기 다르게 나타났다고 논술하였다.

　김영수(1996)는 중소기업을 대상으로 총 151개의 표본기업을 분석
하여 기업가의 배경적 특성과 기업가적 행동의 관계를 규명하였다.
이는 기업가의 객관적 요인보다는 기업가의 심리적 특성 등 주관적
요소에 중점을 두고 있다는 점에서 다른 연구와 비교하여 차이가 난
다고 볼 수 있다. 이덕훈(2003: 1~20)은 전후 일본경제의 성장과정에
서 기업가의 등장과 사회적 배경을 해명하였다. 전전의 산업계를 대
표하던 기성재벌의 붕괴 후에 등장한 새로운 기업경영자의 세 가지
유형, 즉 전문경영자와 창업자형, 준창업자형 기업가의 등장 요인에
대해 설명하고, 이들의 등장 과정에 대한 사회적 배경을 논하였다.
고광명(2006: 191~216)은 《기업가의 개인이력서》 자료를 이용하여
일본 기업가의 사회적 배경 특성이 무엇인지를 고찰하였다. 특히, 일
본에서는 기업가의 출신성분에 따라 기업가 유형이 다르게 나타났으
며, 기업가의 사회적 배경에 대해 새롭게 인식할 수 있는 계기를 갖게
되었다고 한다. 고광명(2008: 221~251)은『20世紀 濟州人名事典』등
에서 조사한 자료를 이용하여 제주도 기업가 유형에 따라 기업가적
특성이 다르게 나타난다는 사실을 밝혔다. 특히, 제주도 기업가는 일
제강점기 토착자본을 바탕으로 도민자본을 형성하였고 신용과 근면,

절약을 상인정신으로 삼았으며, 경영성과인 부를 지역사회에 환원하는 기업가 윤리를 몸소 행동으로 보여주었다고 한다.

이상의 기존연구를 종합하면 기업가 연구와 관련하여 사회적 배경 등의 연구가 많이 진행되고 있으나, 사실상 재일한인 기업가의 사회적 배경에 대한 연구는 국내외적으로 드문 실정이다. 따라서 본 연구는 재일제주인 기업가 유형에 따른 사회적 배경을 살펴봄으로써 기업가사적 측면에서 기존연구와는 차별성을 가진다고 여겨진다.

3. 연구대상 및 방법

3.1. 연구대상

본 연구는 共同新聞社(1989)가 재일한인 기업가를 수록한 『在日韓國人實業名鑑(關西版)』 자료를 기본적인 원 자료(raw data)로 하고 있다. 이 자료에 수록된 기업가는 약 2,500명(大阪府 약 1,500명, 京都府 약 400명, 兵庫懸 약 600명)에 이르고 있다. 본 장에서는 재일한인 기업가 중 일본 사회에서 경영활동을 수행한 제주도 출신 기업가 562명(大阪府 523명, 京都府 8명, 兵庫懸 31명)을 우선 추출한 후, 기업가 유형에 따른 사회적 배경 관련 자료가 양호한 137명(大阪府 131명, 京都府 2명, 兵庫懸 4명)을 대상으로 분석하였다.

3.2. 연구방법

본 자료는 재일제주인 기업가 유형에 따른 사회적 배경 특성과 관련하여 구체적인 수치와 같은 기본정보 이외에 보다 분석적인 정보를 제공하지 못하고 있다. 그래서 본 연구는 재일제주인 기업가의 유형과 관련한 유용한 정보를 수집하기 위해 조사 자료에 수록된 모든 사회적 배경과 관련한 수치를 M/S Excel 프로그램에 Coding하는 작업을 실시하였다. 다시 말하면 재일제주인 기업가의 목록자료를 Excel 프로그램에 입력하여 이들 기업가(137명)들이 가지고 있는 개인적 요인을 포함한 출생시기, 출신지역, 학력, 경영형태, 경영이념 등 기업가의 사회적 배경과 관련하여 어떠한 특성을 갖는지를 분석하였다. 본 연구의 분석에 사용된 통계 프로그램은 SPSS 10.0version으로, 통계기법은 빈도분석(frequencies analysis)과 교차분석(cross tabulation)을 사용하였다.

3.3. 분석을 위한 유형 구분

본 연구에서는 1945년 이전부터 1989년까지 일본 사회에서 활동한 주요 재일제주인 기업가를 4가지 유형으로 구분하고 5가지 사회적 배경 항목을 다음과 같이 분류하였다.

우선 기업가 유형은 분석대상 기업가에 따라 Ⅰ유형(생계형), Ⅱ유형(전업형), Ⅲ유형(전향형), Ⅳ유형(계승형) 등과 같이 4가지 유형으로 제시되어 명목척도로 변환하였다. 이처럼 기업가 유형을 4가지로 구분한 이유는 일반적으로 재일제주인 기업가와 관련하여 프로필에서 많이 표현되거나 언급된 내용을 중심으로 유형화하여 구분하였다. Ⅰ유형은 생계유지를 위해 지금까지의 직업경험을 살려서 개인경영 형태로 창업한 경우이다. Ⅱ유형은 기존기업이나 가족기업 혹은 주변의 친척들과 함께 법인회사 형태로 창업한 경우이다. Ⅲ유형은 기존의 직업이나 직장경험, 경영 노하우, 전문적인 기술, 실무경험 등을 살려서 창업한 경우이다. Ⅳ유형은 재일제주인 1·2세들의 부모나 친척으로부터 사업의 경영권을 계승한 경우이다.

다음으로 사회적 배경 항목과 관련하여 ① 출생시기는 1938년 이전, 1939~1945년, 1945년 이후와 같이 3가지의 시기로 구분하였다. 이와 같이 기업가의 출생시기를 구분한 것은 1938년 이후 일본 정부의 전쟁 수행을 위한 강제 조치, 1945년 해방 이후 제주도 출신자들이 이주하여 재일제주인 사회를 형성해 가는 시기로 인식하였기 때문이다. ② 출신지역은 제주시, 북제주군, 서귀포시, 남제주군 등과 같이 4개로 구분하였다. 이처럼 지역을 4개의 카테고리로 묶은 이유는 당시 기업가의 출신지역을 감안하여 1946년 도제(道制)실시 이후 4개 지역으로 분류되었기 때문이다. ③ 학력은 중졸, 고졸, 전문대졸, 대졸 등과 같이 4가지로 구분하였다. ④ 경영형태는 개인경영, 법인회사와 같이 2개로 구분하였으나 공업소, 유한회사 등은 개인경영으로 범주화하였다. ⑤ 경영이념은 자계형, 규범형, 방침형, 개방형 등과 같이 4개로 구분하였다. 구분내용을 보면, 자계형 유형은 개인의 존중, 근면, 정직, 전문가로서의 자랑, 검약 등, 규범형 유형은 도전, 창조성, 종업원 존중, 종업원의 단결·화합 등, 방침형 유형은 고객지향, 기술의 우위성, 서비스 정신, 주주, 여성의 활용 등, 개방형 유형은 사회와의 공생, 지구환경에 대한 배려, 국제화, 국가에 대한 봉사, 인류 등이다(고광명, 2010: 9~10).

4. 연구결과

4.1. 표본특성

〈표 9-1〉에서 재일제주인 기업가의 표본특성을 살펴보면, 출생시기는 1938년 이전 67명(50.0%)으로 가장 많고, 다음으로 1938~1945년 40명(29.9%), 1945년 이후 27명(20.1%)으로 나타났다. 출신지역은 북제주군 46명(34.0%), 제주시 41명(30.4%), 남제주군 32명(23.7%), 서귀포시 16명(11.9%) 순으로 나타났다. 학력은 대졸 51명(47.2%), 고졸 35명(32.4%), 전문대졸 12명(11.1%), 중졸 10명(9.3%) 순으로 나타났다. 경영형태는 법인회사 78명(57.8%)으로 가장 많고, 개인경영 57명(42.2%)으로 나타났다. 경영이념은 자계형 73명(58.4%)으로 가장 많고, 다음으로 규범형 27명(21.6%), 방침형 16명(12.8%), 개방형 9명(7.2%) 순으로 나타났다.

〈표 9-1〉 표본 특성

(단위 : 명, %)

구분	항목	인원	빈도	구분	항목	인원	빈도
출생 시기	1938년 이전	67	50.0	학력	전문대졸	12	11.1
	1938~1945년	40	29.9		대졸	51	47.2
	1945년 이후	27	20.1	경영 형태	개인경영	57	42.2
출신 지역	제주시	41	30.4		법인회사	78	57.8
	북제주군	46	34.0	경영 이념	자계형	73	58.4
	서귀포시	16	11.9		규범형	27	21.6
	남제주군	32	23.7		방침형	16	12.8
학력	중졸	10	9.3		개방형	9	7.2
	고졸	35	32.4	전체		137	100.0

주 : 137사 중에서 결측치는 분석대상에서 제외하였음.

4.2. 기업가의 사회적 배경 특성

1) 출생시기별 특성

〈표 9-2〉는 기업가 유형에 따른 출생시기별 특성에 대해 분석한 결과를 보여주고 있다. 전체적으로 보면, 재일제주인 기업가는 1938년 이전 67명(50.0%), 1939~1945년 40명(29.9%), 1945년 이후 27명(20.1%)의 비율을 나타냈다.

기업가 유형에 따른 출생시기별 특성을 살펴보면, Ⅰ유형은 1938년 이전 14명(10.4%), Ⅱ유형은 1938년 이전 26명(19.4%), Ⅲ유형은 1938년 이전 22명(16.4%), Ⅳ유형은 1945년 이후 20명(14.9%)으로 나타나 다른 출생시기에 비해 가장 높은 비율을 보였다. 특히 Ⅰ·Ⅱ·Ⅲ유형은 경우는 1938년 이전 출생한 비율이 높게 나타났지만 Ⅳ유형은 1945년 이후 출생한 비율이 상대적으로 높은 것으로 나타났다.

〈표 9-2〉 기업가 유형에 따른 출생시기별 특성

(단위 : 명, %)

유형＼출생시기	1938년 이전	1938~1945년	1945년 이후	전체
Ⅰ유형	14(10.4)	10(7.5)	4(3.0)	28(20.9)
Ⅱ유형	26(19.4)	10(7.5)	0(0.0)	36(26.9)
Ⅲ유형	22(16.4)	11(8.2)	3(2.2)	36(26.9)
Ⅳ유형	5(3.7)	9(6.7)	20(14.9)	34(25.4)
전체	67(50.0)	40(29.9)	27(20.1)	134(100.0)

주 : 카이제곱=140.641, 유의확률=0.000

2) 출신지역별 특성

〈표 9-3〉은 기업가 유형에 따른 출신지역별 특성에 대해 분석한

결과를 보여주고 있다. 전체적으로 보면, 재일제주인 기업가는 북제
주군 46명(34.1%), 제주시 41명(30.4%), 남제주군 32명(23.7%), 서귀포
시 16명(11.9%)의 비율을 나타냈다.

기업가 유형에 따른 출신지역별 특성을 살펴보면, Ⅰ유형은 제주시
9명(6.7%), Ⅱ유형은 북제주군 15명(11.1%), Ⅲ유형은 북제주군 15명
(11.1%), Ⅳ유형은 남제주군 13명(9.6%)으로 나타나 다른 출신 지역에
비해 가장 높은 비율을 보였다. 특히 Ⅰ유형은 제주시 출신 비율이
약간 높게 나타났고, Ⅱ·Ⅲ유형은 북제주군 출신이 높은 비율을 보였
지만 Ⅳ유형은 남제주군 출신 비율이 다른 유형의 기업가에 비해 상대
적으로 높은 특성을 나타냈다.

〈표 9-3〉 기업가 유형에 따른 출신지역별 특성

(단위 : 명, %)

출신지역 유형	제주시	북제주군	서귀포시	남제주군	전체
Ⅰ유형	9(6.7)	6(4.4)	6(4.4)	7(5.2)	28(20.7)
Ⅱ유형	10(7.4)	15(11.1)	5(3.7)	6(4.4)	36(26.7)
Ⅲ유형	13(9.6)	15(11.1)	2(1.5)	6(4.4)	36(26.7)
Ⅳ유형	9(6.7)	10(7.4)	3(2.2)	13(9.6)	35(25.9)
전체	41(30.4)	46(34.1)	16(11.9)	32(23.7)	135(100.0)

주 : 카이제곱=148.777, 유의확률=0.000

3) 학력별 특성

〈표 9-4〉는 기업가 유형에 따른 학력별 특성에 대해 분석한 결과
를 보여주고 있다. 전체적으로 보면, 재일제주인 기업가는 대졸 51명
(47.2%), 고졸 35명(32.4%), 전문대졸 12명(11.1%), 중졸 10명(9.3%)의
비율을 나타냈다.

기업가 유형에 따른 학력별 특성을 살펴보면, Ⅰ유형은 고졸 8명
(7.4%), Ⅱ유형은 대졸 16명(14.8%), Ⅲ유형은 고졸 10명(9.3%), Ⅳ유형
은 대졸 21명(19.4%)으로 나타나 다른 학력에 비해 가장 높은 비율을
보였다. 특히 Ⅰ·Ⅲ유형은 고졸 출신이 다소 높은 비율을 보였지만
Ⅱ·Ⅳ유형은 대졸 출신 비율이 상대적으로 높게 나타났다.

<표 9-4> 기업가 유형에 따른 학력별 특성

(단위 : 명, %)

학력 유형	중졸	고졸	전문대졸	대졸	전체
Ⅰ유형	1(0.9)	8(7.4)	2(1.9)	5(4.6)	16(14.8)
Ⅱ유형	5(4.6)	10(9.3)	2(1.9)	16(14.8)	33(30.6)
Ⅲ유형	4(3.7)	10(9.3)	5(4.6)	9(8.3)	28(25.9)
Ⅳ유형	0(0.0)	7(6.5)	3(2.8)	21(19.4)	31(28.7)
전체	10(9.3)	35(32.4)	12(11.1)	51(47.2)	108(100.0)

주 : 카이제곱=35.903, 유의확률=0.003

4) 경영형태별 특성

<표 9-5>는 기업가 유형에 따른 경영형태별 특성에 대해 분석한
결과를 보여주고 있다. 전체적으로 보면, 재일제주인 기업가는 법인
회사 78명(57.8%), 개인경영 57명(42.2%)의 비율을 나타냈다.

기업가 유형에 따른 경영형태별 특성을 살펴보면, Ⅰ유형은 개인경
영 28명(20.7%), Ⅱ유형은 법인회사 36명(26.7%), Ⅲ유형은 법인회사
20명(14.8%), Ⅳ유형은 법인회사 22명(16.3%)으로 나타나 다른 경영형
태에 비해 가장 높은 비율을 보였다. 특히 Ⅰ유형은 개인경영이 높은
비율을 보였지만 Ⅱ·Ⅲ·Ⅳ유형은 법인회사가 경영하는 비율이 상대
적으로 높게 나타났다.

〈표 9-5〉 기업가 유형에 따른 경영형태별 특성

(단위 : 명, %)

유형＼경영형태	개인경영	법인회사	전체
Ⅰ유형	28(20.7)	0(0.0)	28(20.7)
Ⅱ유형	0(0.0)	36(26.7)	36(26.7)
Ⅲ유형	16(11.9)	20(14.8)	36(26.7)
Ⅳ유형	13(9.6)	22(16.3)	35(25.9)
전체	57(42.2)	78(57.8)	135(100.0)

주 : 카이제곱=203.030, 유의확률=0.000

5) 경영이념별 특성

〈표 9-6〉는 기업가 유형에 따른 경영이념별 특성에 대해 분석한 결과를 보여주고 있다. 전체적으로 보면, 재일제주인 기업가는 자계형 73명(58.4%), 규범형 27명(21.6%), 방침형 16명(12.8%), 개방형 9명 (7.2%)의 비율을 나타냈다.

기업가 유형에 따른 경영이념별 특성을 살펴보면, Ⅰ유형은 자계형 15명(12.0%), Ⅱ유형은 자계형 19명(15.2%), Ⅲ유형은 자계형 19명(15.2%), Ⅳ유형은 자계형 20명(16.0%)으로 나타나 다른 경영이념에 비해 가장 높은 비율을 보였다. 특히 모든 기업가 유형은 자계형 비율이 규범형, 방침형, 개방형에 비해 상대적으로 높은 특성을 나타냈다.

〈표 9-6〉 기업가 유형에 따른 경영이념별 특성

(단위 : 명, %)

유형＼경영이념	자계형	규범형	방침형	개방형	전체
Ⅰ유형	15(12.0)	7(5.6)	3(2.4)	2(1.6)	27(21.6)
Ⅱ유형	19(15.2)	4(3.2)	3(2.4)	5(4.0)	31(24.8)
Ⅲ유형	19(15.2)	11(8.8)	6(4.8)	0(0.0)	36(28.8)
Ⅳ유형	20(16.0)	5(4.0)	4(3.2)	2(1.6)	31(24.8)
전체	73(58.4)	27(21.6)	16(12.8)	9(7.2)	125(100.0)

주 : 카이제곱=37.224, 유의확률=0.002

5. 맺음말

본 연구에서는 기업가 유형에 따른 재일제주인 기업가의 사회적 배경 특성을 살펴보았는데, 분석에 대한 결과를 종합하면 다음과 같다.

첫째, 재일제주인 기업가의 표본 특성을 살펴보면, 출생시기는 1938년 이전 67명(50.0%), 출신지역은 북제주군 46명(34.1%), 학력은 대졸 51명(47.2%), 경영형태는 법인회사 78명(57.8%), 경영이념은 자계형 73명(58.4%)으로 가장 높은 비율을 나타냈다.

둘째, 재일제주인 기업가의 출생시기별 특성을 살펴보면, Ⅰ·Ⅱ·Ⅲ유형은 1938년 이전 출생한 비율이 높았지만, Ⅳ유형은 1945년 이후 출생한 비율이 상대적으로 높게 나타났다. 결국 생계유지나 사업 전업 및 전향의 경우는 1938년 이전에 출생하여 일본 이주 초기에 활동한 기업가가 많이 나타난 반면, 사업계승의 경우는 1945년 이후 출생하여 2세나 3세에게 경영권을 계승한 것으로 보인다.

셋째, 재일제주인 기업가의 출신지역별 특성을 살펴보면, Ⅰ·Ⅱ·Ⅲ유형은 제주시나 북제주군 출신이 높게 나타난 반면, Ⅳ유형은 남제주군이나 북제주군 출신이 높은 비율을 나타냈다. 즉, 이들은 경제적, 사회적 목적으로 이주한 경우가 많았기 때문에 도시 출신보다는 북제주군이나 남제주군 등 농·어촌 출신이 많았던 것으로 보인다.

넷째, 재일제주인 기업가의 학력별 특성을 살펴보면, Ⅰ유형은 고등학교를 졸업한 비율이 높게 나타났지만 Ⅱ·Ⅲ·Ⅳ유형은 고등학교나 대학을 졸업한 비율이 상대적으로 높은 특성을 나타냈다. 결국 재일제주인 기업가는 이주 초기에 사업을 수행하는 데 충분한 학력을 가지지 못한 경우가 많았으나 일본으로 이주한 이후 일본 사회에서

적응하기 위해 고등 교육을 받은 기업가가 탄생하게 되었던 것이다.

다섯째, 재일제주인 기업가의 경영형태별 특성을 살펴보면, Ⅰ유형은 개인으로 경영한 비율이 높게 나타난 반면, Ⅱ·Ⅲ·Ⅳ유형은 법인 회사 형태로 경영한 비율이 높은 것으로 나타났다. 즉, 생계유지의 경우는 소규모 자본으로 삶을 영위하기 위해 가족들과 함께 가방제조, 신발제조 등 일본인들이 싫어하는 업종에 진출한 반면, 이 외의 경우는 경영이나 기술 노하우를 가지고 일본 기업들과 경쟁하면서 제조업이나 서비스 업종을 중심으로 경영활동을 수행한 것으로 보인다.

여섯째, 재일제주인 기업가의 경영이념별 특성을 살펴보면, 모든 기업가(Ⅰ·Ⅱ·Ⅲ·Ⅳ) 유형은 규범형, 방침형, 개방형 경영이념에 비해 자계형 비율이 높은 것으로 나타났다. 즉 재일제주인들은 자신들의 갖고 있는 사고(가훈, 신조, 이념, 철학 등)를 바탕으로 노력, 신용, 성실, 근면, 인내, 약속, 신념 등 기업가 자신만이 지니고 있는 행동상의 자계와 후계자에 대한 교훈이나 모범을 나타내는 기능을 가지면서 스스로의 자세와 언동을 강하게 구속하는 성격의 경영이념을 가졌던 것이다.

따라서 본 연구에서는 재일제주인 기업가 유형이 출생시기, 출신 지역, 학력, 경영형태, 경영이념에 유의한 영향을 미친다는 사실을 보여주었다. 이것은 이주 초기에 자본, 경영에 대한 지식이나 노하우 등 불리한 경영환경 속에서 상당한 자본을 축적하면서 민족과 국가에 대한 정체성을 형성하는 계기로 삼았다고 볼 수 있다.

한편 본 연구를 통해 얻어진 결과들은 최근 기업가의 사회적 배경에 대해 중요하게 인식되는 시기에 국내외 기업가(경영자)들에게 많은 시사점을 제공해 줄 것으로 기대된다. 본 연구를 통해 기대되는 효과를 살펴보면 다음과 같다.

첫째, 재일제주인 기업가들은 기업가 유형에 따라 사회적 배경이 다르게 나타난다는 사실을 새롭게 인식할 수 있는 계기가 되었다. 둘째, 최근 재일제주인 1세가 사회적으로 약화되면서 사업을 계승하는 형태의 기업가가 등장한 경우도 다소 있었지만 대부분 기업가들의 생계유지나 사업전업을 중심으로 이루어졌다. 셋째, 재일제주인 기업가의 경우는 일본인에 비해 인적 네트워크가 미약하고 자본이 충분하지 못한 상황에서 일반적인 경영이념(종업원과의 관계, 제품에 대한 질, 서비스 정신, 지역사회에 대한 기여)보다는 평소 자기가 깊고 있는 신소를 경영이념으로 인식하면서 경영활동을 수행하였다. 넷째, 기업가의 사회적 배경을 체계적으로 연구하기 위해서는 기업가의 상황을 충분하게 고려하여 분류기준을 명확히 정립하는 것이 무엇보다도 중요하다. 더욱이 국내에서 발간된 기업가의 사회적 배경과 관련하여 경험적 자료에 대한 활용도가 낮은 시짐에서 기존자료를 통하여 기업가의 또 다른 의미를 부여하는 연구가 필요하다.

제3부

재일(在日)제주인의 기업가활동 사례

동천 김평진의 기업가활동

1. 머리말

본 연구는 재일제주인 기업가 중에서 호텔업과 유기업(遊技業)을 통해 부(富)를 축적하고 자본형성에 이바지한 동천(東泉) 김평진(金坪珍)의 기업가활동을 고찰한 것이다. 김평진(1926.4.2~2007.3.29)은 일본 관동(關東)지역에서 활동한 사업가로 1967년 긴해상시(주)를 시작으로 도쿄도(東京都) 다이토구(台東區)와 분교구(文京區)에서 7개 회사를 창업하여 상당한 경영성과를 이룩한 대표적인 기업가로 알려져 있다. 그는 초지관철(初志貫徹), 시간엄수(時間嚴守), 신용제일주의(信用第一主義) 등을 경영정신으로 삼아, 시대의 변화에 따라 업종을 전환하는 사고를 지닌 기업가이다.

재일본제주도민회(在日本濟州道民會, 1993)에 의하면, 김평진은 전체 신고액(12,634백만 엔) 중에서 1990년(171백만 엔)보다 약 2배 가까이 늘어난 361백만 엔을 신고함으로써 일본 내에서 13,842 순위를 차지하였다.[1] 김평진은 1963년 외국인이 투숙할 만한 호텔이 없는 점을 감안하여 약 3천만 원으로 제주도에 현대식 시설(건평 2,890㎡)을 갖춘

제주관광호텔(현 하니크라운관광호텔)을 지었다.[2] 이어서 그는 1964년
서귀포에 허니문하우스(현 파라다이스호텔)와 서귀포관광호텔을 연이
어 건립해 제주 관광산업의 인프라(infra)를 구축하는 데 크게 공헌했
다. 이러한 투자는 재일한인의 재산반입 동기가 되어 제주도 출신자
들에게 애향심 발로(發露)에 대한 가교 역할을 했다.

또한 김평진은 1966년 운영난에 허덕이는 제주여자학원을 인수하
여 여성교육의 요람으로 육성·발전시켜 나갔고, 이후 1977년 제주신
문사에 투자하여 언론의 지역발전과 문화창달에 선도적 역할을 했다
(고광명, 2010: 239). 결국, 그는 관광호텔을 건립하여 제주관광의 발전
에 이바지했으며, 제주여자학원 이사장을 비롯한 지방언론의 기수인
제주신문사 회장을 맡는 등 관광산업과 교육발전, 그리고 언론창달에
이바지하면서 무(無)에서 유(有)를 창조한 입지전적(立志傳的)인 인물
이다.

따라서 본 연구에서는 각종 공식·비공식 자료와 통계, 신문기사,
인터뷰조사(김평진의 처남) 등을 통해 일본 사회에서 경영활동을 수행
하면서 고향에 애향심을 표현한 김평진의 기업가활동을 살펴보고자
한다. 이러한 재일제주인의 기업가활동을 규명한다는 것은 비단 제주
도 출신에만 국한되는 것이 아니라 재일한인 기업가의 성격을 이해하
는 데 있어서도 매우 유용한 연구가 될 것이다. 이를 위해 본장에서는
우선 김평진의 생애와 업적을 살펴본 후, 다음으로 김평진의 경영활
동과 경영정신을 알아보며, 마지막으로 김평진의 지역사회 공헌을 파
악하고자 한다.

2. 김평진의 생애와 업적

2.1. 김평진의 생애

김평진은 1926년 4월 2일(호는 東泉, 본관은 金海金氏) 제주시 회천동 (回泉洞)에서 부친 김정찬씨와 모친 고영포씨의 3남 가운데 차남으로 태어났다. 그는 일본으로 건너가서 각지를 전전한 후 19세 때 동향의 여성과 결혼하여 부인 박윤규씨 사이에 자녀 5남 2녀를 두었다. 이들 은 모두 일본에서 명문대학을 졸업하여 사업가(4남 · 2녀)와 의사(5남) 로서 활약하고 있다. 그는 어린 시절부터 서당에 들어가 한학을 공부 하다 8세 때 공립삼양보통학교에 입학하게 되었다. 중산간 마을인 회 천에서 산길을 오가며 통학하는 소년의 머리에는 바다 건너 어디엔가 청운의 뜻을 펼칠 수 있는 넓은 무대가 지기를 기다리는 것 같아 먼 하늘을 쳐다보는 것이 하나의 습관처럼 되어 있었다. 배불리 먹으며 마음 놓고 활동하고 공부할 수 있는 땅은 어디인지. 소년의 동경은 한없이 뻗어갔다(姜龍三 · 李京洙編, 1984: 1128~1131).

마침내 김평진은 14세 되는 해 일본 동경으로 건너가 친형 김평식 (金坪植)의 사업을 도우며 틈틈이 책을 읽고 지식을 쌓아갔다. 이를 계기로 사업경영에 대한 경험을 터득하면서 스스로 새로운 길을 모색 하기 시작했다. 결국 그에게는 이 기간이 지난날의 실의를 극복할 수 있는 소중한 성장의 기회가 되었던 것이다.

20세 되는 해 김평진은 드디어 형의 곁을 떠나 자립의 길로 들어섰 다. 처음에 손을 댄 것은 영세자본으로 가능한 행상(行商)이었으며, 일용 잡화를 걸머지고 거리와 골목을 누비고 다녔다. 이후 자전거와 리어카가 생기면서 훨씬 편하게 장사하게 되었다. 그리고 절약하고 참고 견디는 인고의 세월이 이어지면서 사업에 대한 자신감을 갖기 시작했다. 행상을 한지 2년 만에 자기 집을 마련한 그는 지금까지 벌어놓은 자본을 밑천으로 삼아 사업계에 과감하게 뛰어들었다. 신용을 내건 김평진의 사업은 그야말로 일취월장(日就月將)이었다. 그러면서 사랑하는 고향을 하루도 잊어본 적이 없었다. 어머니 품처럼 따뜻한 인상을 주는 한라산의 아늑한 정경과 푸른 들판, 그리고 생명이 약동하는 바다를 늘 머리에 그리곤 했다. 이러한 향수는 어느새 애향심으로 승화되고 뭔가 고향 제주를 위해 보람이 있는 일을 하고 싶었던 것이다(姜龍三·李京洙編, 1984: 1334~1336).

한편 박윤칠과의 인터뷰 내용에 의하면[3], 동천 김평진은 1940년 14세 나이에 일본으로 건너가 온갖 역경을 뚫고 자수성가한 재일제주인 기업가의 대표적인 인물이었다고 한다. 고향에서 초등학교를 마친 후 1942년 3월 도쿄(東京) 오시마중학교(大馬中學校)를 졸업하였다. 이후 1945년 이전 오사카 비누공장에서 일한 경험을 살려서 1946년 10월부터 우에노(上野) 비누공장에서 비누를 제조·판매하였고, 1959년 8월 김해철공소 등을 직접 경영하면서 부를 축적하게 되었다. 당시 일본은 생활필수품이 매우 부족한 상태였기 때문에 만든 비누가 잘 팔리게 되면서 생활도 점차 안정되어 비즈니스를 확장하는 데 필요한 기초자금을 마련하게 되었다.

그러나 비누공장이 성행한다는 조짐이 보이고 큰 기업들이 진출하게 되면서 경영난을 겪어야만 했다. 얼마 후 조그마한 라면 가게를 시작하면서 번성하기 시작했다. 당시 가게는 협소한 공간에서 시작했기 때문에 초밥집 옆집을 매입하여 확장했고, 다방도 새로 개점했다. 모든 것이 순조롭게 진행되어 두 번째 점포를 개점할 수 있었다. 이

무렵에는 완전한 사업 기반을 형성하게 되면서 비즈니스에 대한 자신
감도 생겼다. 이후 새로운 분야에 대한 투자를 모색하게 되는데 그는
장래성이 있다고 판단한 유기업(遊技業) 경영을 개시하면서 일본 경제
의 고도성장과 더불어 비즈니스도 궤도에 오르게 되었다(나가노 신이치
로편, 2010: 288).

이후 김평진은 1961년 8월 재일제주개발협회 회장을 맡게 되면서
제주도의 소득 원천인 감귤묘목 보급, 기술지원, 제주도민과의 가교
역할을 수행하고자 현지 및 일본에서 체육대회 등을 개최하여 상호우
호 증진에 노력하였다(제주발전연구원, 2007: 40). 또한 우리 동포 학원
인 재일동경한국학원(在日東京韓國學院) 이사장, 1964년 2월 동경상은
신용조합(東京商銀信用組合) 이사장을 맡은 바 있다. 더욱이 제주도에
서는 1963년 3월 처음으로 국제 규모를 갖춘 제주관광호텔을 개관하
여 회장으로 부임하면서 1964년 서귀포에 있는 허니문하우스 인수,
현대식 호텔인 서귀포관광호텔을 건립하었다. 주목해야 할 것은 38
세라는 젊은 나이에 탁월한 기업가정신(entrepreneurship)을 발휘하여
제주도에서 처음으로 관광호텔을 건립했다는 점이다.

1966년 7월에는 학교법인 제주여자학원을 인수하여 1995년 11월
2일까지 이사장을 맡아오며 나름대로의 역할을 수행하다가 2007년
3월 29일 숙환으로 타계하였다.[4] 특히 그는 김해상사(주)[5]를 비롯하
여 유시마(湯島)상사, 삼영물산, (주)파크사이드, (유)삼양후즈, 김해건
물(유)[6], 88HACHI HACHI BLDG 등에서 회장으로 활동했고, 1977년
제주신문사(현 제주일보) 회장으로 취임하여 지방 언론계를 이끌었다.

이 외에도 김평진은 1998년 5월 27일 제주대학교 개교 46주년을
맞아 기념식에서 명예경영학 박사학위를 받았다. 그는 약관의 나이에

도일하여 자수성가한 재일제주인 기업가로서 지난 1966년 제주여자학원을 인수한 이후 이사장에 취임하여 제주지역 여성교육의 산실로 자리잡는 초석을 다졌다. 1981년에는 재일한국교육재단 고문으로서 재일한인 2세에게 모국방문 기회를 제공해 국가관과 역사, 발전상을 가르쳤다. 그리고 1982년 10월 재일한국인상공연합회(在日韓國人商工聯合會) 회장을 맡으면서 올림픽 지원금을 모금하는 활동에도

철거 이전 동천 김평진 이사장 동상

지대한 공헌을 했다. 이러한 공로를 인정받은 김평진은 1963년 대한민국 문화훈장 국민장(國民章)을 비롯하여 1968년 국민훈장 동백장(冬栢章), 1981년 모란장(牡丹章), 1987년 무궁화장(無窮花章)을 수상한 바 있다(재일동포모국공적조사위원회, 2008: 255~321). 결국 그는 일본에서의 성공적인 경영활동과 모국의 경제발전에 기여한 공로를 높이 평가받은 것으로 해석된다(제주여자고등학교, 2001: 292~297).

2.2. 김평진의 동상 제막

동천 김평진 이사장 동상은 1987년 5월 13일 본교 정문에 들어서면 바로 정면(제주여자중학교 동백공원 입구)에 건립되었다. 동상은 재일제주개발협회에서 그 간의 공로를 기리기 위하여 세운 흉상(胸像)이다. 높이 54.5cm, 가로 33cm, 세로 23cm의 크기이며, 김공천(1979.3.16~1987.2.28) 전임 교장이 지은 공덕비문(頌德碑文)은 다음과 같다.[7]

그 키 그만쯤으로 더 없이 어울린다

回泉물로 자란 少年 靈峰 漢拏의 바람품고

옛 겨레가 일군 異國에 건너가 발을 붙여

不屈經營 五十星霜에 우뚝 솟은 巨木이여

愛鄕의 精誠넘쳐 濟州開發 앞장서고

公論의 장을 열어 하룬들 쉬었으랴.

育英의 이 넓은 마당 젊은 꿈들 가득 핀다.

祖國의 平和統一 그 念願의 발길 잦고

日本의 坊坊曲曲 同胞의 商工 부추기네

그 입의 무서움은 서 漢拏山 닮았구나

進甲에 새로운 歲月을 지켜보는 그 눈매여

위의 송덕비문에서 알 수 있듯이 그이 제주개발과 교육사업의 공을 기리고자 함을 밝히고 있다. 이사장의 생애·업적과 지역사회 공헌은 세막식에 참석한 인사들을 보아서도 알 수 있다. 당시의 제주신문에 실린 내용을 보면 다음과 같다.

……13일 상오 11시 제주여고 실내 체육관에서 박부찬(朴富贊) 부지사, 고봉식(高奉湜) 교육감, 신주현(申周鉉) 도경국장, 김대성(金大成) 제주신문사 사장 등 각계 인사, 그리고 박병헌(朴炳憲) 在日大韓民國居留民團 중앙본부단장과 임원, 강경준(姜京俊) 재일제주개발협회장과 회원, 제주여자중고등학교육성회 임원, 교직원, 학생 등 1천여 명이 참석한 가운데 열렸다. (중략) 박병헌 단장은 축사에서 동천 김평진 선생은 재일한국인의 법적지위 향상과 한국인으로서의 긍지를 한인 사회에 심는데 공헌했으며, 남다른 애향심으로 70만 재일한국인에게 지역개발의 붐을 조

성했다고 치하했다. 이에 김평진 선생은 재일한국인을 위해 더욱 봉사하고 고향의 문화 및 육영사업에 노력해 오늘의 뜻에 보답하겠다고 고마움을 표하였다.……

그러나 동교는 이 동상을 철거하는 게 좋겠다는 김평진 전 이사장의 겸허한 뜻을 받아들여 2001년 6월 11일 오전에 철거하였다.

이러한 사실을 통해 그는 재일제주인 기업가로서 독특한 신념과 경영정신을 지니고 있었고, 이를 실천하려고 부단히 노력하였음을 확인할 수 있다.

3. 김평진의 경영활동과 경영정신

3.1. 김평진의 경영활동

1) (주)파크사이드 활동

(주)파크사이드는 1981년 7월 일본 동경도(東京都) 태동구(台東區) 우에노(上野)에 호텔업을 영업목적으로 설립된 회사이다. 동사(同社)는 1981년 일본 도쿄에서 자본금 1천만 엔, 발행주식 2만주를 발행하여 설립하였다. 동사는 1997년 기준으로 사장 김행남(金幸男)이 경영하고 있으며, 종업원 60명(남자 50명, 여자 10명)이 근무하고 있는 호텔이다.

경영진 구성을 보면 동사는 사장 김행남, 부사장 김영남(金英男), 상무 김광남(金光男), 이사 김화남을 선임하였으며, 김평진, 김화남, 김영남, 김행남 등이 투자하여 대주주로서 활약하고 있다(〈표 10-1〉 참조).

<표 10-1> (주)파크사이드 현황

기업명	(주)파크사이드(Hotel Park Side)	대표자명	金幸男
설립년월일	1981년 7월 15일	개장년월	1996년 5월, 2005년 1월
영업목적	호텔업	발행주식수	2만주
자본금	1,000만 엔	종업원	60명(남 50명, 여 10명)
임원	사장 金幸男, 부사장 金英男, 상무 金光男, 이사 金和男		
대주주	金坪珍, 金和男, 金英男, 金幸男		
소재지	東京都 台東區 上野 2-11-18		

주 : 2007년도 9월 기준임.
자료 : (株)みかげ都市開発(2008), 『2008 日本ホテル年鑑 EAST』.

2) (주)프란탸 활동

(주)프란탄은 1985년 1월 일본 동경 우에노에 유기업을 영업목직으로 설립된 회사이다. 동사는 1985년 일본 도쿄에서 자본금 1천 1백만 엔을 투자하여 설립하였으며, 관련회사 2개(スター広小路, ナポレオン)를 소유하고 있다. 2009년 기준으로 회사대표 김영남이 경영하고 있으며, 연간 매출액은 2008년 2억 엔, 2009년 1억 4천만 엔의 영업실적을 올리고 있다(<표 10-2> 참조).

<표 10-2> (주)프란탄 현황

기업명	(주)ブランタン		대표자명	金英男
설립년월	1985년 1월		영업목적	유기업
자본금	11,000천 엔		관련회사	スター広小路, ナポレオン
소재지	東京都 台東區 上野 2-1-3 金海商事(주)方			
경영실적	결산기	매출액(천 엔)	결산기	매출액(천 엔)
	2009년	140,000	2008년	200,000
관련회사	スター広小路		東京都 台東區 上野 2-1-3	
	ナポレオン		東京都 八王子市 東町 12-13 金海빌딩	

자료 : (株)ビジョンサーチ社(2012), 『2012 全国パチンコ企業年鑑 企業編』.
　　　(株)ビジョンサーチ社(2012), 『2012 全国パチンコ企業年鑑 東日本編』.

3.2. 김평진의 경영정신

1) 초지관철(初志貫徹)

초지관철(初志貫徹)은 최초에 정한 뜻을 밀고 나아가 목적을 이룬다
는 뜻으로 난관에 부닥쳤을 때 오로지 인내로서 초지(初志)를 관철하
지 않으면 안 된다는 의미의 말이다(處變當堅百忍以圖成).

김평진은 어린 시절부터 어른이 되면 무언가 큰 것을 이루려는 생
각을 계속 품어왔다. 소년시대에 원대한 희망을 갖고 매일 마음을 굳
게 가졌다. 그래서 1942년 15세에 고향 제주도를 떠나 일본으로 건너
갔다. 어른이 되면 꼭 무언가를 하고 싶었다. 제주도와 같은 작은 섬
에 있으면 안 된다며 자기 자신의 희망을 추구하기 위해 한발자국씩
나아가 그것을 얻을 수 있는 곳으로 가야만 하는 자신의 결의를 가다
듬었다.

하지만 일본은 태평양 전쟁 중이어서 소년의 꿈이 무참히도 무너지
는 어려운 시기였다. 큰 희망을 누구보다도 믿어 주었던 모친의 죽음
으로 가장 큰 좌절을 느꼈으며, 또 1945년 3월 도쿄 대공습(大攻襲)으
로 살고 있었던 집도 타버렸다. 이후 도쿄에서 겨우 이바라기현(茨城
県)으로 이사를 했지만 소년시절에 품어왔던 희망을 2년 정도 미룬
채 자기 자신의 마음을 스스로 가다듬으면서 앞으로 나아갔다.

당시 도쿄는 전후(戰後)의 혼란과 격동기에 한 사람이 살아가는 것마
저 힘든 시기였지만 모든 곤란을 이겨내고자 강한 결의로 가득 차 있었
다. 사람과의 생활을 지키고 유지하기 위해서는 무엇인가 필요할 것이
라 믿고 밤낮으로 흔들림 없이 걷고 생각하고 자신의 꿈을 실현하려고
노력했다. 그렇게 해서 만들어 낸 것이 현재 세제(洗劑)라고 불리는

물비누(水石鹼)였다. 이것을 도쿄 시내의 각 상점을 돌면서 팔았으며, 자신의 점포를 소유하기까지 발품을 팔면서 생활을 유지해 왔다.

김평진의 회고에 의하면 당시는 누구라도 어려운 시절이었지만 이때 그는 생애에서 둘도 없는 소중한 것을 얻었다고 했다. 그것은 사람의 기분이나 손님의 마음을 알았다는 것이다. 소년시절에 막연히 무언가를 하자라거나 인생을 관철하는 일을 하자라고 생각하여 품고 있던 마음의 의지대로 차근차근 만들어 나갔던 것이다. 이것은 한 인간의 상인으로서 나의 인생에서 귀중한 시작이었다고 생각했다.

항상 상대의 입장을 생각하고 정성을 다하여 사람에게 접근해야 한다. 인간은 어떠한 인간이라도 차별해서는 안 된다. 항상 인간은 대등하다는 것이다. 이것은 상인에 국한하지 않고 인간으로서 당연한 일이리고 생각한다. 항상 당연한 일을 실행하는 것이야말로 아주 중요하다는 것을 자기 스스로 몸에 배어 있음을 말해주는 것이었다.

남의 비위를 맞추라고 말하기보다도 세심한 배려로 상대방에게 다가가야 한다. 금전의 유무나 신분의 고저 등으로 사람을 차별하는 것은 용납할 수 없다. 자신이 아무리 부자라도 상대방과는 관계가 없다. 자신이 소유하고 있다고 해서 우월감을 갖고 다른 사람에게 접근하는 것이야말로 이치에 맞지 않는다고 생각한다. 인간은 인간으로서 모두 동등하게 성의를 갖고 대해야 한다. 열심히 일해서 살아가고, 그것이 초지관철이 되었을 때 어떠한 힘든 나날을 보내더라도 그 사람의 인생은 행복하다고 말할 수 있다는 것이다(鶴岡正夫, 1981: 160~163). 따라서 이것은 한마디로 어두운 시대에 자라면서 찌든 가난과 자신의 못 배운 한을 후손들에게 물려줄 수 없다는 강인한 집념과 철학의 소산에서 나타난 표현일 것이다.

2) 시간엄수(時間嚴守)

김평진은 성격적으로 시간을 철저하게 지키고 인생에서 시간 약속이 중요하다고 생각했다. 이러한 시간 약속의 이행불이행(履行不履行)은 전부라고 말할 수 없지만 그 사람의 인격을 일부분 헤아리는데 하나의 척도가 되는 때가 있다는 것이다. 그는 항상 사업을 경영하면서 어떤 사람이라도 약속을 지키지 않으면 교제하지 않았다고 한다.

그리고 사업을 처음 시작하는 사람은 좌우지간 기회를 잡지 않으면 안 된다고 생각한다. 사전에 착실히 준비하지 않으면 좋은 일이 있어도 성공할 수 없다. 일을 하면서 직장을 다니는 경우에도 이것이 기회라고 인식해야 하며 그것을 무시해서는 아무런 일다운 일을 할 수가 없다고 했다.

따라서 김평진은 어떠한 사업인 경우에도 시간과 스피드와의 결합을 가장 중요하게 인식하여 이른바 찬스(Chance)가 두 가지의 조합으로 이루어져 나타난다고 했다. 결국 자신의 사업에 성공한 사람들은 모두 추진하거나 후퇴해야 될 시기에 임기응변으로 타결을 본다면 승자의 위치를 차지한다는 것이다(韓日問題硏究所編, 1987: 105).

3) 신용제일주의(信用第一主義)

김평진은 지금까지 경영활동을 영위하면서 가장 중요하게 생각하는 것이 정직을 무기로 한 경영정신이라고 술회한다. 그리고 신용, 근면, 절약 중에서 신용을 생명처럼 가장 중요하게 생각하여 항상 신용제일주의를 기본신조로 삼아 사업을 수행해야 한다며, 이를 착실히 실천적 행동으로 이행하였다. 사업을 경영하면서 신용을 생명으로 알고 행동에 옮긴 경우는 다음과 같은 사례에서도 나타난다. 박윤칠(김

평진의 처남)과의 인터뷰 내용에 의하면, 그는 일본 금융기관에서 1959
년 1차 1억 5천만 엔, 2차 3억 5천만 엔, 1981년 1억 8천만 엔을 신용
으로 빌렸다고 한다. 또한 당시 음식점 부문에서 납세실적 1위를 차
지할 정도로 금융기관을 통한 신용거래가 좋았다고 한다.[8]

이처럼 그는 해방 이후 최근까지 50년 간 이상을 일본 사회에서
여러 가지 어려움을 겪으면서 재일제주인 기업을 성장·발전시켜 왔다.
김해상사(주)를 비롯하여 7개 회사 등을 차례로 설립·운영하여 괄목할
만한 영업성과를 획득할 수 있었던 것은 신용제일주의를 바탕으로 한
탁월한 경영전략을 실천적 행동으로 추진했기 때문에 가능했던 것이다.

따라서 김평진은 조지관철, 시간엄수, 신용을 기본정신으로 삼아
시대의 흐름에 따라 폭넓게 기업가활동을 수행하였다. 그의 경영정신
은 재일제주인 기업을 발전시키는데 큰 영향을 미쳤으며, 경영에서도
항상 신용을 강조하면서 직원들에게 고객우선, 근면, 절약에 대해 몸
소 시범을 보이기도 하였다. 결국 재일제주인 기업가로 크게 성장할
수 있었던 것은 초지관철, 시간엄수, 신용제일주의에 의한 경영관을
스스로 실천하였으며, 근검하고 합리적 경영을 통해 부를 축적한 것
으로 추측된다.

4. 김평진의 지역사회 공헌

4.1. 교육발전에 대한 공헌

제주도는 1945년 8월 15일 광복을 기점으로 역사의 원동력을 교육
에서 찾아야 한다는 인식을 갖게 되었다. 그 이유는 교육을 통해서

지도자를 양성하고 정치적 역량을 키우고 경제·문화의 이해 등에 대한 인적자원 활용을 무엇보다 중요하게 인식했기 때문이다. 더욱이 제주도는 8·15해방, 제주 4·3사건, 한국전쟁 등과 같은 극한 상황에서 배고픔을 참으면서도 우리 민족과 제주지역의 미래를 전망할 수 있는 교육에 대해 높은 관심을 갖는데 한몫을 했다. 거기에는 우리 민족과 제주인의 가슴속에 일제강점기 36년 동안의 억압된 생활에 좌절하지 않고 힘겹게 이어온 민족의 저력과 열정이 꿈틀거리고 있었기 때문에 가능했던 것이다.

이런 상황 속에서 제주여자학원은 1946년 제주고등여학교로 개교하고, 1947년 제주여자초급중학교와 함께 재단설립 인가를 받았다. 동교는 1951년 8월 31일에 제주여자고등학교 6학급 인가를 받고 동년 9월 25일 제주 최초의 인문계 여자고등학교로 개교하게 되었다.

본 학원은 호은(湖隱) 김홍빈(金弘斌) 선생의 유지를 받들어 1946년 2월 10일에 설립되었다. 초대 이사장으로 김인현(1946.2.10~1964.12. 26)이 취임한 이후 김승전(1964.12.27~1965.5.18), 김인경(1965.5.19~1966.

8.8) 이사장에 이르는 동안 설립한 형제들 간의 학교경영에 대한 의견과 불화가 심각해지면서 제주여자학원을 더 이상 유지하기 어려운 상황이 되었다. 이때 재일제주인 기업가 김평진은 김평식(당시 제주관광호텔 사장)의 주선으로 1966년 7월 제주여자학원을 정상적으로 운영하기 위해 인수하였다. 동년 8월 15일에는 본교 강당에서 김평진 이사장 취임식을 가졌는데, 이 자리에는 정우식(鄭雨湜) 도지사, 최정숙(催貞淑) 교육감 등 30여명의 기관장이 참석하여 제주여자학원 제2의 출발을 축하했다.

김평진 이사장은 취임사에서 전직 이사장들의 공적을 이어받아 학교를 타교에 손색이 없는 선구적인 위치로 올려 세우는데 심혈을 기울이겠다고 했다. 현재의 빈약한 학교시설은 현황을 검토한 후 단계적으로 해결해 나아가겠다고 말했다. 취임사의 공언대로 1972년 아라동 현재 부지로 이설하여 당시 최고 시설을 자랑하는 학교로 거듭나게 된다.

제주여자학원을 인수할 당시 김인호 선생의 회고에 의하면, 김평진은 학원을 인수한 후 전교직원들에게 양복 한 벌 값에 해당하는 8천 원을 지급했으며, '인화(人和)와 화합(和合)'을 강조했다고 한다. 이날 출발한 학교법인 제주여자학원은 김평식, 강주철, 채원배, 김계남, 이경수, 홍성림씨 등 6명 이사진을 선임하였다(제주여자학원 · 제주여자중학교 외, 2006: 393~394).

현재는 장남 김화남(金和男)[9]이 제주여자학원 이사장(1995.11.3~현재)으로 취임하여 새로운 발전을 목표로 나아가고 있다. 당시 김화남 이사장은 취임 기념사업으로 제2도서실과 시청각실, 중강당 등으로 사용할 수 있는 다목적실을 증축할 것을 약속하였다. 이러한 취임 배경에서는 김평진(전 이사장)이 연로한 상황에서 21세기를 준비하고 젊은 이사장에게 새로운 역할을 부여한다는 의미를 찾을 수 있다. 본교는 김화남 이사장의 취임으로 인해 전 이사장의 업적을 바탕으로 앞으로 한층 더 활기를 띄고 미래지향적으로 변화할 수 있는 전기를 마련하게 되었다.

4.2. 관광개발에 대한 공헌

1962년에 처음으로 고향을 방문한 재일제주개발협회의 향토방문단은 제주도를 비롯한 한국 각지에서 환영을 받았다. 돌아오는 길에 서울에서 국가재건최고회의 의장(박정희)을 예방했다. 당시 박정희는 제주도의 관광개발에 대해 역설하면서 관광자원을 활용하여 적극적으로 외국 관광객을 유치하려고 하지만 수용 태세가 안되어 있기 때문에 호텔 시설이 필요하다고 했다. 그 자리에 배석했던 김영관(金榮寬) 제주도지사는 "제주도는 한국에서 제일가는 관광자원을 가지고 있습니다. 하지만 이탈리아에서 기술자를 초청했을 때도 숙박할 수 있는 호텔이 없는 상태였습니다. 당시는 초가집 여관밖에 없었기 때문에 할수 없이 도지사 관저에 숙박하게 했습니다. 중앙에서 귀빈이 오시더라도 숙박할 시설이 없습니다. 사실 외국인 관광객을 유치하더라도 현대적 설비를 갖춘 만족할만한 호텔이 없다면 곤란합니다. 재일한인 중에서 호텔을 지어줄 분이 없을까요?"라고 말을 꺼냈다. 그때 김평진(당시 제주개발협회 회장)은 즉석에서 "내가 제주도에 현대 시설을 갖춘 호텔을 짓겠습니다."라며 박의장에게 진언했다고 한다(나가노 신이치로 편, 2010: 269~271).

좌) 제주관광호텔(현 하니크라운관광호텔) 개관
우) 서귀포관광호텔(현 허니문하우스) 건립

이로 인해 김평진은 1963년 세주관광호텔(현 하니크라운관광호텔)을
건립하여 제주도 최초의 관광호텔로서 관광산업의 선구적 역할을 했
고, 관광개발 붐의 기폭제가 되었다.[10] 그는 관광호텔을 건설하는 데
한국 정부의 보조금이 예정되어 있었지만 다른 유익한 사업에 사용해
줄 것을 부탁하며 보조금을 거절하고 모두 자력으로 완성했다. 비록
객실 33개의 작은 호텔이었지만 쇼핑몰, 커피숍, 레스토랑 등을 갖춘
최신식 호텔을 건설하였다. 당시 이 호텔에 대한 소문이 제주도에 살
고 있는 사람들에게 널리 퍼지면서 호텔을 구경하기 위해 초등학생부
터 어른들까지 제주도에서 수 킬로미터 떨어진 먼 거리를 왔었다고
한다. 결국 김평진은 개발 초기에 관광호텔을 건설하면서 관광산업의
인프라를 구축하는 데 지대한 공헌을 한 기업가로 볼 수 있다.[11]

4.3. 지역사회에 대한 공헌

지금까지 재일제주인은 향토발전을 위해 육영사업, 감귤진흥, 전화·전기, 수도, 도로포장, 문화·체육·새마을 사업 등에 적극적으로 동참하여 왔다. 이러한 재일제주인 중에서 김평진은 제주여자학원을 인수하기 이전에도 제주개발을 위한 사회공헌 활동을 여러 면에서 활발히 진행하여 왔다.

〈표 10-3〉에서 보면, 김평진은 1962년 5월 회천분교에 비품(67만 8천 원)을 희사한 것을 비롯하여 1963년 제주도에 벚꽃 묘목 15,000본, 동년 삼양초등학교와 회천분교에 비품, 1963년 제주개발 기금(4,500만 엔)과 감귤묘목, 1965년 제주도청에 교환대와 전화기, 1966년 회천분교에 교실 건축부지 등의 다양한 부문에서 지역발전을 위해 헌신적인 노력을 아끼지 않았다. 학교를 인수한 이후에는 1972년 새마을 사업 성금(30만 원), 1978년 2도동사무소 비품(20만 원), 1984년 전국소년체전 성금(2천만 원), 2001년 월드컵경기장 건립기금(3백만 원) 등 지역사회 발전에 많은 공헌을 했다. 결국 김평진의 기증은 수혜를 받은 주민들에게 생활 향상과 같은 경제적 도움으로 작용하기도 했고, 제주의 지역개발을 비롯한 경제발전에도 커다란 역할을 수행하였다.

〈표 10-3〉 동천 김평진의 기증 실적 내역

(단위 : 천 원, 개)

수증처	품명	종류	금액	수량	기증 목적	기증년도
제주도청	전화기·교환대	현물	940	61	제주도청 전화시설	1965
제주도청	사업 성금	현금	300		새마을 사업 성금	1972
제주도체육회	성금	현금	20,000		제13회 전국소년체전 성금	1984
삼양동	건립 기금	현금	600		삼양초등학교 건립	1963
삼양동	피아노	현물	60	1	삼양초등학교 비품	1964

수증처	품명	종류	금액	수량	기증 목적	기증년도
삼양동	오르간 외	현물	35	2	삼양초등학교 비품	1963
삼양동	오르간	현물	25	1	삼양초등학교 비품	1964
봉개동	오르간·사이렌	현물	678	2	회천분교 비품	1962
봉개동	신축 기금	현금	605		회천분교 신축	1966
2도동	등사기	현물	200	1	2도동사무소 비품	1978
서귀포시	건립 기금	현금	3,000		월드컵경기장 건립 기금	2001

자료 : 濟州特別自治道(2007), 『愛鄕의 보람』에서 조사 작성.

5. 맺음말

본 연구는 김평진의 일생에 초점을 맞춰서 어떤 경영철학으로 일본 사회에서 재일제주인의 자본형성에 기여했으며, 또 제주도에 대한 애향심이 제주도 발전에 어떤 공헌을 했는지를 면밀히 고찰한 것으로 재일한인 기업가의 행동패턴을 이해하는 데 중요하다.

김평진은 제주도에 외국인이 투숙할만한 호텔이 없는 상황에서 1963년 제주도 최초의 제주관광호텔을 개관한 이래 1964년 허니문하우스와 서귀포관광호텔을 개관하여 제주도의 관광개발에 선구자적 역할을 담당할 정도로 제주관광산업의 미래를 설계한 탁월한 식견의 소유자였던 것이다.

또한 그는 1966년 경영난으로 폐교의 위기에 처해 있던 제주여자학원의 경영을 맡아 여성교육의 발전에 큰 역할을 했고, 1977년 제주신문사 회장으로 취임하여 지방 언론계를 이끌면서 제주도 언론의 발전에 큰 공헌을 했다. 제주개발에 전심전력(全心全力)을 다 쏟아 신품종 감귤묘목을 보급하는 한편, 제주도 농민들을 일본으로 초청하여

일본 농원에 파견시켜 재배기술을 익히도록 배려하였다. 더욱이 제주
도에서는 처음으로 전국소년체육대회를 개최하게 되자 막대한 자금
을 기부하여 제주애향운동장 건설을 지원하기도 했다.

이 외에도 김평진은 1982년 5월 재일본동경한국인상공연합회 회
장, 동년 10월 재일한국인상공연합회 회장 등을 역임하면서 본국과의
경제협력 관계를 구축하는 데 크게 기여하였다. 특히 1992년 재일제
주인 소득신고 순위(법인회사)에서는 일본 국세청에 3억 6천만 엔의
소득세를 신고할 정도로 일본 사회에서 건실하게 기업을 경영했음을
알 수 있다.

따라서 김평진은 일본 사회에서 온갖 차별을 받으면서 어려운 여건
속에서도 무에서 유를 창조하는 경영정신으로 사업 활동을 전개하여
제주지역을 비롯한 일본 사회에도 기여하여 왔다. 결국, 그는 김해상
사(주), (주)파크사이드 호텔, (주)프란탄 유기업 등 여러 사업의 경영
활동을 수행하면서 그 수익의 일부를 제주지역의 관광산업과 교육사
업 그리고 사회사업에 투자하여 기업의 사회적 책임을 다한 재일제주
인 기업가로 볼 수 있다.

▌주 _____

1) 개인별 신고금액은 1990년과 1991년 기준으로 김평진이 경영하는 김해상사가
   다른 기업가에 비해 많이 신고한 것으로 나타났다. 그는 일본 내 전체 신고액
   12,634백만 엔 중에서 361백만 엔을 신고함으로써 개별 기업가로서 제11위를 차지
   하였다.
2) 《제주신문》 1963년 10월 15일자.
3) 박윤칠(김평진의 처남) 인터뷰조사 《2007년 8월 3일, 도쿄 파크사이드 호텔》.
4) 《제주일보》 2007년 3월 31일자.

5) 김평진은 일본으로 이주한 이후 1967년 東京都 台東區 上野에서 김해상사(주)(자본금 2,500만 엔, 종업원 450명)를 설립하여 파친코, 레스토랑, 카바레 등을 경영하며 지역사회 발전에 많은 공헌을 했다(在日韓國商工會議所, 1997).

6) 金海建物은 1967년 東京都 台東區 上野에 설립하여 주로 부동산 임대업, 중개업을 경영하고 있는 유한회사이다(統一日報社, 1976).

7) 공덕비는 1987년 5월 13일 고향 제주도의 교육문화 발전에 기여한 공로로 在日本濟州開發協會有志一同(동상건립기금 희사자 20명)에 의해 건립된 동상이다(제주여자고등학교, 2001: 296~297).

8) 박윤칠(김평진의 처남) 인터뷰조사 ≪2007년 8월 3일, 도쿄 파크사이드 호텔≫

9) 김화남 이사장은 1945년 12월 7일 동경에서 출생하여 1967년 일본 리쿄대학(立教大學) 경제학부를 졸업했다. 그는 대학시절부터 예체능에 매우 조예가 깊었던 것으로 알려지고 있다. 스키는 동계 유니버시아드 대회에 선수로 출전할 정도로 뛰이났고 기타 연주도 수준급이다. 1967년 김해상사 주식회사에 입사하고 서귀포관광호텔 사상을 역임하면서 경영에 발을 들여놨다. 1977년에는 (주)김해상사 대표 취체역에 취임하고, 1990년에는 재일본한국인청년상공연합회 회장을 맡아 민단(民團) 발전에 큰 기여를 한 공로로 1991년 국민훈장 동백장을 수상했다. 1995년에는 재일본제주도민협회 회상을 역임하였고, 동년 11월 3일 학교법인 제주여자학원 제16대 이사장으로 취임했다.

10) 제주도 관광개발 사업은 재일제주인의 지원으로 인해 제주도를 방문하는 관광객도 1970년 245천 명에서 2011년 874만 명(35.6배)으로 늘어나 비약적으로 증가했다. 2011년도 관광 수입은 45,052억 원으로 제주도 지역총생산 111,290억 원의 40%를 차지했다. 결국, 제주도 관광 수입은 동 년도 제주도 예산(30,492억 원)의 147%에 해당하는 비율이다.

11) 재일한인의 제주도 방문은 1961년 100명 미만이었지만 1962년 542명으로 급속하게 증가하기 시작했다. 특히 이들은 1969년 제주~오사카 간에 직행 항공편이 개설되면서 많은 사람들(1970년 4,588명, 1971년 5,477명, 1972년 5,821명)이 제주도를 방문했다. 재일한인 방문자들이 늘어나는 것과 비례해서 제주도에 대한 투자와 기부 건수도 크게 증가했다.

고당 안재호의 기업가활동

1. 머리말

본 연구는 재일제주인 기업가 중에서 제조업(유기화학)을 통해 부(富)를 축적하고, 재일제주인의 자본형성에 이바지한 고당(古堂) 안재호(安在祜)의 기업가활동을 고찰한 것이다. 안재호(1915.1.23~1994.3.24)는 일본 간사이(關西)지역에서 활동한 사업가로 1940년 야스모토화학공업소(安本化學工業所)를 시작으로 1950년 일본유기화학공업(日本有機化學工業)(주) 등 8개 회사를 설립하여 상당한 경영성과를 이룩한 재일제주인의 대표적인 기업가로 알려져 있다. 그는 성실, 인내, 신용 등을 경영정신으로 삼아, 합성수지 가공업에 전력을 다한 기업가이다.

재일본제주도민회(在日本濟州道民會, 1993)에 의하면, 안재호는 전체 신고액 12,634백만 엔 중에서 1990년(142백만 엔)보다 약간 늘어난 148백만 엔을 신고함으로써 일본 내에서 33,461 순위를 차지하였다. 안재호는 1940년 야스모토화학공업소를 창업하여 1947년 야스모토화학공업(주)을 법인으로 변경한 후 대표이사로 취임하였다. 이후 그는 1950년 일본유기화학공업(주)을 설립하여 본격적으로 합성수지 제조업을 개시하고 석탄산 수지, 요소 수지, 멜라민 수지 등을 제조·판매하면서 무(無)에서 유(有)를 창조한 입지전적(立志傳的)인 인물이다.

더욱이 그는 일본유기화학공업(주)을 비롯하여 일본화성공업(주), 일신(日新)화학공업(주), 동경유기(주), 호쿠리쿠(北陸)화성공업(주), 야스모토(安本)흥산(주), 대한합성화학공업(주), (주)영안(永安) 등 유기화학 그룹을 경영하면서 그 수익의 일부를 본국에 투자하고 제주도 지역발전에 공헌을 다한 재일제주인 기업가이다. 안재호에 대한 연구는 재일제주인의 자본형성과 경영성과인 부를 사회에 환원하여 지역사회 발전에 초석이 되고자 했던 의미에서 오늘날 재일제수인 기업가들에게 많은 교훈을 제시해 줄 것이다.

따라서 본 연구에서는 각종 공식·비공식 자료와 통계, 신문기사, 자서전, 현지조사 등을 통해 일본 사회에서 경영활동을 수행하면서 본국 투자 및 고향에 애향심을 표현한 안재호의 기업가활동을 살펴보고자 한다. 이를 위해 본 장에서는 우선 안재호의 생애와 업적을 살펴본 후, 다음으로 안재호의 경영활동과 납세실적을 알아보며, 마지막으로 안재호의 경영정신과 사회적 공헌을 파악하고자 한다.

2. 안재호의 생애와 업적

2.1. 안재호의 생애

안재호는 1915년 1월 23일(호는 古堂, 본관은 順興安氏 28세손) 제주도 남제주군(현 서귀포시) 표선면 가시리(加時里)에서 부친 안승훈(安承訓)의 장남으로 태어났다. 그는 13살 때 모친(故 高從訓)과 함께 웅지(雄

志)를 품고 일본으로 건너간 후, 동향 출신(城邑里)의 여성과 결혼하여 부인 송성춘(宋成春, 礪山宋氏) 사이에 자녀 5남(昌桂 · 昌成 · 悅三 · 悅司 · 光伸) 4녀(容嬉 · 悅子 · 秀子 · 容子)를 두었다. 평소 후손들의 일본화(日本化)를 예방하기 위해 자녀들의 결혼에 많은 관심을 기울였다. 아들은 고국에서 성장하여 교육을 받은 사람을 며느리로 삼고, 딸은 가급적 고국으로 출가시키겠다는 집념으로 일관하여 온 것으로 보아 철저한 조국애와 민족의식을 엿볼 수 있다(吳大賢編, 1983: 59).

안재호는 공립표선보통학교(전 가시리초등학교)를 졸업한 후 제주도 출신들이 밀집해 사는 오사카에서 정주하였는데, 향학열이 왕성하여 일을 하면서도 오사카죠토상업학교(大阪城東商業學校)를 졸업했다. 하지만 더 이상 학업을 계속할 형편이 못되어 공부를 중도에 포기하고 1930년에 오사카합성수지화학(大阪合成樹脂化學)연구소에 입사하여 4년간 합성수지에 관련된 기초지식을 습득했다. 그는 이 연구소에서 습득한 기술을 토대로 1934년에 후토화학공업(不動化學工業)주식회사의 전신인 대동(大同)라이트주식회사에 공장장으로 입사했다(金府煥編, 1977: 69).

제2차 세계대전이 종전되고 조국이 해방되면서 안재호는 조국으로 돌아가기 위해 공장의 기계와 설비, 그리고 가족을 본국으로 실어가기 위해 기범선(機帆船)을 구매하기로 결정했다. 가족과 개인의 재산을 운반할 뿐만 아니라 당시 귀국하지 못하고 곤경에 빠져 있던 수만 명이나 되는 재일한인의 수송에도 도움이 되리라 생각하여 목조 기범선(100톤급)을 구입하였다. 당시 마음속으로 그 배를 다시 팔면 살 때보다 더 많은 값을 받게 되어 돈벌이도 될 수 있겠다는 생각도 가졌다. 그러나 가진 돈을 털어서 배 한 척을 샀더니 그 배는 선창을 수리

해야 겨우 움직일 수가 있을 정도였다. 수리를 마친 뒤 안재호는 200
여명의 재일한인을 싣고서 부산을 향해 출항했고, 도중에 급유를 위
해 오사카 시리나시가와(尻無川)에 기항했다. 그런데 항해 도중 야간
조명도 없는 상태에 밤늦게 접안하다가 불행하게도 전쟁 때 폭파된
배 위에 얹혀서 선창이 대파되어 그만 좌초되고 말았다. 다행히 200
여명의 목숨은 건졌지만 배에 싣고 있던 화물은 모두 젖어 못 쓰게
되어 배상을 하고 그 배를 인양하여 다시 수리를 했다.

　그러나 1950년 12월 25일 맥아더사령부에서 목조선은 사람을 태우
고 현해탄을 건널 수 없다는 법령이 내려졌다. 당시는 식량 사정이
좋지 않는 시기였기 때문에 규수(九州)지역에 가서 돼지, 쌀, 고구마
등을 사다가 팔면 장사가 된다는 주변 사람들의 조언에 따라 생소한
지역으로 가서 수소문하여 생고구마(1만관), 말린 고구마, 쌀, 돼지 등
을 대량 구입하여 싣고 1월 25일 오사카를 향해 출발했다. 그런데 1월
28일 밤 10시쯤 고베(神戸) 와다미시키(和田岬)를 지나다가 전시 중에
폭침된 선박의 잔해에 또다시 충돌하여 만재했던 짐과 함께 배는 순식
간에 침몰하고 새벽 5시쯤 구조반 덕분에 겨우 목숨만 건지게 되었다.
이로 인해 지금까지 한 노력과 고생은 모두 수포로 돌아갔고 경제적으
로 힘든 상태로 되돌아가고 말았다(나가노 신이치로편, 2010: 70~71).

　결국 안재호는 하루 아침에 무일푼이 되어 버려 고향에 돌아갈 수
도 없는 처지가 되었다. 그래서 어쩔 수 없이 합성수지 관련 일을 다
시 시작하기로 했지만 본업으로 돌아가려 해도 시작할 자금이 없었
다. 고민 끝에 종전의 단골이나 친지들에게 그때까지 겪었던 일을 상
세히 설명하자 다행스럽게도 그들은 재기할 수 있도록 자금을 융통해
주었다. 그때 그는 평소 신용이 매우 중요하다는 것을 새삼스럽게 느

좌) 안재호가(安在祜家) 묘소 우) 안재호 모친(故 高從訓) 묘비 건립취지문[1]

겠다고 한다.

또한 안재호는 새로운 기술 개발로 인해 1954년과 1955년에 연속해서 일본 전국 플라스틱 종합대회에서 통산성(通産省) 대신(大臣)상을 수상했고, 1955년과 1958년에 오사카시장(大阪市長)상을 수상했다. 더욱이 일본유기화학공업(주) 주식회사가 개발해서 취득한 특허권을 자기들만 독점하지 않아 일본 업계에 무상으로 제공하여 단추업계 전체의 이익을 위해 기여한 바가 큰 공로로 1965년에 일본합성수지 단추공업협회로부터 감사장을 받기도 했다. 결국 그는 1960년대까지 일본 국내 단추생산의 70%를 점유하면서 단추 수출에 기여한 실적을 높이 평가받아 1967년에 일본 통산성으로부터 수출 공헌 인정증서를 받았으며 일본 사회에서도 인정받는 재일한인 기업가가 되었다.

좌) 고당 안재호 동상 건립   우) 고당 안재호 구휼기념비

2.2. 안재호의 비석 건립 및 동상 제막

제주도 가시리는 1948년 제주 4·3사건의 여파로 인해 지역주민들의 생활을 영위하기 힘들 정도로 기근이 심했다. 당시 주민들은 마을 재건에 온 힘을 쏟으면서도 궁핍과 싸워야 하는 상황이었다. 가재·가구는 소실되었고, 농토는 황폐화되었으며, 축산은 원점에서 시작하게 되면서 생활난이 극에 달하였다. 또 1956년 대흉작으로 인해 주민들은 실의와 좌절로 비참한 지경에 이르렀다.

1956년 말 고향을 방문한 강충남은 연이은 흉년으로 기아에 허덕이고 있는 마을 주민들을 보고서 몹시 가슴이 아팠었다고 했다. 그는 우선 주민들이 먹고 살아야 한다는 생각으로 마을에 거액의 금품을 희사하여 주민을 도탄에서 구휼하였다.

또 일본으로 돌아간 안재호는 고향 출신 한인들에게 마을의 참상을 소개하고 고향을 돕기 위해 모금 운동을 전개하였다. 이를 위해 각

지역별로 친목회 조직을 권유하였으며, 이에 고무된 한인들이 서로 친목회 조직에 참가하여 고향 돕기에 나섰다. 이것이 가시리 재건의 밑거름이 되어 주민들은 그의 열정적인 지원에 감격의 눈물을 흘리며 마을 재건에 매진하게 되었다. 당시 모금에 참여한 가시리 재일제주인들은 오사카(大阪)친목회 50명, 도쿄(東京)친목회 19명, 센다이(仙台)친목회 8명 등 3개 친목단체 회원(77명)을 통해 417,400원의 거액을 모금하여 고향 주민을 구제하였다(南濟州郡 表善面 加時里, 1988: 248).

당시 마을 주민들은 1957년 7월 도탄에 빠진 주민들의 복지와 향토 발전에 새로운 전기를 마련해 준 그들의 거룩한 공적과 두터운 애향심을 영원히 전하기 위해 재일교포 구휼 기념비(在日僑胞救恤記念碑)를 세웠다.

비석 전면에는 다음과 같은 비문이 새겨져 있다.

祖國回復(조국회복) 慰鄕送金(위향송금)
其恩莫大(기은막대) 厥澤重深(궐택중심)
持節於義(지절어의) 救災干心(구혈간심)
惜乎可美(석호가미) 立碑永吟(입비영음)

1957년 10월 加時里民 一同 建立

또한 안재호는 본리 출신으로 일본에서 실업가로 성공하여 마을 사람들의 사랑을 받으면서 일편단심으로 조국과 고향의 발전을 염원하였다. 그는 고국의 복구 상황을 시찰하기 위해 1956년 말 귀국하여 대흉작으로 민생고에 허덕이는 고향을 방문하고 거액의 금품을 희사하였다. 당시 마을 사람들은 주민을 도탄에서 구하고 복지와 마을 발

전에 새로운 전기를 마련한 거룩한 공적과 애향심을 길이 빛내고자
안재호 선생 구휼기념비(安在祜 先生 救恤記念碑)를 세웠다(南濟州郡 表
善面 加時里, 1988: 250).

1957년 7월 加時里民 一同 建立

가시리 주민들은 그 동안 안재호의 향토 발전에 기여한 공적을 잊
을 수 없어 다시 그의 향토애와 지역발전에 공헌한 업적을 찬양하기
위해 1976년 고당 안재호 선생의 동상을 리(里)사무소 경내에 선립하
여 제막함으로써 우리의 자손만대에 길이 선하기로 하였다(南濟州郡
表善面 加時里, 1988: 253).

동상에는 다음과 같은 글이 새겨져 있다.

가시봉(加時峰) 맑은 정기(精氣)타고 자라나
현해탄(玄海灘) 저 너머에 쌓아 온 보람
인내(忍耐)와 근검역행업(勤儉力行業)을 이루니
마침내 우러르는 님이 되셨고
애향(愛鄕)의 횃불 들어 두루 비추니
거룩한 그대 공덕(功德) 찬연(燦然)하리라

1976년 9월 9일 가시리 주민 일동 건립

이러한 사실을 보더라도 안재호는 성실과 노력으로 일본 실업계에
투신하여 거성(巨星)으로 성공하고 자수성가한 대표적인 인물이다.
은의에 사는 것이 인간의 길임을 강조한 그는 평소 안으로 근면하고

파사현정(破邪顯正)[2]을 좌우명으로 삼아왔으며, 특히 조국애와 향토 애가 강하여 고국과 향토 발전에 크게 기여하였다.

3. 안재호의 경영활동과 납세실적

3.1. 안재호의 경영활동

안재호는 1946년 4월 야스모토(安本)전기제작소라는 이름으로 다 시 출발했다. 제품 제조는 합성수지 성형 재료이며 성형 제품은 주로 배선 기구였다. 당시는 물품이 부족한 시대였기 때문에 배선 기구는 만들기 바쁘게 잘 팔렸다. 1946년 말에는 종업원이 200명 정도였는 데 1950년에는 500명을 고용하는 사업으로 성장했다.

이로 인해 안재호는 시대의 흐름을 재빨리 감지하고 사업 확장에 박차를 가하면서 수도권으로 진출하기 위해 치바현(千葉縣) 이치가와 시(市川市)에 공장을 신설했다. 또한 생산 분야의 다양화를 위해 1950 년 8월 야스모토전기제작소를 일본유기화학공업주식회사로 회사명 을 변경한 후 1952년 플라스틱 단추제조 전문회사인 일본단추공업주 식회사를 설립하여 본격적으로 합성수지 성형업을 시작했다. 1956년 에는 도쿄도(東京都) 고토구(江東区)에 도쿄유기(東京有機)주식회사를 설립하여 유리 수지, 멜라민 수지 등을 제조했고, 1960년에는 와카야 마현(和歌山縣) 가이난시(海南市)에 닛신화학공업(日新化學工業)주식회 사를 설립했으며, 1965년에는 이시가와현(石川縣) 야마나카(山中)에 호쿠리쿠화성공업(北陸化成工業)을 설립하여 칠기 소지 및 일반 성형 가공을 시작했다(〈표 11-1〉 참조).

이후 안재호는 그 동안에 모은 자금으로 오사카시에 수천 평의 땅을 사들이고 이것을 활용하기 위해 '엠파이어 모터 풀'이라는 이름으로 주차장 경영을 시작하여 1972년에 야스모토흥산(安本興産)주식회사를 설립하는 등 매우 빠르게 여러 분야에서 성공한 재일한인 기업가가 되었다. 이 외에도 그는 도쿄, 오사카 지역에 10개소 주차장 영업을 흡수하여 부동산 분야에도 세력을 확대하여 경영했으며, 오사카 시내에서 맨션경영을 착수하여 기타 무역과 보험대리점 업무도 수행하였다(姜龍三·李京洙編, 1984: 1342).

〈표 11-1〉 일본유기화학공업(주) 현황

기업명	日本有機化學工業(주)		대표자명	安友士	
설립년도	1950년 4월		창업년도	1950년 4월	
엉업목적	골프 연습징 관리운영, 모터풀징 등 부동산 임대입				
자본금	99,587천 엔		종업원	10명	
임원	安友信, 安悅司, 安光伸(각)		대주주	安友信, 安友十, 安悅司	
소재지	東大阪市 御尉榮町 3-2-28		사업소	본사 부근 지역 5개소	
업적	결산기	매출액(천 엔)	이익(천 엔)	배당(천 엔)	
	2006년 3월	352,000	22,500	0	
	2007년 3월	360,000	30,000	0	
	2008년 3월	355,000	30,000	0	
개황	업무는 골프 연습장과 모터풀장, 부동산 임대업 등을 경영하고 있음. 수익성은 매우 안정적이며 회사 체질강화를 시도하고 있음.				

자료 : (주)東京商工リサーチ(2009), 『平成21年版 東京信用録-近畿·北陸版 上卷』.

3.2. 안재호의 납세실적

재일본제주도민회(在日本濟州道民會, 1993)에 따르면 안재호의 개인별 신고금액은 1990년과 1991년 기준으로 안재호가 경영하는 일본유기화학공업(주)이 다른 기업가에 비해 중간정도 순위로 신고한 것으로 나타났다. 그는 일본 내 전체 신고액 12,634백만 엔 중에서 148백만 엔을 신고함으로서 개별 기업가로 제15위를 차지하고 있다.

〈표 11-2〉는 안재호가(安在祜家)의 1962년부터 2003년까지 세금 납부실적(天王寺稅務署管內)을 조사한 것이다. 가족들은 총 15명이 신고한 것으로 나타났으나 5명은 다른 가족에 비해 많이 납부한 것으로 여겨진다. 그 중 안재호는 1984년부터 1994년까지 매년 약 30,000천 엔 정도를 납부하였다. 나머지 가족들은 1984년 이후 지속적으로 증가하였으나 1994년 이후에 감소하는 경향을 보이는 것으로 나타났다.

이처럼 안재호는 1962년부터 1994년까지 납부한 금액으로 보더라도 재일한인 경제의 영향력을 확대시켜 나갔으며 막대한 자본을 형성하여 지역사회 발전에 공헌했다고 볼 수 있다.

〈표 11-2〉 안재호가의 연도별 세금 납부실적(天王寺稅務署管內)

(단위 : 천 엔)

연도	安在祜	安友信	安友士	安悅三	安悅司	安光伸	기타
1962			5,370				
1963		18,510	3,610				
1964	41,969	17,976					
1965	46,314	19,324					
1966	44,645	20,578	6,092				
1967	41,819	16,859	13,033	5,518			5,798(春子)
1968	37,709	17,780	13,195	6,360			
1969	38,686	18,239	13,234	6,510			
1970	49,172	18,981	15,433	8,619			9,929(能子)
1971	42,514	134,907	130,812		11,730		15,285(요시코)
1975	32,180	16,730			14,949	10,182	15,237(요시코)
1976	44,255	15,956		11,443	13,393	10,505	13,924(요시코)
1977	35,110	15,674			15,662	13,699	12,662(요시코)
1978	30,519	20,321			18,819	18,012	15,793(요시코)

연도	安在祜	安友信	安友士	安悅三	安悅司	安光伸	기타
1979	52,389	20,896	17,807	13,719	21,365	21,156	20,097(요시코)
1980	62,095	24,803	19,312	19,865	19,999	19,918	21,682(요시코) 13,891(에츠코) 13,891(히데코) 13,891(요오코)
1981	55,113	26,044	20,298	20,448	19,766	19,914	19,478(요시코) 17,145(에츠코) 17,110(히데코) 17,110(요오코)
1982	39,868	37,340	30,592	12,668	14,061	14,328	20,310(요시코)
1983	27,095	40,145	15,445	22,847	11,074	11,236	11,701(요시코)
1984	12,575	11,617	12,324				35,403(요시히로)
1985	20,874	24,330	17,790				11,325(요시코) 16,621(미츠루)
1986	28,429	33,475	23,314		10,146	11,965	12,967(요시코)
1987	32,869	35,295	25,240		11,958	13,221	13,842(요시코)
1988	33,057	33,346	23,602		11,353	12,492	12,900(요시코) 155,692(마사에) 10,532(미사에)
1989	29,227	39,106	24,326		17,049	16,998	
1990	39,510	39,396	25,404		18,378	17,525	
1991	27,280	39,929	25,782		18,265	17,463	57,937(아키코) 15,628(하루에) 10,640(가요코)
1992	35,479	48,484	32,443		24,177	21,736	34,690(미치히로)
1993	32,104	47,875	27,186		23,561	22,618	56,692(미치히로)
1994	27,668	36,382	25,878			12,814	
1995		34,488	25,534		11,679	10,863	
1996		39,629	31,395		10,845	10,139	
1997		30,676	24,950				
1998		43,472	23,791		16,022		
1999		28,775	26,444				
2000		33,763	32,616		14,581	15,095	
2001		21,892	21,815			11,997	
2002		21,965	23,215				11,264(히로히사)
2003		26,934	25,883				12,684(히로히사)

자료 : 『500万円を越える高額所得者全覽』(각 년도), 淸文社.
　　　『1,000万円を越える高額納稅者全覽』(각 년도), 淸文社에서 조사 작성.

4. 안재호의 경영정신과 사회적 공헌

4.1. 안재호의 경영정신

안재호는 몇 가지의 뚜렷한 신념과 정신으로 기업을 경영했다고 볼 수 있다. 이런 경영정신은 보는 사람에 따라 다양하게 분석할 수 있겠으나 그의 경영정신은 성실(誠實), 인내(忍耐), 신용(信用) 등 세 가지로 집약해 볼 수 있겠다.

안재호는 성실과 인내에 바탕을 두고 신용으로 자본을 축적하면서 기업을 성장시켜 나갔다. 특히 그는 지금까지 경영활동을 영위하면서 가장 중요하게 생각하는 것이 정직을 무기로 한 경영정신이라고 술회한다. 그리고 신용, 근면, 절약 중에서 신용을 생명처럼 가장 중요하게 생각하여 항상 신용제일주의를 기본신조로 삼아 사업을 수행해야 한다며 실천적 행동으로 이행하였다. 50년 간 사업을 경영하면서 주위의 사랑을 받고 외길로 정진할 수 있었던 것은 주어진 여건에 대해 불평불만을 토로하거나 비굴해 하지 않고 매사에 자신을 가져 신용을 쌓아갔기 때문이다. 또한 해방 후 기계설비와 가족을 본국으로 수송하기 위해 간신히 구한 목조범선을 운항하다 좌초되어 큰 고생을 하고 무일푼의 신세가 된 적이 있다. 하지만 전에 단골이었던 사업 거래처와 친구들을 통해 재기할 수 있는 자금을 모아 1946년 4월 야스모토전기제작소(安本電器製作所)를 만들고 재출발 할 수 있었던 것은 전에 쌓아둔 신용이 큰 구실을 했다는 것이다(鶴岡正夫, 1981: 14~16).

이처럼 안재호는 해방 이후 최근까지 50년 간 이상을 일본 사회에서 여러 가지 어려움을 겪으면서 재일제주인 기업을 성장·발전시켜 왔다. 일본유기화학공업(주)을 비롯하여 8개 회사를 차례로 설립·운

영하여 괄목할 만한 경영성과를 획득할 수 있었던 것은 신용제일주의
를 바탕으로 한 탁월한 경영전략과 실천적 행동으로 기업을 경영한
결과였던 것이다.

따라서 안재호는 성실, 인내, 신용을 기본정신으로 삼아 시대의 흐
름에 따라 폭넓게 기업가활동을 수행하였다. 그의 경영정신은 재일제
주인 기업을 발전시키는데 큰 영향을 미쳤으며, 경영에서도 항상 신
용을 강조하면서 직원들에게 고객우선, 근면, 절약에 대해 몸소 시범
을 보이기도 하였다. 결국 재일제주인 기업가로 크게 성장할 수 있었
던 것은 성실, 인내, 신용에 의한 경영관을 스스로 실천하였으며, 근
검히고 합리적 경영을 통해 부를 축석한 것으로 추측된다.

4.2. 안재호의 사회적 공헌

1) 한국의 경제발진에 대한 공헌

한일 국교정상화는 일본에서 기업가로 성공한 안재호에게 본국의
경제발전에 기여할 수 있는 절호의 기회였다. 안재호는 1967년 9월
대한합성화학공업(大韓合成化學工業)주식회사를 설립하여 요소 수지
및 멜라민 수지를 생산하였고, 이와 동시에 칠기 및 멜라민 식기류를
생산했다. 특히 동사에서 생산된 멜라민 식기 및 유리 식기는 서울의
일류 백화점을 비롯하여 부산, 대구 등 전국의 백화점에서 인기가 있
는 제품이었다(〈표 11-3〉 참조).

이 회사는 1967년 창업하여 1973년 일본유기화학공업(주)과 51%
대 49% 비율로 외자 도입법에 의해 세워진 합작투자 회사로서 1975
년부터 연간 300만 달러 이상의 제품을 일본에 수출함으로써 수출

촉진에 크게 기여했다. 1994년 안재호가 타계한 이후 1994년부터 2009년까지 4남 에츠지(悅司)가 대표이사를 계승하였으며, 2010년부터 5남 미츠노부(光伸)가 대표이사를 맡고 있다. 특히 동사는 1967년 설립한 이후 3백 명의 종업원을 거느린 가운데 연간 2만 4천 톤의 생산설비를 가져 공업용 호루마린를 생산한 바 있다(姜龍三·李京洙編, 1984: 1342). 현재 동사는 1967년 회사를 창립한 이래 한국 합성수지 업계의 선두주자로서 수출 뿐만 아니라 국내 소비를 통해 한국의 경제발전에 크게 기여하고 있다(나가노 신이치로편, 2010: 75~76).

이처럼 안재호는 노력가로서 누구에게도 피해를 끼치지 않고 성실하게 삶을 살아온 사람으로 "신뢰를 배반하지 않는다."는 경영철학을 갖고 있다. 배가 두 번이나 침몰했고 세 번이나 화재를 당했으며, 다섯 번이나 전 재산을 잃었지만 신용이 있었기 때문에 빠른 시간 내에 원상을 복구할 수 있었다. 또한 일본 은행들은 일본 사회에서 일본인 이상의 신용으로 대접해 주었다. 오로지 신용 하나만으로 일본 사회에서 기업가로서 성공한 그는 조국과 고향을 위해서도 무엇인가 하고 싶어 했으며 그것이 조국애와 애향심의 발로에서 나타났다고 볼 수 있다.

〈표 11-3〉 대한합성화학공업(주) 현황

기업명	大韓合成化學工業(주)	기업공개 분류	외감
대표자명	安光伸	기업규모	소기업
사업자 번호	109-81-00000	법인/주민번호	110111-0000000
주소	서울시 강서구 염창동		
업종	기타 기초 무기화합물 제조업	설립일자	1967년 9월 8일

자료 : http://www.dnbreport.co.kr

2) 제주도 지역발전에 대한 공헌

지금까지 재일제주인은 향토발전을 위해 육영사업, 감귤진흥, 전화·전기, 수도, 도로포장, 문화·체육·새마을 사업 등에 적극적으로 동참하여 왔다. 이러한 재일제주인 중에서 안재호는 본국의 경제발전에 기여했을 뿐만 아니라 제주도 지역발전을 위해 다양한 사회공헌 활동을 활발히 전개했다.

〈표 11-4〉에서 보면 안재호는 가시리초등·중학교 교실 신축(41만 원)을 비롯하여 시설확충, 주민회관 신축, 전기가설, 도로포장 등 가시리 지역에 1956년부터 1987년까지 현금 7,000여만 원을 지원했고, 그 외 학습 용구와 같은 현물 지원도 아끼지 않았다. 특히 제주도에 대한 지원은 출생지인 가시리를 비롯한 제주도 전 지역에 걸쳐 기부를 요청해 오면 늘 쾌척했다. 그 중 제주도립병원에 의학 서적, 제주도 교육위원회에 학교시설, 제주대학교에 비품구입 성금 및 도서관 비품 비용을 기증하였다. 또한 제주도청에는 고성능 쾌속정을 희사하였고, 예총 제주도지부에 한라문화제 성금을 지원했으며, 제주도 체육회 및 전국소년체전 성금 등을 여러 차례에 걸쳐 기부했고, 제주도 각 지역 중·고등학교의 교육 사업에 지원했다. 제주도청이 파악하고 있는 기부액만 해도 1억 6,000만 원이 된다. 이 기부는 1950년대부터 시작했기 때문에 그 당시의 화폐가치를 생각하면 실제로는 더 큰 금액으로 평가해야 할 것이다(재일동포모국공적조사위원회, 2008: 200~201).

결국 안재호의 기증은 수혜를 받은 주민들에게 생활 향상과 같은 경제적 도움으로 작용하기도 했고, 제주의 지역개발을 비롯한 한국의 경제발전에도 커다란 역할을 하였다.

〈표 11-4〉 고당 안재호의 기증 실적 내역

(단위 : 천 원, 권, 개, ㎡)

수증처	품명	종류	금액	수량	기증 목적	기증 년도
제주도청	의학 서적	현물	174	87	제주도립병원용 도서	1963
도교육위원회		현금	647.5		학교시설 기금	1963
제주대학교		현금	35		제주대학 비품구입 성금	1962
제주대학교	도서(日書)	현물	460	229	제주대학 학술연구용	1963
제주대학교		현금	2,870		제주대학 비품구입 성금	1963
제주도청	고성능쾌속정	현물	5,000	1		1967
제주도청		현금	500		빌리호 태풍 의연금	1970
제주도체육회		현금	250		도체육회 풀장시설 기금	1972
제주도청		현금	500		새마을 사업 성금	1973
예총 제주도지부		현금	100		한라문화제 성금	1973
제주대학교	도서	현물	1,000	289	제주대학교 도서관 비품	1974
예총 제주도지부		현금	200		제13회 한라문화제 성금	1974
제주도체육회		현금	70,000		제13회 전국소년체전 성금	1984
애월읍	시계	현물	18	1	애월상업고등학고 비품	1963
애월읍		현금	18		애월중학교 운영비	1962
한경면		현금	18		신창중 운동시설(농구대)	1963
한경면		현금	18		신창중학교 교실 증축비	1963
2도동		현금	17.5		신성여고 체육시설용	1962
화북동	철봉, 평행봉	현물	25	8	오현고 시설 및 체육시설	1962
화북동		현금	17.5		제주사범학교 비품	1962
아라동	자동복사기	현물	17.5	1	제주여고 비품	1962
노형동		현금	62		제주농고·제주제일중 교육용 용구 구입	1962
2도동		현금	30		광양초등교 앰프시설	1967
2도동		현금	500		오현각 건립 기금	1967
이호동		현금	800		독립지사 및 김만덕 기념사업	1976
대정읍		현금	17.5		무릉중학교 교문건립	1963
대정읍		현금	20		무릉중학교 정문건립	1964
남원읍	충전용 발전기	현물	50	1	남원중학교 비품	1963
성산읍	타자기	현물	18	1	성산수고 비품	1962

수증처	품명	종류	금액	수량	기증 목적	기증 년도
성산읍	토지	현물	3,000	1,098.9	성산수고 시설비	1963
표선면		현금	410		가시초교·표선중 건축	1964
표선면	앰프시설	현물	140	1	가시리 문화시설	1962
표선면	운동복	현물	17	12	가시리 청년위문	1963
표선면		현금	180		가시리 심정굴착 및 리사무소 비품 구입	1963
표선면		현금	35		표선중 택지 구입비	1963
표선면		현금	20		표선중 택지 구입비	1964
정방동	국기게양대	현물	17.5	1	서귀중 국기게양대 시설비	1962
정방동		현금	100		서귀중 가교사 건립비	1965

자료 : 濟州特別自治道(2007), 『愛鄉의 보람』에서 조사 작성.

5. 맺음말

본 연구는 안재호(安在祜)의 일생에 초점을 맞춰서 어떤 경영철학으로 일본 사회에서 재일제주인의 자본축적에 기여했으며, 또 본국을 비롯한 제주도에 대한 애향심이 한국경제와 제주도 발전에 어떤 공헌을 했는지를 면밀히 고찰한 것이다.

안재호는 한 가지 일에만 전심전력(全心全力)을 다했고 그것이 자산으로 형성되어 주위 사람들로부터 사랑을 받고 신뢰를 얻게 되었다. 또한 딴길을 걷지 않고 꾸준히 합성수지 분야로만 충실하게 한 우물을 팠기 때문에 업계에서도 인정을 받게 되었다. 1950년 유기화학공업을 통해 일본을 비롯한 한국의 경제발전에 큰 공헌을 했다. 이 외에도 그는 고향의 발전을 위해 서귀포시 표선면에 공공시설 건설, 학교건립, 마을 전기가설, 도로포장 등에 고액의 자금을 제공하여 지역발전에 공헌했을 뿐만 아니라 제주도립병원에 의학 서적을 보냈고, 제주대학교에는 도서와 비품을 기증했으며, 제주도청에 고성능 쾌속정 등을 기증하기도 했다.

따라서 안재호는 일본 사회에서 온갖 차별을 받으면서 어려운 여건 속에서도 무에서 유를 창조하는 경영정신으로 사업 활동을 전개하여 본국을 비롯한 지역사회에도 기여하여 왔다. 결국 그는 일본유기화학 공업(주) 등 여러 사업 분야에서 기업가활동을 수행하면서 그 수익의 일부를 한국의 경제발전에 투자하였고, 제주지역의 교육사업과 마을 발전에 공헌하여 기업의 사회적 책임을 다한 재일제주인 기업가로 볼 수 있다.

❙ 주 _____

1) 안재호 관련 사진은 2010년 8월 초 일본 세계유산인 와카야마현(和歌山縣) 고야 산(高野山) 묘지 입구에서 필자가 촬영한 것이다. 안재호는 일본 사회에서 국가와 고향에 대한 마음을 표현하기 위해 일본인보다 10배 이상의 묘지에 한국식 봉분을 만들어 어머니, 부인 등을 모셨다. 이 묘지는 방문하는 일본인들이 누구 묘소인지 를 알기 위해 둘러보는 곳으로 유명하다.
2) 교(敎)에서는 부처님의 가르침에 사악(邪惡)하여 도리(道理)를 깨뜨리고 바른 도 리를 드러낸다는 뜻으로 그릇된 생각을 버리고 올바른 도리를 행한다는 것을 비유 해 이르는 말이다.

효천 강충남의 기업가활동

1. 머리말

본 연구는 재일제주인 기업가 중에서 전기전선공업을 통해 부(富)를 축적하고 자본형성에 이바지한 효천(曉泉) 강충남(康忠男)의 기업가활동을 고찰한 것이다. 강충남(1926.5.24~2006.8.18)은 일본 관서(關西)지역에서 활동한 사업가로 1955년 후지전선공업(주)을 시작으로 1971년 후지전선판매(주) 등 5개 회사를 설립하여 상당한 경영성과를 이룩한 대표적인 기업가로 알려져 있다. 그는 성실(誠實), 신용(信用), 인간중심경영(人間中心經營) 등을 삶의 좌우명으로 삼아, 전기전선 분야에 심혈을 기울인 기업가이다.

재일본제주도민회(在日本濟州道民會, 1993)에 의하면, 강충남은 재일제주인 전체 신고액 12,634백만 엔 중에서 1990년(866백만 엔)보다 약간 늘어난 875백만 엔을 신고함으로써 일본 내에서 5,562 순위를 차지하였다. 강충남은 1955년 2월 후지전선공업(주)[1]을 창업하여 일본 내에서 합성수지 전선, 고무전선 제조, 배선기구, 플러그·단말기 가공 등을 제조·판매하면서 무(無)에서 유(有)를 창조한 입지전적(立

志傳的)인 인물이다.

더욱이 그는 후지전선공업(주)을 비롯하여 후지전기공업(주), 후지
전선판매(주), 후지전정공(주), 후지전공(주)[2] 등 전기전선 그룹을 경
영하면서 그 수익의 일부를 일본 사회에 투자하고 제주도 지역발전에
공헌을 다한 재일제주인 기업가이다.

따라서 본 연구에서는 각종 공식·비공식 자료와 통계, 신문기사,
현지조사 등을 통하여 일본 사회에서 경영활동을 수행하면서 고향에
애향심을 표현한 강충남의 기업가활동을 살펴보고자 한다. 이를 위해
본장에서는 우선, 강충남의 생애와 업적을 살펴본 후, 다음으로 강충
남의 경영활동과 납세실적을 알아보며, 마지막으로 강충남의 경영정
신과 지역사회 공헌을 파악하고자 한다.

2. 강충남의 생애와 업적

2.1. 강충남의 생애

강충남[3]은 1926년 5월 14일(호는 曉泉, 본관은 谷山康氏 入島 19세손)
제주도 남제주군(현 서귀포시) 표선면 세화리(細花里)에서 태어났다. 그
는 공립표선보통학교를 졸업한 후 1940년 14세 때 일본 오사카로 건
너가 친척이 경영하는 고무제조 공장에서 주경야독으로 공부하면서
부지런히 일하는 억척같은 소년이었다(吳大賢編, 1983: 59).

19세 되는 해 조국의 해방을 맞은 강충남은 많은 재일한인들이 귀
국을 서두르는 북새통에서도 성공하기 전에는 결코 돌아갈 수 없다는
각오로 혼란이 심한 오사카 거리를 누비며 장차 훌륭한 기업가로 도

약할 수 있는 업종이 무엇인지를 곰곰이 생각하였다. 이리하여 제주도 출신들이 밀집해 사는 오사카에서 친척이 경영하는 전선(電線) 관련 공장에서 낮에는 일하고 밤에는 공부하면서 성실히 노력하였다. 이때부터 전기전선 생산·제조 분야에서 일을 하면서도 전기 수요 급증에 따른 전선 공급을 생각하여 성장가능성이 있고 건실하게 생산업종에 대한 기업을 경영하겠다는 꿈을 키워 나갔다. 이후 그는 오사카전문학교(舊制 大阪專門學校)를 졸업한 후 태양화학공업(太洋化學工業)에서 전무로 근무하면서 전기에 대한 지식을 터득하고 전선 관련 시적을 팀독하면서 직접 실습에 나서는 등 노력을 거듭한 끝에 마침내 자신감을 갖게 되었다.

강충남은 한국전쟁이 끝나 뒷수습이 한창인 무렵 지금까지 근검·절약으로 모아둔 야간의 자본과 빚을 얻어 1955년 2월(자본금 2백만 엔) 20대 후반 젊은 나이에 주택·토목·건설부문 등 전선제조 사업에 뛰어들 결심을 하여 후지전선공업(주)을 창업하였다. 당시 후지전선공업은 일본에서 재일한인 기업이 전선회사를 창립한 최초의 회사였다고 회고할 정도로 성장 가능성이 높았다. 하지만 창업 후 동사는 얼마 동안 고난의 언속이었으며, 급여 수준이 낮고 작업 환경이 열악한 중소기업에서 좋은 제품을 생산할 수가 없는 상황이었다. 특히 대부분의 전선업체가 판매부진에 허덕이는 실정에서 재일한인 기업의 형편은 말이 아니었으며, 신용도 낮아 적자 경영을 할 수 밖에 없었다.

강충남은 사업 초기에 일본으로 이주할 때 각오와 그 동안 일본에서 배우고 익힌 기술로 창업을 했지만 뿌리 깊은 일본인의 차별과 일본의 경기악화로 인해 악전고투(惡戰苦鬪)의 험난한 길을 걸었다. 이러한 상황을 벗어나기 위해서는 무엇보다 사원들이 일하는 보람과 희

망을 갖고 일에 매진할 수 있도록 기업의 경영목표를 명시하고 여건
을 마련해야 한다고 생각했다. 그래서 생활의 좌우명이자 경영의 기
본으로 삼고 있는 성실과 신용으로 직원들의 임금 향상과 작업환경
개선, 그리고 품질 표준화와 품질관리 제도를 도입하여 전사적으로
추진되는 직원교육에도 힘을 기울였다(濟州商工會議所, 1995: 35).

또한 그는 "보다 좋은 제품을 보다 안전한 사회에 보낸다."고 하는
경영정신으로 경영활동을 영위하였다. 후지(富士)마크가 선명한 상품
은 날개 돋친 듯 팔려나가면서 신용을 통한 거래처가 증가하고 사업
이 날로 번창해 나갔다(姜龍三·李京洙編, 1984: 1324~1325). 그 결과 동
사는 연간 매출액 200억 엔, 일본 시장점유율 60%로 동업 420개사
가운데 제1의 시장점유율을 자랑했다(강충남, 1994: 26~31). 결국 재일
한인 기업으로 최초의 전선회사인 후지전선공업은 품질 표준화와 품
질관리 제도를 일찍이 도입하여 1964년부터 전선업계 주류였던 다품
종소량생산에서 고품질을 목표로 전환하여 일본의 고도 경제성장에
편승하여 크게 신장했다.

이후 강충남은 전기전선공업 분야에서 튼튼한 기반을 다져 경영관
리 우량기업으로 선정되고, 일본 사회에서 신뢰를 쌓는데도 노력하여
1967년 오사카 통상산업국장상(大阪通商産業局長賞)을 받기에 이르렀
다. 같은 해 동사는 품질관리 우량공장으로 선정되어 1967년 오사카부
지사상(大阪府知事賞)을 받았으며, 이듬해에는 합리화 모델 공장으로
지정되어 중소기업청장관상(中小企業廳長官賞)을 받았다. 1970년에는
공장 표준화를 실시하는 우량공장으로 선정되고, 1년 후 1971년에는
중소기업연구센터상을 받았다. 또다시 1973년에는 공업 표준화를 실
시하는 우량공장으로 선정되어 공업기술원장상을 받은데 이어, 1981

년 10월(자본금 1억 엔 이하의 중소기업)에는 사상 최초로 공업 표준화와 품질관리 우량공장으로 선정되어 일본 공업계에서 최고 영예인 통산성 대신상[4]을 수상하였다. 이것은 그야말로 한눈팔지 않고 한 곳에만 매달려 정성과 땀을 쏟으며, 신뢰에 바탕을 두어 전기전선 제조를 통해 얻어낸 값진 결실이었다(姜龍三 · 李京洙編, 1984: 1324~1325).

또한 이국의 냉대와 차별을 극복하고 오늘의 기반을 구축한 그에게는 어린시절 고향에서의 찌든 가난과 정겨운 추억이 항상 마음을 떠나지 않았다. 마침내 그는 일본에서 성공한 기업가의 한 사람으로서 평소 품어온 애향정신을 실천하기 시작했다. 화산초등학교에 비품 및 시설비, 마을에 전기 · 전화시설과 도로 포장비 등을 지원했으며, 1981년 표선상고에 시설비 및 이설비용을 지원하였다(재일동포모국공적조사위원회, 2008: 208~209). 또 1984년 5월에 열린 제13회 전국소년체전에는 오사카지역 후원 회장을 맡아 8억 2천만 원의 거금을 모아 전달한 바 있다. 특히 오사카지역에서 4개 단체(재일제주경제인협회, 재일제주도민회, 재일제주도친목회, 재일제주청년회)로 분산되어 있던 제주도 출신 친목단체를 하나로 통합하여 관서제주도민협회를 창립함으로써 오사카지역의 제주도민의 화합을 이끌었다. 당시 그는 초대회장으로 취임하면서 "남북통일보다 더 어려운 재일제주도민단체를 통합했다."라며 감격한 바 있다고 한다(在外濟州道民會總聯合會, 2005: 886~887).

이 외에도 강충남은 1994년 간사이지역 제주도민협회를 처음으로 조직하며 초대회장을 지냈으며, 민단오사카지방본부 고문, 오사카한국상공회의소 상담역, 관서은행 이사 등을 역임했다. 결국 그는 제주도 발전의 공로를 인정받아 1990년 국민훈장 동백장(冬栢章), 석류장(石榴章), 제주대학교 명예경제학 박사를 비롯하여 국무총리, 문교부장관, 체육부장관, 제주도지사 표창을 받았다.

따라서 그는 성실과 신용으로 실업계에 투신하여 온갖 역경을 극복하면서 성장하였고, 일본 사회에서 후지전선공업회사 등을 경영하면서 크게 부상한 인물이다.

2.2. 강충남의 공덕비 및 흉상 건립

표선면 세화1리에는 1990년대 이후 학교 개설이나 이설에 기여한 공적이거나 해방과 제주 4·3사건 이후 어려운 시기에 춘궁기나 마을 재건에 물심으로 노력한 이들을 기리는 공덕비가 많이 건립되어 있다. 또한 이 마을에는 1976년 이후 전기가설이나 도로포장, 마을회관 건축 등 출신 고향을 위해 기금을 출연했거나 기여한 이들을 기리는 비가 주종을 이루고 있다. 특히 재일제주인 강충남은 제주대학교 연구기금 조성 등을 비롯한 학교 시설비, 마을의 전기가설, 도로포장, 마을회관 건립에 많은 공헌을 하여 다른 지역의 모범이 된 기업가이다.

1) 재일교포(在日僑胞) 강충남선생(康忠男先生) 공덕비(功德碑) 건립

세화1리민 일동은 1978년 9월 강충남의 새마을 구판장 건립에 대한 거룩한 공적과 두터운 애향심을 영원히 전하기 위해 세화1리 비석거리에 공덕비(在日僑胞 康忠男先生 功德碑)를 세웠다. 비석 후면에는 다음과 같은 비문(이 비는 서쪽을 향하고 있으며, 비신(碑身)의 높이는 97cm, 너비는 30cm, 두께는 12cm이다)이 새겨져 있다(서귀포문화원, 2008: 633).

좌) 재일교포 강충남선생 공덕비   우) 강충남선생·김해옥여사 공덕비

先生은 木里에서 태어나 少年時節에 鵬程萬里의 大志를 품고 渡日하여 勤勉과 忍耐로서 成業을 하신 實業家이시다. 搖籃을 아끼시는 선생의 愛鄕心은 巨額을 鄕史發展에 喜事하시어 새마을 購販場을 建立하여 주셨으니 높으신 그 功德 永遠히 빛나리다.

1978년 9월 細花里民 一同 建立

2) 강충남선생(康忠男先生)·김해옥여사(金海玉女史) 송덕비(功德碑) 건립

세화1리민 일동은 1989년 11월 강충남선생과 김해옥여사의 마을회관 부지대금 및 신축기금 희사, 기타 도로포장, 전기시설, 구판장 신축 등에 대한 공적과 두터운 애향심을 영원히 전하기 위해 세화1리 마을회관 앞에 공덕비(康忠男先生·金海玉女史 頌德碑)를 세웠다(서귀포문화원, 2008: 628).

비석 좌측면에는 西紀 一九八九年 十一月 表善面 細花一里 里民一同 建立이라 새겨져 있으며, 우측면에는 支援內譯 敷地代 一金 七百萬원 建物分 三千五百萬원이라 새겨져 있다. 이 비는 동쪽을 향하고 있으며, 비신의 높이는 147cm, 너비는 55cm, 두께는 24cm이다.

1989년 11월 細花里民 一同 建立

3) 강충남선생(康忠男先生) 송덕비(頌德碑) 건립

화산초등학교 학부형 일동은 1994년 6월 강충남의 표선고등학교 이설 기반조성, 마을회관 건립, 화산초등학교 급식시설 등에 기여한 공적과 두터운 애향심을 영원히 전하기 위해 세화리 구 화산초등학교 입구에 공덕비(康忠男先生 頌德碑)를 세웠다. 이 비는 총고 134.0cm, 비신의 높이는 106.5cm, 너비는 36.4cm, 두께는 15.2cm이다(제주특별자치도·한국문화원연합회 제주특별자치도지회, 2009: 221).

4) 강충남선생(康忠男先生) 공덕비(功德碑) 건립

마을 주민들은 2000년 6월 강충남의 거룩한 공적과 두터운 애향심을 영원히 전하기 위해 세화1리 노인 회관 옆에 공덕비(康忠男先生 功德碑)를 세웠다. 비석 후면에는 다음과 같은 비문(이 비는 서쪽을 향하고 있으며, 비신의 높이는 66cm, 너비는 83cm, 두께는 3cm이다)이 새겨져 있다(서귀포문화원, 2008: 630~631).

先生은 鄕里에서 태어나 少年時節에 大志를 품고 渡日하여 勤勉과 忍耐로서 成業을 하신 實業家이시다. 搖籃을 아끼시고 愛鄕精神이 至極한 분으로서 地方育成發展을 念願하여 電氣, 電話, 道路鋪裝事業, 表善商

좌) 강충남선생 공덕비   우) 효천 강충남선생 박사상

高 移設, 鄕里購販場 建立, 福祉會館 新築, 初等學校 給食所 建立 등 數次에 걸쳐 支援하여 주셔서, 故鄕發展에 劃期的인 轉機를 마련하셨나.

今般 細花一里, 二里間 郡道 擴·鋪裝 事業으로 인하여 先生께서 七十五年度에 巨額을 快擲하시어 建立한 購販場이 撤去하게 되어 새로 新築하는 購販場 建立費를 또다시 支援하여 주셨다. 先生께서 故鄕發展에 獻身하신 그 功德 千秋에 빛나고 後代에 燦爛하니 鄕民一同은 崇高한 그 뜻을 永遠히 기립니다.

2000년 6월 24일 細花里民 一同 建立

5) 효천(曉泉) 강충남선생(康忠男先生) 흉상 건립

제주대학교 교직원 일동은 2000년 10월 강충남의 고귀한 정성과 높은 뜻을 제주대학교의 역사와 더불어 영원히 기리고자 본관 앞에 흉상(曉泉 康忠男先生 博士像)을 건립하였다. 비석 후면에는 다음과 같은 비문이 새겨져 있다.

효천 강충남 박사님은 1926년 5월 24일 남제주군 표선면 세화리 출신
으로 일본 대판에서 후지전선그룹을 경영하고 있는 명망 있는 사업가로
서 관서제주도민협회 명예회장직을 맡고 계시면서 뜨거운 애향심과 교육
발전을 위한 남다른 애정을 가지시고 1999년 10월 7일과 2000년 7월 27
일 두 차례에 걸쳐 제주대학교 발전을 위한 장학기금 및 학술연구 기금으
로 10억 원을 쾌척해 주셨습니다. 이에 기증자의 고귀한 정성과 높은 뜻
을 제주대학교의 역사와 더불어 영원히 기리고자 이 상을 세웁니다.

2000년 10월 21일 제주대학교 총장 조문부 외 교직원 일동

이러한 사실을 통해 강충남은 실업계에 투신하여 성실과 신용으로
일본 사회에서 거성(巨星)으로 성공하고 자수성가한 대표적인 인물이
다. 결국 그는 평소 성실과 신용, 인간중심경영을 삶의 좌우명으로
삼아왔으며, 특히 향토애가 강하여 지역사회 발전에 크게 기여하였음
을 알 수 있다.

3. 강충남의 경영활동과 납세실적

3.1. 강충남의 경영활동

1) 후지전선공업(주) 활동

후지전선공업(주)은 1955년 2월 일본 가시와라시(柏原市) 홍교(本鄕)
에 전선제조를 영업목적으로 설립된 회사이다(창업은 1954년 8월). 동

사는 1955년 일본 오사카에서 자본금 2백만 엔으로 창립하여 연간 매출액 2백억 엔, 일본 국내 1위의 시장점유율(전 품종)을 자랑하면서 전선메이커 4백 10사 가운데 12위를 기록한 바 있다. 이후 동사는 1997년 기준으로 회사대표 강융언(康隆彦)이 자본금 8천 1백만 엔을 투자하여 종업원 수 196명, 연간 매출액 2백 6십억 엔의 중견기업으로 육성한 전기전선회사(전선케이블 제조업)이다.

경영진 구성을 보면 동사는 취체역 강장수(康章秀), 고야마(興山友吉), 오자와(大澤 淸), 강창수(康昌樹), 오치아이(落合 茂), 아가키(赤木浩二), 감사역 나가노(永野康千惠子) 등을 선임하였으며, 강융언, 강장수 등이 투자하여 대주주로서 활약하고 있다(〈표 12-1〉 참조).

최근에 들어 동사는 동(銅) 시세의 급등을 배경으로 수입을 늘리는 기조가 이어져 왔지만 2008년 10월 이후 리만 쇼크의 영향으로 가격, 수주가 후퇴하는 경향을 보여주고 있다.

〈표 12-1〉 후지전선공업(주) 현황

기업명	富士電線工業(주)		대표자명	康隆彦	
설립	1955년 2월		창업	1954년 2월	
영업목적	전선제조 100%				
자본금	81,000천 엔		종업원	196명	
임원	(代副)康章秀, (專)興山友吉, (取)大澤 淸, 永野昌樹, 落合 茂, 赤木浩二, (監)永野千惠子				
대주주	康隆彦, 康章秀				
소재지	大阪府 柏原市 本郷 5-5-48		사업소	奈良縣 五條市 테크노파크奈良	
업적	결산기	매출액(천 엔)	이익(천 엔)	배당(천 엔)	
	2007년 1월	30,248,955	614,102	75	
	2008년 1월	32,945,206	393,792	150	
	2009년 1월	26,297,408	234,250	-	

자료 : (주)東京商工リサーチ(2009), 『平成21年版 東京信用録-近畿·北陸版 上卷』.

2) 후지전기공업(주) 활동

후지전기공업(주)은 1971년 8월 일본 가시와라시(柏原市) 가와하라초(河原町)에 전기접속기 가공판매를 영업목적으로 설립된 회사이다(창업은 1967년). 동사는 1997년 기준으로 자본금 3,600만 엔으로 창업하여 배선기구, 부속품제조업 등을 생산하는 전기공업회사이다. 이후 동사는 회사대표 강용언이 자본금 4천 5백만 엔을 투자하여 종업원 수 12명, 연간 매출액 6억 엔의 기업으로 육성하고 있다.

경영진 구성을 보면 동사는 취체역 나가노(永野千惠子), 강장수, 감사역 오하라(大原英二) 등을 선임하였으며, 후지전선공업이 100% 투자하여 대주주로서 활약하고 있다(〈표 12-2〉 참조).

최근에 들어 동사는 후지전선공업 그룹의 계열회사로서 배선기구, 플러그, 단말기 등을 제조하며 경영실적 향상을 기대하고 있다.

〈표 12-2〉 후지전기공업(주) 현황

기업명	富士電器工業(주)		대표자명	康隆彦	
설립	1971년 8월		창업	1967년	
영업목적	전기접속기 가공판매				
자본금	45,000천 엔		종업원	12명	
임원	(取)永野千惠子, 康章秀, (監)大原英二				
대주주	富士電線工業 100%				
소재지	大阪府 柏原市 河原町 3-10		사업소	공장(본사)	
업적	결산기	매출액(천 엔)	이익(천 엔)	배당(천 엔)	
	2006년 7월	710,000	46,000	0	
	2007년 7월	676,000	49,000	0	
	2008년 7월	642,000	65,000	-	

자료 : 〈표 12-1〉과 동일함.

3) 후지전선판매(주) 활동

후지전선판매(주)는 1973년 9월 일본 가시와라시(柏原市) 홍교(本鄕)에 전선판매(전기기계기구 도매업)를 영업목적으로 설립된 회사이다(창업은 1973년 9월). 동사는 회사대표 강융언이 자본금 7천 2백만 엔을 단독 투자하여 설립한 이후 종업원 수 40명, 연간 매출액 300억 엔의 기업으로 육성한 전선판매회사이다.

경영진 구성을 보면 동사는 취체역 강장수, 오하라(大原英二), 감사역 나가노(永野千惠子) 등을 선임하였으며, 후지전선공업과 강융언이 투자하여 대주주로서 활약하고 있다(〈표 12-3〉 참조).

최근에 들어 동사는 후지전선공업(주)의 판매자회사로서 동(銅) 시세의 급등을 배경으로 업무 규모가 확대되었지만 전반기에 들어 시세가 보합세를 유지하면서 수입이 감소하는 경향에 있다.

〈표 12-3〉 후지전선판매(주) 현황

기업명	富士電線販賣(주)		대표자명	康隆彦	
설립	1973년 9월		창업	1973년 9월	
영업목적	전선판매 100%				
자본금	72,000천 엔		종업원	40명	
임원	(取)康章秀, 大原英二, (監)永野千惠子				
대주주	富士電線工業, 康隆彦				
소재지	大阪府 柏原市 本鄕 5-5-48	등기상 본사		大阪府 八尾市 久宝園 3-103	
업적	결산기	매출액(천 엔)	이익(천 엔)	배당(천 엔)	
	2006년 8월	26,200,000	871,000	-	
	2007년 8월	33,100,000	680,000	-	
	2008년 8월	30,200,000	670,000	-	

자료 : 〈표 12-1〉과 동일함.

4) 후지전정공(주) 활동

후지전정공(주)은 1985년 10월 일본 가시와라시(柏原市) 가와하라초 (河原町)에 기기용전선, 배선회로(wire harness)판매를 영업목적으로 설 립된 회사이다(창업은 1985년 10월). 동사는 회사대표 강융언이 자본금 7천 2백만 엔을 투자하여 설립한 이후 종업원 수 40명, 연간 매출액 40억 엔의 기업으로 육성하여 기기용전선 및 배선회로를 판매하는 회 사이다.

경영진 구성을 보면 동사는 취체역 강장수, 오치아이(落合茂), 감사 역 오하라(大原英二) 등을 선임하였으며, 후지전선공업, 강융언, 강장 수가 투자하여 대주주로서 활약하고 있다(〈표 12-4〉 참조).

최근에 들어 동사는 후지전선공업(주) 그룹의 계열회사로서 기기용 전선, 배선 판매를 손수 다루면서 매분기마다 안정적인 사업 활동을 영위하고 있다.

〈표 12-4〉 후지전정공(주) 현황

기업명	富士電精工(주)		대표자명	康隆彦	
설립	1985년 10월		창업	1985년 10월	
영업목적	기기용전선 판매, 배선회로(wire harness)판매				
자본금	72,000천 엔		종업원	40명	
임원	(取)康章秀, 落合 茂, (監)大原英二				
대주주	富士電線工業, 康隆彦, 康章秀				
소재지	大阪府 柏原市 河原町 3-10		사업소	大阪府 柏原市 本鄕 5-5-48	
업적	결산기	매출액(천 엔)		이익(천 엔)	배당(천 엔)
	2006년 7월	3,892,000		240,000	5,000
	2007년 7월	4,571,000		165,000	5,000
	2008년 7월	4,247,000		193,000	5,000

자료 : 〈표 12-1〉과 동일함.

3.2. 강충남의 납세실적

재일본제주도민회(1993)에서 보면 강충남의 개인별 신고금액은 1990년과 1991년 기준으로 강충남이 경영하는 후지전선공업(주) 등이 다른 기업가에 비해 상위 순위로 신고한 것으로 밝혀졌다. 그는 일본 내 전체 신고액 12,634백만 엔 중에서 875백만 엔(富士電線工業)과 666백만 엔(富士電線販賣)을 신고함으로써 개별 기업가로 제2위와 6위를 차지하고 있다.

〈표 12-5〉는 강충남가(康忠男家)의 1984년부터 2003년까지 세금납부실적(八尾稅務署管內)을 조사한 것이다. 가족은 총 3명이 신고한 것으로 나타났는데 강충남은 다른 가족에 비해 많이 납부한 것으로 여겨진다. 그는 1984년부터 1994년까지 매년 지속적으로 증가하여, 1995년에 최고 금액인 87,293천 엔을 납부한 것으로 나타났다. 나머지 가족들도 1988년 이후 지속적으로 증가하는 경향을 보였지만 형제간에는 큰 차이가 없는 것으로 나타났다.

결국 강충남은 지금까지 납부한 금액으로 보더라도 재일한인 경제의 영향력을 확대시켜 나가며 막대한 자본을 형성하여 지역사회 발전에 공헌했다고 볼 수 있다.

〈표 12-5〉 강충남가의 연도별 세금 납부 실적(八尾稅務署管內)

(단위 : 천 엔)

연도	康(永野)忠男	康(永野)隆彦	康(永野)章秀
1984	21,822		
1985	19,588		
1986	20,150		
1987	22,301		
1988	29,038	11,584	11,184
1989	37,001	15,873	17,150
1990	31,926	19,184	18,153
1991	35,088	25,097	24,615
1992	42,355	25,462	24,649
1993	44,258	28,780	26,084
1994	45,216	33,361	32,225
1995	87,293	41,436	37,996
1996	42,788	50,383	44,970
1997	47,588	51,012	44,978
1998	50,014	57,174	54,708
1999	51,453	51,534	46,134
2000	39,896	40,468	35,243
2001	40,414	40,475	35,248
2002	51,293	40,451	35,559
2003	42,097	39,888	35,075

자료 : 『1,000万円を越える高額納税者全覽』(각 년도), 淸文社에서 조사 작성.

4. 강충남의 경영정신과 지역사회 공헌

4.1. 강충남의 경영정신

1) 성실(誠實)

강충남은 성실과 인내에 바탕을 두고 축적된 신용으로 자본을 축적하면서 기업을 성장시켜 나갔다. 특히 그는 지금까지 경영활동을 영위하면서 가장 중요하게 생각하는 것이 성실을 무기로 한 경영정신이라고 술회한다. 자립심을 갖는다는 것은 자신이 살아있다는 것을 항상 자각하여 가능한 범위 내에서 노력을 하는 것이야말로 곧 자립이라고 생각했다. 어떠한 곤란에 처하더라도 헤쳐 나갈 자신을 갖고 있지 않으면 안 된다. 그것은 단순히 강한 것이 아닌 성실이라는 무기가 형성돼야 하며, 모든 것을 처한 상황에서 성실하게 임해야 한다는 것을 의미한다. 내일을 위해 현재를 보다 좋게 살아가고 실제 자립을 하면서 살아가는 것이야말로 성실을 통해 사람과 사람을 연결하게 되고 더 나아가 사회의 발전에 기여하게 된다는 것이다(鶴岡正夫, 1981: 88~91). 결국 그는 회사 내 회의실에 성실이라는 액자가 걸려있을 정도로 일본 사회에서 신용과 신뢰를 쌓기 위해 성실하게 노력을 나해왔던 것이다(済州青年会, 1980: 26~27).

2) 신용(信用)

강충남은 경영을 통해 민족의 신용을 일본 사회에 뿌리내리게 하는 것이 무엇보다 중요하다고 인식하여 자신의 신조대로 성실히 노력해야만 사원을 비롯한 모든 사람들이 일본 사회에서 신용과 신뢰를 받을 수 있다고 확신했다. 50년 간 사업을 경영하면서 주위의 사랑을 받고 외길로 정진할 수 있었던 것은 주어진 여건에 비해 불평불만을 토로하거나 비굴하게 행동하지 않고 매사에 자신감을 가져 신용을 쌓아갔기 때문이다. 품질을 경시하는 풍조가 만연했을 때 소비자가 안심하게 쓸 수 있고, 보다 값싼 제품을 만들어 내려고 밤낮을 가리지 않고 연구했다고 한다. 결국 신뢰와 신용을 얻는 다는 것은 결코 쉬운 일이 아니며 용의주도한 계획과 피나는 노력이 있었기 때문에 가능했다는 것이다(在日濟州經濟人協会, 1982: 122~126). 따라서 강충남은 돈을 벌더라도 신용으로 연결되지 못하면 그 돈은 곧 사라지고 만다면서 앞으로 내 자신을 비롯한 회사와 민족의 신용을 쌓는데 더욱더 노력하여 기업을 육성해 나아가겠다고 했다.

3) 인간중심경영(人間中心經營)

강충남은 사원을 생명처럼 가장 중요하게 생각하여 항상 인간중심의 경영철학5)을 기본신조로 삼아 사업을 수행하기 위해 실천적 행동으로 이행하였다. 그는 무엇보다 사원들과 일체감을 갖기 위해 사원들의 처우개선, 복지향상에 중점을 두면서 보다 좋은 제품을 생산하도록 교육하고자 노력했다. 즉 사원들이 어떻게 하면 좋은 제품을 생산해 낼 수 있을지를 스스로 연구하고 노력할 수 있도록 조직 분위기를 만들어주기 위해 최선을 다했다. 이러한 인간중심경영은 사원 가운데 3일 이상 결근한 사람이 있으면 직접 찾아가 병문안을 하고 가정을 돌보아 줄 정도로 큰 의미를 갖고 있다. 결국 후지전선공업은 일본인 사원을 비롯한 그 가족 및 이웃들과 다른 기업들에게 신뢰와 존경을 받게 되었으며, 재일한인 기업에 대한 일본 사회의 배척과 소외를 극복하는 데 기여했다고 볼 수 있다(제주상공회의소, 1995: 38).

이 외에도 그는 당시 다품종소량생산이 일반적이었던 전선업계의 관행을 깨고 1962년 생산품종을 4개로 제한하는 새로운 결단을 내렸다. 이 회사는 1963년부터 드디어 품질 표준화와 품질 관리제도에 대한 효과가 나오기 시작하면서 경영실적을 흑자로 돌아서게 했다. 이때부터 소품종대량생산과 고품질을 목표로 한 후지전선공업은 당시 일본의 고도 경제성장 물결에 힘입어 생산·판매 실적이 크게 신장됐으며, 1인당 생산성에서 같은 업계의 최고 수준에 이르게 하여 신제품의 기술개발과 함께 업계의 정상을 겨냥하면서 매진했다. 그 결과 동사는 공업표준화와 품질관리 우량공장으로 인정받으면서 일본 내외에 신용이 높아졌으며, 재일한인 기업들이 절대로 적자경영을 벗어나지 못한다는 일본의 편견을 깨뜨리는데도 기여했다(제주상공회의소, 1995: 36).

따라서 강충남은 성실, 신용, 인간중심경영을 기본정신으로 삼아 시대의 흐름에 따라 폭넓게 기업가활동을 수행하였다. 그의 경영정신은 재일제주인 기업을 발전시키는데 큰 영향을 미쳤으며, 경영에서도 향상 성실과 신용을 강조하면서 직원들에게 인간중심경영에 대해 몸소 시범을 보이기도 하였다. 결국 재일제주인 기업가로 크게 성장할 수 있었던 것은 성실, 신용, 인간중심경영에 의한 기업관을 스스로 실천하였으며, 품질 표준화를 통해 부를 축적한 것으로 추측된다.

4.2. 강충남의 지역사회 공헌

지금까지 재일제주인은 향토발전을 위해 육영사업, 감귤신흥, 전화·전기, 수도, 도로포장, 문화·체육·새마을 사업 등에 적극적으로 동참하여 왔다. 이러한 재일제주인 중에서 강충남은 일본의 경제발전에 기여했을 뿐만 아니라 제주도 지역발전을 위해 다양한 사회공헌활동을 활발히 전개했다.

〈표 12-6〉에서 보면 강충남은 제13회 전국소년체육대회 기금(5천만 원)을 비롯하여 제주대학교 장학금 및 학술연구 기금 등(1억 원), 이도동 기념사업과 건립기금 등을 기증하였다. 특히 그는 고향 마을에

화산초등학교 시설비(17만 5천 원)·이설비용(60만 원), 전기가설 및 전화 사업비(235만 원), 도로 포장비(100만 원), 구판장 건축비(1,68만 원), 새마을 사업비(400만 원), 표선상고 이설비용(5천만 원), 표선중학교 및 면사무소 환경조성 지원(100만 원), 화산초등학교 비품(224만 원) 및 급식소 시설비(6천 5백만 원), 리사무소 건축비(4천 2백만 원), 체육관 건립기금(2천 5백만 원), 복지회관 신축(2천만 원), 월드컵 경기장 건립기금(1천 14만 1천 원), 마을 운영기금(1천만 원) 등 그 동안 매년 제주지역의 발전을 위하여 물심양면으로 성원을 아끼지 않았다. 특히 그는 항상 지역사회의 발전을 생각하면서 제주대학교 발전기금, 향리의 새마을 사업과 표선상업고등학교 이설사업에 큰 공적을 남겼으며, 제13회 전국소년체전의 본도 개최에 대비하여 전력을 다하였다.

이렇듯 강충남은 과거 고향발전에 대해 재일제주인들의 애향심이 뜨거웠지만, 이제는 고향도 재일제주인들에게 무엇을 도와줄 것인지를 생각할 정도로 발전했기 때문에 상호간 보완 협력이 절실히 필요한 때라고 언급한 바 있다.

〈표 12-6〉 효천 강충남의 기증 실적 내역

(단위 : 천 원, 개)

수증처	품명	종류	금액	수량	기증 목적	기증년도
제주도체육회		현금	50,000		제13회 전국소년체육대회	1984
제주대학교		현금	200,000		효천 의과대학 학술연구 기금	1999
제주대학교		현금	300,000		효천 장학금	1999
제주대학교		현금	300,000		효천 이공계 학술연구 기금	2000
제주대학교		현금	100,000		효천 의과대학 기금	2000
제주대학교		현금	100,000		효천 언론홍보학과 기금	2000
이도동		현금	800		독립지사 및 김만덕 기념사업	1976
이도동		현금	1,000		제주상공회의소 건립 기금	1980
연동		현금	3,000		체육진흥	1980

수증처	품명	종류	금액	수량	기증 목적	기증년도
표선면		현금	175		화산초등학교 시설비	1964
표선면		현금	1,350		세화리 전기 가설비	1973
표선면		현금	600		표선중학교 이설비	1973
표선면		현금	1,000		세화1리 전화 사업비	1973
표선면		현금	1,000		표선~가시리간 도로 포장비	1975
표선면		현금	1,680		세화1리 구판장 건축비	1975
표선면		현금	3,000		세화1리 새마을사업 기금	1980
표선면		현금	1,000		세화1리 새마을 사업비	1980
표선면	피아노	현물	1,120	1	화산초등학교 비품	1981
표선면		현금	50,000		표선상고 이설비용	1981
표선면	피아노	현물	1,120	1	화산초등학교 비품	1981
표선면		현금	1,500		표선상고 이전 축하 찬조비	1983
표선면		현금	500		표선중학교 환경조성 지원비	1983
표선면		현금	500		표선면사무소 환경조성 지원비	1983
표선면		현금	42,000		세화1리 사무소 건축비	1989
표선면		현금	42,000		화산초등학교 급식소 시설비	1993
표선면		현금	23,000		화산초등학교 급식소 신축	1994
표선면		현금	25,000		표선면민 체육관 건립기금	1996
표선면		현금	20,000		세화1리 복지회관 신축	1998
표선면		현금	10,141		월드컵경기장 건립기금	2000
표선면		현금	10,000		마을회 운영기금	2006

자료 : 吳大賢編(1983), 『表善面鄕土誌』, 泰明印刷社; 濟州特別自治道(2007), 『愛鄕
의 보람』에서 조사 작성.

5. 맺음말

본 연구는 강충남의 일생에 초점을 맞춰서 어떤 경영철학으로 일본 사회에서 재일제주인의 자본형성에 기여했으며, 또 애향심이 제주도 발전에 어떤 공헌을 했는지를 면밀히 고찰한 것이다.

강충남은 전기전선 분야에만 성실하게 전심전력(全心全力)을 다했고, 그것이 자산으로 형성되어 주위 사람들로부터 사랑을 받고 신뢰감을 얻게 되었다. 또한 그는 딴길을 걷지 않고 꾸준히 전선전기 분야로만 충실하게 한 우물을 팠기 때문에 업계에서도 인정을 받게 되었다. 이처럼 해방 이후 최근까지 50년 간 이상을 일본 사회에서 여러 가지 어려움을 겪으면서 재일제주인 기업을 성장·발전시켜 왔던 것이다. 특히 1955년 후지전선공업(富士電線工業)을 비롯하여 5개 회사 등을 차례로 설립·운영하여 괄목할 만한 영업성과를 획득할 수 있었던 것은 성실, 신용, 인간중심의 경영정신을 바탕으로 한 탁월한 경영전략과 실천적 행동으로 기업을 경영한 결과이기 때문이다.

또한 강충남은 고향의 발전을 위해 서귀포시 표선면에 공공시설 건설, 학교 건립, 마을 전기가설, 도로포장 등에 고액의 자금을 제공하여 지역발전에 공헌했을 뿐만 아니라 제주대학교에 장학금과 학술연구 기금을 기증했다. 게다가 오사카지역에서 4개 단체로 분산되어 있던 제주도 출신단체를 관서제주도민협회(關西濟州道民協會)로 통합하여 창립함으로써 제주도민의 화합을 이끌었다. 결국 이러한 애향정신과 공적을 인정받아 한국에서 국민훈장 동백장(冬栢章), 석류장(石榴章), 명예경제학 박사(제주대학교)를 비롯한 국무총리, 문교부장관, 체육부장관상 등을 수상했으며, 일본 내에서는 산업공로대상, 경영합리화상, 품질관리 우수업체상, 중소기업청장관 표창 등을 수상했다.

따라서 강충남은 일본 사회에서 온갖 차별을 받으면서 어려운 여건 속에서도 무에서 유를 창조하는 경영정신으로 사업 활동을 전개하여 지역사회에도 기여하여 왔다. 더욱이 그는 후지전선공업(富士電線工業) 등 여러 사업 분야에서 기업가활동을 수행하면서 그 수익의 일부를 제주지역의 교육사업과 마을 발전에 공헌하여 기업의 사회적 책임을 다한 재일제주인 기업가이다. 결국 그는 "중요한 것은 기계나 돈이 아니고 인간이다."라고 강조하면서 성실과 신뢰를 중시하는 인간중심의 경영철학이 무한경쟁시대를 살아가는 오늘의 재일한인 기업가들에게 주는 의미가 크다고 할 수 있다.

┃주 _____

1) 강충남은 1940년 일본으로 이주한 이후 1955년 大阪府 柏原市 本鄕에서 후지전선 공업(주)을 설립하여 전기전선공업 등을 경영하며 지역사회 발전에 많은 공헌을 했다. 동사는 1976년 기준으로 자본금 4,500만 엔, 종업원 수 200명, 연간 매출액 100억 엔을 달성히여 일본 社會 내에서 중견기업으로 성장하였다. 주요 사업내용 은 전기용 경동(硬銅)선, 연동선(전선) 제조판매, 평형고무 코드(시장점유율 30%, 1위), 캡(cab)타이어케이블(시장점유율 25%, 1위), VVF케이블(시장점유율 16%, 1위) 등이다(統一日報社, 1976).

2) 富士電工(주)은 大阪市 生野區 中川에서 주로 전기배선기구제조 · 진공성형업(眞空成型業) 등을 제조하는 회사로 邵英二(大原英司)가 취체역을 맡고 활동하고 있 다(共同新聞社, 1989).

3) 강충남은 일본으로 건너간 후 김해옥(金海玉)씨와 결혼하여 사녀 2남(隆彦 · 章秀)을 두었는데, 모두 일본에서 학교를 졸업하고 가업을 계승하여 사업가로서 활동하고 있다. 康隆彦(장남)은 메이지대학(明治大學)을 졸업한 후 후지전선공업 사장 (2001년 기준)을 맡고 있고, 康章秀(차남)는 후지전선공업 부장(2001년 기준)을 맡으면서 관서제주도민협회(關西濟州道民協會)에서 청년부 회원으로 활동하고 있다(한라일보사, 2001).

4) 통산대신상은 일본 정부가 산업기술 향상을 통해 국제경쟁력을 강화할 목적으로 해마다 일본 전국의 우수기업과 공장을 심사 및 선정해 시상하고 있는 일본의 '산업 대상'이라 할 수 있다. 이 상은 일본 정부가 제시하는 품질규격에 가장 가까운 상품을 가장 적은 원가로 일관성을 갖고 생산해 내는 기업에게 주는 상이다. 이 상을 수상한 기업의 생산품은 일본 공업규격표시(JIS) 상품이 되며, 일본 정부가 그 품질을 보증한다는 뜻이기도 하다. 그는 마츠시다(松下), 도시바(東芝) 등 일본 유수의 대기업 대표들과 함께 수상했는데, 당시 산업대상은 재일한인 뿐만 아니라 외국인 기업가 중에서 최초로 수상한 것이었다. 특히 후지전선공업은 1987년 일본 전선메이커 410사 가운데 12위에 랭크되어 있으며, 연간 매출액 200억 원에 이르고 있다.

5) 강충남은 주로 저학력자인 사원들을 이끌고 경쟁에 이기기 위해 사원들이 100% 능력을 발휘하도록 하는 게 무엇보다 중요하다고 했다. 즉 열악한 여건을 극복해 나가기 위해서는 "이들 사원을 어떻게 교육시키며 일할 마음을 갖고 능력을 최대한 발휘하게 할 수 있을 것인지"가 경영의 포인트라고 생각했다. 당시 그의 생각은 사원 모두가 자기 능력의 한계에 도전하는 기업집단이 되지 않으면 살아남을 수 없다는 것이었다. 결국 그는 사시(社是)를 말단 사원에까지 몸에 배도록 힘쓰는 한편 품질 표준화와 품질관리 제도를 도입하여 전사적으로 사원교육을 시작했던 것이다(제주상공회의소, 1995: 36).

부록

〈부록 1〉 재일제주인 관련 연표

연도	내용
1903	제주해녀의 일본 출가(東京 三宅島)
1905	관부연락선(關釜連絡船) 취항(釜山↔下関)
1907	제주도 어부 어로견습 실시
1910	한일병합조약 체결, 토지조사사업(1910~1918년) 실시
1913	제주도 토지조사사업(1913-1915년) 실시
1914	제1차 세계대전(1914-1918년) 발발 오사카방적(大阪紡績) 제주도 직공모집
1919	2·8 독립선언, 3·1 독립운동
1920	산미증산계획(1920~1934년) 실시
1922	제판항로(濟阪航路) 취항(濟州島↔大阪), 자유도항제도 실시
1923	제주도와 오사카 간 정기항로(君が代丸) 개설, 관동(關東)대지진 발생
1927	제주공제회(濟州共濟會) 조직, 재동경고내리소년공창회 결성
1930	동아통항조합(東亞通航組合) 설립 재동경고내리소년공창회⇨재동경고내리청년회 개칭
1934	일본 도항억제정책 실시
1938	국가총동원법 공포
1939	제2차 세계대전(1939~1945년) 발발, 국민징용령 공포
1941	태평양전쟁 발발
1942	조선인 징병제도 도입
1945	해방, 재일본조서인여맹(조련) 결성
1946	신조선건설동맹(건동) 결성, 재일본조선거류민단(민단) 결성
1947	외국인등록령 공포·실시
1948	제주 4·3사건 발발, 한신교육(阪神敎育) 투쟁, 대한민국 정부 수립 재일본조선거류민단⇨재일본대한민국거류민단 개칭
1949	재일본고내리친목회 창립
1950	한국전쟁 발발, 나가사키현(長崎県) 오무라(大村)수용소 개설
1951	재일조선통일민주전선(민전) 결성, 출입국관리령 제정·공포
1952	샌프란시스코 강화조약 발효, 외국인등록법 시행
1955	지문날인제도 실시, 재일본조선인총연합회(조총련) 결성
1959	북송선 니가타(新潟)항 출항

연도	내용
1961	제주개발협회(도쿄) 창립, 재일제주경제인협회(오사카) 창립
1962	제주향토방문단 내도
1963	재일본제주도민회 창립, 감귤묘목 기증
1965	한일기본조약 조인, 재일제주도친목회(大阪濟民會) 발족
1966	재일본제주도부인회 발족
1967	재일제주청년회 발족
1970	재일본제주도부인친목회 발족
1975	재일센다이제우회 창립
1976	대판제민회⇨대판제주친목회 개칭, 재일본제주도새마을부녀회 발족
1977	대판제주친목회⇨재일본대판제주도친목회 개칭
1978	하계 향토학교 개교
1982	일본정부비준(1979년) 난민조약 발효, 국민연금법 국적조항 철폐 특별영주제도 실시
1986	국민건강보건법 국적조항 폐지
1989	해외여행 자유화 실시
1992	제주개발협회⇨재일본제주도민회 개칭
1993	개정 외국인등록법 시행, 특별영주자 지문날인제도 폐지
1994	관서제주특별자치도민협회 창립 재일본대한민국거류민단⇨재일본대한민국민단 개칭
2005	재일본제주도민협회⇨재일본관동제주도민협회 개칭 재일한인역사자료관 개설
2006	재일센다이제우회⇨재일센다이제주특별자치도민회 개칭
2010	제주특별자치도 재외제주도민증 발급
2011	제주대학교 재일제주인센터 설립

자료 : 각종 자료에서 조사 작성

〈부록 2〉 재일한인과 재일제주인의 인구 추이

(단위 : 명, %)

연도	재일한인 인구(A)			재일제주인 인구(B)			B/A
	인원	증감	비율	인원	증감	비율	
1911	1,403	-	-	50	-	-	3.6
1923	80,015	78,612	-	10,381	10,331	-	13.0
1924	118,192	38,177	47.7	19,552	9,171	88.3	16.5
1925	129,870	11,678	9.9	25,782	6,230	31.9	19.9
1926	143,798	13,928	10.7	28,144	2,362	9.2	19.6
1927	171,275	27,477	19.1	30,505	2,361	8.4	17.8
1928	238,104	66,829	39.0	32,564	2,059	6.7	13.7
1929	275,206	37,102	3.7	35,322	2,758	8.5	12.8
1930	298,091	22,885	8.3	31,786	△3,536	△10.0	10.7
1931	311,247	13,156	4.4	33,023	1,237	3.9	10.6
1932	390,543	79,296	25.5	36,125	3,102	9.4	9.2
1933	456,217	66,000	16.9	47,271	11,146	30.9	10.4
1934	537,695	81,478	17.9	50,045	2,774	5.9	9.3
1935	625,678	87,983	16.4	48,386	△1,659	△3.3	7.7
1936	690,501	65,000	10.4	46,463	△1,923	△4.0	6.7
1937	735,689	45,188	6.5	45,943	△520	△1.1	6.2
1938	799,878	64,189	8.7	45,950	7	0.01	5.7
1964	578,572	△221,306	△27.7	86,490	40,540	88.2	14.9
1974	638,806	60,234	10.4	101,378	14,888	17.2	15.9
1986	687,135	48,329	7.6	117,382	16,004	15.8	17.1
1988	677,959	△9,176	△1.3	116,683	△699	△0.6	17.2
1989	677,140	△819	△0.1	117,687	1,004	0.9	17.4
1991	687,940	10,800	1.6	117,513	△174	△0.1	17.1
1993	688,144	204	0.03	117,110	△403	△0.3	17.0
1995	676,793	△11,351	△1.6	115,958	△1,152	△1.0	17.1
1996	666,376	△10,417	△1.5	114,716	△1,242	△1.1	17.2
1997	657,159	△9,217	△1.4	113,694	△1,022	△0.9	17.3

연도	재일한인 인구(A)			재일제주인 인구(B)			B/A
	인원	증감	비율	인원	증감	비율	
1998	645,373	△11,786	△1.8	112,048	△1,646	△1.4	17.4
1999	638,828	△6,545	△1.0	111,058	△990	△0.9	17.4
2000	636,548	△2,280	△0.4	109,973	△1,085	△1.0	17.3
2001	635,269	△1,279	△0.2	109,022	△951	△0.9	17.2
2002	632,405	△2,864	△0.5	107,666	△1,356	△1.2	17.0
2003	625,422	△6,983	△1.1	106,072	△1,594	△1.5	17.0
2004	613,791	△11,631	△1.9	103,839	△2,233	△2.1	16.9
2005	607,419	△6,372	△1.0	102,019	△1,820	△1.8	16.8
2006	598,687	△8,732	△1.4	99,421	△2,598	△2.5	16.6
2007	598,219	△468	△0.1	97,651	△1,770	△1.8	16.3
2008	593,489	△4,730	△0.8	95,247	△2,404	△2.5	16.0
2009	589,239	△4,250	△0.7	93,162	△2,085	△2.2	15.8
2010	578,495	△10,744	△1.8	90,882	△2,280	△2.4	15.7
2011	565,989	△12,506	△0.2	88,510	△2,372	△2.6	15.6
2012	545,401	△20,588	△3.6	86,231	△2,279	△2.6	15.8

주 : 1986년 이후 통계자료는 발표 시점을 기준으로 작성하였음.
자료 : 각종 자료에서 조사 작성

〈부록 3〉 재일한인과 재일제주인의 인구 추이 비교

(단위 : 명, %)

연도	재일한인 (A)	재일제주인 (B)	B/A	오사카 재일한인(C)	C/A	오사카 재일제주인(D)	D/C	D/B
1974	638,806	101,378	15.9	178,720	28.0	63,972	35.8	63.1
1986	687,135	117,382	17.1	190,053	27.7	72,560	38.2	61.8
1988	677,959	116,683	17.2	188,121	27.7	72,236	38.4	61.9
1989	677,140	117,687	17.4	187,177	27.6	72,463	38.7	61.6
1991	687,940	117,513	17.1	186,410	27.1	71,677	38.5	61.0
1993	688,144	117,110	17.0	183,322	26.6	71,020	38.7	60.6
1995	676,793	115,958	17.1	177,570	26.2	69,761	39.3	60.2
1996	666,376	114,716	17.2	174,017	26.1	68,890	39.6	60.1
1997	657,159	113,694	17.3	170,516	25.9	67,925	39.8	59.7
1998	645,373	112,048	17.4	166,232	25.8	66,549	40.0	59.4
1999	638,828	111,058	17.4	163,067	25.5	65,695	40.3	59.2
2000	636,548	109,973	17.3	160,676	25.2	64,730	40.3	58.9
2001	635,269	109,022	17.2	158,702	25.0	63,635	40.1	58.4
2002	632,405	107,666	17.0	155,707	24.6	62,317	40.0	57.9
2003	625,422	106,072	17.0	152,768	24.4	61,109	40.0	57.6
2004	613,791	103,839	16.9	149,164	24.3	59,537	39.9	57.3
2005	607,419	102,019	16.8	146,678	24.1	58,287	39.7	57.1
2006	598,687	99,421	16.6	142,712	23.8	56,535	39.6	56.9
2007	598,219	97,651	16.3	140,123	23.4	55,243	39.4	56.6
2008	593,489	95,247	16.0	136,310	23.0	53,588	39.3	56.3
2009	589,239	93,162	15.8	133,396	22.6	52,235	39.2	56.1
2010	578,495	90,882	15.7	129,992	22.5	50,762	39.1	55.9
2011	565,989	88,510	15.6	126,511	22.4	49,271	38.9	55.7
2012	545,401	86,231	15.8	124,167	22.8	48,023	38.7	55.7

주 : 1986년 이후 통계자료는 발표 시점을 기준으로 작성하였음.
자료 : 外村 大(2004), 『在日朝鮮人社会の歴史学的研究―形成・構造・変容』, 綠蔭書
　　　房; 法務省入國管理局・入管協會(각 년도), 『在留外國人統計』.

〈부록 4〉 재일제주인의 직종과 업종 변화

구분	1936년	한일병합 직후		1950년	1990년대
직종	상업	農兼漁業		고무가공	가방제조
	농업	材木運搬人夫		재봉틀가공	회사원
	어업	漁業		고물	회사임원
	광산	漁夫		회사원	서비스업
	섬유	漁業劳働		구두(革靴)제조	자영업
	금속	打瀬網舸子		조선복점	유기업
	화학	坑夫		양복점	전문직
	토건업	土方		양초	내장업
	요리음식 (접객)	職工		비누	토목업
		左官助手		엿(飴)제조	도장업
		土方稼業		운송업	지업
		石炭商雇人		노점상	비닐업
		運送業		양재	전기공사업
		水夫		회사사무원	피혁재단업
		舟乗業		방적(紡績)공	부동산임대업
		下男奉公		신발(靴)공	건설업
		下男		재봉	신사복가공업
		人夫稼		전기공	운전기사
		日雇稼		서커스종업원	은행원
		学生		해녀	합성수지업

구분	1947	1976년		1989년	1997년
업종	메리야스	농림	금속상	농림	신발제조업
	반모	토목건설	기타 소매업	수산	가방제조업
	소자가공	설비공사	부동산	광업	플라스틱제조업
	전기	건재	도로화물운송업	건설	봉제업
	철조	기타 건설업	해운업	제조	음식업
	철공	식료품제조	음식	상사	유기업
	금속	섬유제품제조	자동차	도매	건설업
	고무	목재· 목제품제조	여관·호텔·기타 숙박소	소매	서비스업
	유지가공	가구· 장비품제조	세탁·이용· 목욕탕·청소	판매	
	수지가공	펄프· 종이가공품제조	여행알선	금융	

업종	피혁	출판·인쇄·제본	정보서비스·조사·광고	증권	
	일용품	화학공업	의료·보건	보험	
	화학	고무제품제조	신문·통신	부동산	
	제품판매	비닐제품제조	일반금융	운수	
	식당	플라스틱제품제조	고물상	정보서비스	
	식료품	유피·동제품·모피제조	전문서비스	전문직	
	시계	요업·토석제품제조	기타 서비스		
	의료	철강	오락유기업		
	잡화	비철금속			
	화장품	금속제품제조			
	건축청부	일반기계기구제조			
	수리	전기기계기구제조			
	운송	정밀기계기구제조			
	인쇄	기타 제조업			
	이하	두매업			
	목재	대리·무역·중개업			
	수산물	일반상품판매업			

자료 : 각종 자료에서 조사 작성

〈부록 5〉 재일제주인의 기증 실적 추이

(단위 : 건, 천 원, %)

연도	수량					금액		
	현금	현물	합계	증감	비율	합계	증감	비율
1966년 이전	816	495	1311	-	-	281,789	-	-
1967	155	146	301	-	-	85,406	-	-
1968	87	129	216	△85	△28.2	64,702	△20,704	△24.2
1969	196	124	320	104	48.1	73,618	8,916	13.7
1970	113	121	234	△86	△26.9	207,171	133,552	181.4
1971	209	105	314	80	34.2	70,424	△136,747	△66.0
1972	269	128	397	83	26.4	83,225	12,801	18.1
1973	442	143	585	188	47.4	206,827	123,602	148.5
1974	272	136	408	△177	△30.3	195,566	△11,261	△5.4
1975	202	88	290	△118	△28.9	99,069	△96,497	△49.3
1976	152	79	231	△59	△20.3	159,739	60,670	61.2
1977	140	51	191	△40	△17.3	136,132	△23,607	△14.7
1978	188	94	282	91	47.6	166,888	30,756	22.6
1979	121	77	198	△84	△29.8	112,245	△54,643	△32.7
1980	148	99	247	49	24.7	268,276	156,031	139.0
1981	98	61	159	△88	△35.6	194,868	△73,408	△27.4
1982	103	47	150	△9	△5.7	174,655	△20,213	△10.4
1983	66	40	106	△44	△29.3	182,617	7,962	4.6
1984	247	36	283	177	167.0	2,087,206	1,904,589	1,042.9
1985	111	49	160	△123	△43.5	4,280,201	2,192,995	105.1
1986	84	51	135	△25	△15.6	328,200	△3,952,001	△92.3
1987	114	37	151	16	11.9	897,836	569,636	173.6
1988	133	53	186	35	23.2	2,083,849	1,186,013	132.1
1989	108	42	150	△36	△19.4	1,330,127	△753,722	△36.1
1990	113	85	198	48	32.0	1,103,747	△226,379	△17.0
1991	142	31	173	△25	△12.6	795,984	△307,763	△27.9
1992	46	25	71	△102	△59.0	331,726	△464,258	△58.3
1993	145	19	164	93	131.0	461,606	129,880	39.2
1994	31	13	44	△120	△73.2	166,915	△294,691	△63.8
1995	97	7	104	60	136.4	623,124	456,209	273.3
1996	63	3	66	△38	△36.5	558,683	△64,441	△10.3
1997	26	6	32	△34	△51.5	122,202	△436,481	△78.1

연도	수량					금액		
	현금	현물	합계	증감	비율	합계	증감	비율
1998	67	9	76	44	137.5	419,564	297,362	243.3
1999	85	10	95	19	25.0	1,844,297	1,424,733	339.6
2000	44	3	47	△48	△50.5	1,482,346	△361,951	△19.6
2001	53	2	55	8	17.0	374,373	△1,107,973	△74.7
2002	43	2	45	△10	△18.2	867,875	493,502	131.8
2003	17	6	23	△22	△48.9	889,038	21,163	2.4
2004	13	6	19	△4	△17.4	106,754	△782,284	△88.0
2005	16	1	17	△2	△10.5	355,680	248,926	233.2
2006	11	1	12	△5	△29.4	39,619	△316,061	△88.9
2007	24	3	27	15	125.0	930,126	890,507	2,247.7
2008	17	4	21	△6	△22.2	3,744,432	2,814,306	302.6
2009	3	2	5	△16	△76.2	53,000	△3,691,432	△98.6
2010	1	—	1	△4	△80.0	800,000	747,000	1,409.4
2011	2	3	5	4	400.0	14,150,100	13,350,100	1,668.8
2012	3	1	4	△1	△20.0	2,600,000	△1,550,100	△81.6
연도 미기재	116	12	128			245,083		
합계	5,752	2,685	8,437			46,836,916		

주 : 천원 미만은 편의상 질삭하어 처리했음.
자료 : 제주특별자치도 평화협력과 자료 등을 참고하여 작성

〈부록 6〉 재일제주인의 주요 사회적 네트워크 현황

1. 도 단위 사회적 네트워크

• 재일본관동제주도민협회(在日本關東濟州道民協會)

재일본관동제주도민협회는 1961년 관동지역에 거주하는 제주도 출신자를 대상으로 결성된 조직이다. 제주도민협회는 제주도가 어려웠던 1960년대, 70년대에 밀감 묘목을 보내주었으며 고향을 위해 헌신적으로 지역사회에 공헌하였다. 회원들은 대부분 도쿄(東京), 지바(千葉), 야마나시(山梨), 사이다마(埼玉), 가나가와(神奈川), 시즈오카(静岡), 이바라키(茨城) 등의 지역에 거주하며, 사무직, 상업, 서비스업, 제조업, 요식·숙박업 등 다양한 직업에 종사하고 있다.

현재 제주도민협회에 적극적으로 참여하는 사람들은 그다지 많지 않은 편이며 신년하례회에 가끔 참여하는 사람이 대다수로 현재 2세가 중심적인 역할을 하고 있지만 3세 이상의 참여자는 극히 드물며 뉴커머도 극히 소수만이 참여하고 있는 실정이다.

• 관서제주특별자치도민협회(關西濟州特別自治道民協會)

관서제주특별자치도민협회는 1963년 관서지역에 거주하는 제주도 출신자를 대상으로 결성되었고 현재 독립건물을 마련하여 친목 및 각종 교육, 사업 등을 추진하기 위해 노력하고 있다. 회원들은 대부분 오사카(大阪) 이쿠노구(生野區), 긴기(近畿) 등의 지역에 집단적으로 거주하고 있으며, 사무직, 상업, 서비스업, 제조업, 요식·숙박업, 농수산업 등 다양한 직업을 갖고 있다.

현재 제주도민협회는 세대교체가 활발히 진행되어 2세 체제의 집행부로 구성되어 있으며, 특히 관서제주도민협회청년회는 수십 년간 제주대학교 도서관에 해마다 도서기증을 하는 등 고향과의 유대 관계를 더욱 긴밀하게 다지고 있다.

· 재일센다이제주특별자치도민회(在日仙台濟州特別自治道民會)

재일센다이제주특별자치도민회는 1975년 미야기현(宮城県) 센다이시(仙台市)에 거주하고 있는 제주도민을 중심으로 결성되었으며, 상업, 요식업, 서비스업 등에 종사하고 있다.

2. 혈연 네트워크

· 재일본백씨친목회(在日本白氏親睦會)

재일본백씨친목회는 1950년 도쿄에 살고 있는 제주도 출신의 백씨(白氏)가 모여서 결성된 혈연 네트워크이다. 이 조직은 지연과 혈연이 중복되는 동향의 집안사람들 모임으로 고향 송금, 족보 편집 등 지역사회 공헌에 많은 심혈을 기울이고 있다.

좌) 광산김씨전용영원(奈良県平群町福貴1760)   우) 광김회(光金會)의 위령비 건립(1968년 10월)

• 재일광산김씨친족회(在日光山金氏親族會)

재일광산김씨친족회는 1954년 오사카에 살고 있는 광산김씨(光山金氏) 출신들이 모여서 설립되었으며 2004년에 창립 50주년을 기념하는 축제를 거행하였다. 이 조직은 오사카에 뿌리를 내린 제주도 출신의 친목단체 중에서 비교적 오래된 역사를 갖고 있고 단합이 잘되고 있는 친족집단이다. 이들은 일본 사회에서 혈연관계를 기초로 뭉쳤으며 또한 공동 조상의 부계자손들이라는 사실 뿐만 아니라 같은 제주도 출신자로서 사회문화적 유산을 공유하고 있다. 따라서 이 친목단체는 단지 하나의 부계친족 조직이 아닌 혈연과 지연이 중복되는 교집합의 영역에서 출범한 동향의 집안사람들 모임이란 특성을 지니고 있다.

・재일본남양홍씨종친회(在日本南陽洪氏宗親會)

재일본남양홍씨종친회는 1974년 도쿄와 오사카에 거주하는 남양 홍씨(南陽洪氏) 후손으로 구성되어 결성된 혈연 네트워크이다. 이 조 직은 종인(宗人)상호간에 친목을 도모하면서 당성사적보존회 관동과 관서지부를 창립하여 종친회를 운영하고 있다.

・재일본고씨문중회(在日本高氏門中會)

재일본고씨문중회는 1956년 일본에 거주하고 있는 제주고씨(濟州 高氏) 출신들이 모여서 결성된 혈연 네트워크이다. 이 조직은 서로가 협력하여 애자육손(愛子育孫)과 종친화합을 도모하기 위해 도쿄와 오 사가에 문중회를 결성히어 활동하고 있다.

・재일본남평문씨종친회(在日本南平文氏宗親會)

재일본남평문씨종친회는 1985년 일 본에 거주하는 남평문씨(南平文氏) 출 신들이 모여서 결성된 혈연 네트워크 이다. 이 조직은 선조의 유덕, 조상숭 배, 그리고 후세에 씨족의 관념과 조국 의 문화향상 발전에 기여하는 것을 목 적으로 설립되어 종친회를 운영하고 있다.

재일본남평문씨종친회(旗)

재일본제주북초등학교총동창회 회원 기념 촬영

3. 학연 네트워크

• 재일본제주북초등학교총동창회(在日本濟州北初等學校總同窓會)

재일본총동창회는 2006년 오사카에서 제주북초등학교 출신자들이 모여서 결성된 학연 네트워크이다. 이 조직은 100주년 사업에 성금을 출연하고, 재일본 회원친목을 도모하는 사업을 전개하면서 재일본동문들 간의 가교역할을 수행하고 있다.

• 재일본제주제일중학교총동창회(在日本濟州第一中學校總同窓會)

재일본총동창회는 1997년 오사카에서 제주제일중학교 출신자들이 모여서 결성된 학연 네트워크이다. 이 조직은 일본에 거주하고 있는

회원 상호 간의 친목을 도모하고 본국의 총동창회와 교류 및 모교의
발전에 기여함을 목적으로 활동하고 있다.

・재일제주고동창회(在日濟州高同窓會)

재일제주고동창회는 1958년 창립 이후 동경동창회와 대판동창회
등을 결성하여 활동해 왔는데 최근에 들어 많은 동문들이 연로하시거
나 타계하시어 활동이 거의 없는 상황이다. 이 동창회는 1981년에 재
창립하여 활발히 활동하여 왔는데 제농(濟農) 80년사 발간에 1억여 원
의 장학기탁금을 모금하여 총동창회에 기탁하였으며, 그 이후 제농회
우(濟農會友) 발간에 맞춰 광고비 기탁과 회원동정 등을 송부해 왔다.

・재동경・대판오현고등학교총동창회(在東京・大阪五賢高等
學校總同窓會)

재동경오현고등학교총동창회는 1983년 동경지역에 살고 있는 동
문들이 모임을 갖고 결성된 학연 네트워크이다. 이 조직은 회칙에 의
해 매년 정기총회가 성대히 치러지고 각 역원회의 등을 통해서 동문
들 간의 정이 두터워지면서 경조사, 정보교환 등 전 동문들이 참여하
는 명실상부한 친목단체로서의 역할도 충실하게 이루어지고 있다.

재대판오현고등학교총동창회는 1994년 오사카 시내에서 동문들이
참석한 가운데 결성된 학연 네트워크이다. 이 조직은 회원명부와 회
지를 발간하고 회원의 경조사 및 환난상구(患難相求)사업, 모교발전과
회원친목 등을 목적으로 동창회를 운영하고 있다.

〈상〉 재동경오현고총동창회 정기총회 〈하〉 재대판오현고총동창회 창립총회

4. 지연 네트워크

•재일산지친목회(在日山地親睦會)

재일산지친목회는 1930년대에 일본으로 건너간 산지(山地)출신 유학생들이 오사카에서 용진후원회를 조직하여 만들어진 지연 네트워크이다. 이 조직은 유학생들을 중심으로 이루어진 산지출신 인사 중 경제적으로 윤택한 사람들을 후원회에 끌어들여 고향에 대해 많은 후원을 아끼지 않은 친목회원들로 구성되어 있다. 재동경산지친목회는 새마을운동의 일환으로 성금을 모아 고향발전에 기탁하여 신제주 삼무공원, 사라봉공원, 제일은행 앞, 동문로터리 등에 시민들이 휴식할

좌) 재일산지친목회 회원 기념 촬영   우) 재일산지친목회 야유회

수 있는 의자를 설치하여 지역사회에 공헌하였으며, 재대판산지친목
회도 고향을 방문하는 등 활발하게 활동하고 있다.

• 재일본오라친영회(在日本吾羅親榮會)

재일본오라친영회는 1930년경 대판에 거주하는 오라동(吾羅洞) 출
신자들이 상호협조와 이국생활의 노고에서도 희망과 위안을 도모하
는 친목단체로서 재일오라청년단을 결성하면서 시작되었다. 이 청년
단은 관혼상제와 회원들 간의 편리를 도모하는 목적으로 운영하다
1945년 해방 이후 재일오라청년단을 발전적으로 해체하고 재일본오
라친영회로 개칭하여 재출발하였다. 이 조직은 친영회 내에 부인부와
청년부를 조직하고 2세를 교양하는 사업에 착수하여 누차학습회를
결성하였으며, 모국방문단을 조직하여 고향을 방문 등 다양한 활동을
추진하고 있다.

• 재일동경이호동친목회(在日東京梨湖洞親睦會)

재일동경이호동친목회는 동경에 거주하는 이호동(梨湖洞) 출신자들이 회원 상호 간의 친목을 도모함과 동시에 이호동 발전과 유대강화를 목적으로 형성된 친목단체로서 고향에 대해 끈끈한 정을 이어오고 있다. 이 조직은 고향에 전화와 수도가설, 동사무소 건립, 마을 도로포장, 경로잔치 등 크고 작은 사업을 꾸준히 지원하고 고향발전에 물심양면으로 지원을 아끼지 않고 있다.

• 재일본월평동친목회(在日本月坪洞親睦會)

재일본월평동친목회는 처음 오사카에 거주하는 월평동(月坪洞) 사람들을 중심으로 친흥회(親興會)를 조직한 이후 회원들이 이탈하는 현상이 나타나면서 재일본월평동친목회를 새롭게 만든 네트워크이다. 이 조직은 오사카에 거주하는 사람들을 중심으로 형성된 상호부조의 성격을 지닌 친목단체로서 월평동 마을에 소나무밭 증여, 전기가설 공사, 마을창고 건립, 마을 진입로 공사, 마을회관 건립 등 지역사회에 많은 경제적인 도움을 주고 있다.

• 재일본고내리친목회(在日本高內里親睦會)

재일본고내리친목회는 1949년 도쿄에 거주하고 있는 고내리(高內里) 출신자를 중심으로 결성되었다. 이 조직은 전전(戰前)부터 고향 친목회가 처음으로 형성되어 전후(戰後)에도 고향에 대해 많은 기부를 하는 등 고내리라는 지연을 주축으로 강한 결속력을 유지하고 있다.

이들은 가방제조업이라는 특정의
직업에 많은 사람이 종사하여 그로
인해 일본 사회 속에서 경제적 기반
을 구축하여 사회적 네트워크를 형
성하였다. 특히 이 친목회는 한인
사회에서 가장 결속력이 강한 마을
단위의 친목단체로 자수성가한 경
제인이 다수 배출된 마을로 널리 알
려져 있으며 재일한인 사회의 연구
에 재조명되고 있다.

고내리 마을 전경

◆ 재동경애월친목회(在東京涯月親睦會)

재동경애월친목회는 1948년 도쿄에 거주하는 애월리(涯月里) 출신
자를 중심으로 발족된 네트워크이다. 회원들은 대부분 도쿄를 중심으
로 사이타마(埼玉), 군마(群馬), 지바(千葉) 등에 집단 거주하고 있으
며, 한식당, 술집, 레스토랑 등을 경영하면서 종업원 5명에서 20명
규모의 가방제조업에도 종사하고 있다.

◆ 재일한경친목회(在日翰京親睦會)

재일한경친목회는 1950년 재일본두신(頭新)친목회를 결성한 이후 행
정구역상의 변화에 의해 재일본한경(翰京)친목회로 변경되었으며, 친
목회를 결성한 초기에 비해 재정적으로 안정되어 있는 네트워크이다.

좌) 재일한경친목회 고향에서의 환영회   우) 재일한경친목회 고향 방문

• 재일본납읍리친목회(在日本納邑里親睦會)

재일본납읍리친목회는 1963년 재일본납읍리향우회를 발전적으로 해체하고 납읍리(納邑里) 출신자를 중심으로 재발족한 친목단체이다. 이 조직은 회원 상호 간의 친목을 도모하고 고향 발전에 기여하는 것을 목적으로 결성되었으며, 감귤묘목, 전기가설 등에 재정적 지원을 해주며 애향심을 간직하고 있는 친목단체이다.

• 재일본관동판포리친목회(在日本關東板浦里親睦會)

재일본관동판포리친목회는 일본 동경에 거주하고 있는 판포리(板浦里) 출신자들이 모여 결성된 친목단체이다. 이 조직은 애향정신에서 출발하여 회원들 간의 상호친목과 부조를 도모하며 고향 발전에 기여하는 것을 목적으로 설립되었으며, 판포리부인친목회도 운영하고 있다.

좌) 재일대판제법건친회(1937년) 우) 재일대판제법건친회 춘계운동회 기념

· 재대판감산리친목회(在大阪柑山里親睦會)

새내판감산리친목회는 1946년 일본 오사기에 기주히고 있는 감산리(柑山里) 출신자들이 모여 만든 네트워크이다. 이 조직은 회원들 간의 상호친목과 부조를 도모하며 고향 발전에 기여하는 것을 목적으로 설립된 친목단체이다.

· 재일대판제법건친회(在日大阪濟法建親會)

재일대판제법건친회는 1935년 오사카에 거주하는 법환리(法環里) 출신들이 모여 건강과 친목을 도모한다는 뜻을 담아 결성하였다. 이 조직은 초대위원장에 강원범(康元範)씨가 추대되어 13년 동안 위원장을 역임하며 조직의 기반을 다져 놓았으며 법환리 마을의 문화적, 경제적 발전에도 크게 기여하였다.

•재동경법환친목회(在東京法環親睦會)

재동경법환친목회는 1962년 도쿄에 거주하는 법환리(法環里) 출신
들이 모여 창립된 조직이다. 회원들은 도쿄 시내와 그 주변에서 고무공
장, 비닐공장, 각종 제조업을 비롯한 유기업, 음식점 등을 경영하며
삶의 터전을 넓혀가고 있다. 이 중에는 재일제주인 기업가, 각종 사회
단체, 사업체, 금융기관, 의료 기관을 비롯한 대학교수, 의학박사, 언
론인, 출판인, 영화감독 등 여러 분야에서 자랑스럽게 활동하고 있다.

•재일본신예리친목회(在日本新禮里親睦會)

재일본신예리친목회는 1948년 신예리(新禮里) 출신자를 중심으로
만들어졌으며 이들 대부분이 교한신(京阪神)지역에 거주하고 있다.
이 친목단체는 전후 조국의 해방과 일본이 혼란할 때 재일신예리 출
신자들 간의 상호친목을 도모하고 고향발전과 자녀들이 조국에 대한
관심을 가지도록 교육하는 것을 목적으로 결성된 조직이다.

•재일본위미리친목회(在日本爲美里親睦會)

재일본위미리친목회는 1950년 전후 재일위미리상호회를 발족한
이후 1979년 일본 도쿄와 오사카에 거주하는 위미리(爲美里) 출신자
들을 중심으로 결성된 친목단체이다. 이 조직은 회원 간의 친목을 강
화하고 마을 발전과 문화 향상에 적극적으로 기여하는 것을 목적으로
결성되었으며, 위미중학교 건설기금, 전기가설, 감귤묘목 등 위미발
전에 기여하고 있는 친목단체이다.

재동경함덕인친목회 결성 35주년 기념회

• 재일조천리친목회(在日朝天里親睦會)

재일조천리친목회는 1948년 오사카지역에 거주하고 있는 조천리 (朝天里) 출신자들이 모여 만들어졌는데 1954년 해산한 이후 1955년에 상호부조와 친목을 목적으로 다시 결성된 조직이다. 오사카친목회는 이쿠노구를 중심으로 비닐·금속·신발 등 영세 제조업에 종사하고 있는 반면 도쿄친목회는 음식업 등에 종사히며 단결력이 강한 조직으로 알려져 있다.

• 재동경함덕인친목회(在東京咸德人親睦會)

재동경함덕인친목회는 1948년 함덕리(咸德里) 출신자를 중심으로 형성된 친목단체로서 이들 대부분이 가나가와(神奈川), 지바(千葉), 사이다마(埼玉) 등 도쿄지역 주변에 거주하고 있다. 재일제주인 1세는 거의 자영업에 종사하고 있는 반면 2·3세들은 공인회계사, 의사, 음악가, 화가, TV 감독 등 다양한 직종에 종사하고 있다.

• 재일본행원리친목회(在日本杏源里親睦會)

재일본행원리친목회는 1945년 일본에 살고 있는 행원리(杏源里) 출신자들이 모여서 결성된 조직으로 회원들 중 20~35세의 일부가 행원리청년회를 만들어 운영하고 있다. 회원들은 양복판매, 옷감판매, 인쇄업, 택시회사 근무, 부동산, 철공, 신발제조, 플라스틱가공, 도금, 음식점, 비석판매, 치과의사 등 다양한 직종에 종사하고 있다.

• 재일본평대리친목회(在日本坪垈里親睦會)

재일본평대리친목회는 1951년 일본에 거주하고 있는 평대리(坪垈里) 출신자가 모여서 결성된 지연 네트워크이다. 이 조직은 회원 자체의 권익과 상호 간의 친목을 도모함과 동시에 마을발전을 위해 물심양면으로 지원하고 있는 친목단체이다.

• 재일본가시리친목회(在日本加時里親睦會)

재일본가시리친목회는 1956년 일본에 거주하고 있는 가시리(加時里) 출신자가 모여서 지역별(오사카, 도쿄, 센다이)로 친목회를 구성하였다. 이 조직은 회원들 간의 친목을 도모하고 수시로 고향을 방문하여 마을 발전과 후배 양성을 위해 지원을 아끼지 않는 친목단체이다.

• 재판수산리친목회(在阪水山里親睦會)

재판수산리친목회는 1964년 오사카에서 수산리(水山里) 출신자들

이 모여서 만든 단체이다. 이 조직은 회원 상호 간의 친목을 도모하고
관혼상제 등을 행할 목적으로 결성된 친목단체이다.

5. 학술·연구 네트워크

▪ 재일동경탐라연구회(在日東京耽羅硏究會)

재일동경탐라연구회는 1985년 관동지역에 거주하고 있는 제주도
출신의 지식인, 학자, 문화예술인 등을 중심으로 만들어졌다. 이 조
직은 제주도의 역사·문화를 후손에게 알리고 일본과의 교류를 추진
하는 것을 목적으로 형성되었다. 이 연구회는 김민주(金民柱), 양성종
(梁聖宗), 고이삼(高二三) 등이 주축을 이루어 수로 제주노시 발행, 탐
라여구통신, 회보, 제주도 관련 연구 및 발표(제주도민 향우회 연구 등)
등을 중심으로 활동하고 있는 네트워크이다.

▪ 재일대판제주도연구회(在日大阪濟州島硏究會)

재일대판제주도연구회는 2004년 관서지역에 거주하고 있는 제주도
출신의 지식인, 학자, 문화예술인 등을 중심으로 만들어졌다. 이 연구
회는 강재언(姜在彦), 양영후(梁永厚), 고경일(高敬一), 김미선(金美善),
김길호(金吉浩), 신재경(辛在卿) 등이 주축을 이루어 제주도의 역사, 문
화, 민속, 풍습, 종교, 일본과 제주도와의 관계 등 제주도 연구에 많은
관심을 기울이고 있다. 현재 이 조직에는 제주도 출신자를 비롯한 제주
도에 관심을 갖고 있는 일본인도 가입하여 활동하고 있다.

〈부록 7〉 재일제주인 기업가의 경영활동 내역

(단위 : 백만 엔, 억 엔, 명)

기업가	출생년도	출신지역	학력	업종	설립년도	자본금	연간매출액	종업원 수
康德贊	1942	서귀포	고졸	C	1985	500	1	13
康文男	1956	구좌읍		C·D	1955	2350	30	100
康誠忠	1926	서귀포		C	1950	1000	2.5	10
康秀龍	1936	서귀포		I	1969	2000	1.2	25
康祐成	1950	서귀포	대졸	C	1949	3200	15	80
康隆彦	1954	세화리		C	1955	8100	150	300
康仲鎰	1928	서귀포	대졸	C	1972	1200	1.1	11
康昌吉	1952	성산읍		C	1975	2000	3	40
康忠男	1926	남제주	대졸	C	1955	8100	150	300
康太洙	1929	제주시	고졸	D	1962	500	8	25
康惠三	1943	표선면		C	1940	6000	12	15
康惠三	1928	서귀포		C	1970	2000	5	20
姜吉瑢	1935	북제주	고졸	I	1974	300	1.5	5
姜聖凡	1937	중문동		C	1948	10000	65.9	110
姜在都	1939	서귀포	대졸	I	1971	1100	1	11
姜宗河	1940	한림읍		C	1968	1000	5	11
姜哲熙	1943	애월읍	고졸	G	1979	500	14	18
高基秀	1934	구좌읍	대졸	E	1982	3000	15	70
高山守	1936	표선면		G	1973	200	10	8
高信夫	1947	제주시	고졸	C	1975	100	1.8	15
高益鐘	1922	애월읍		C	1968	300	0.9	10
高眞秀	1931	성산읍		C	1947	2000	15	22
高昌照	1933	광령리	고졸	C	1969	4000	30	150
高春根	1932	제주시		D·G·H	1966	2000	20	10
高春鶴	1931	제주시		C	1951	400	0.6	8
高行洙	1933	한림읍		C	1961	500	1	5
金景玉	1922	구좌읍	고졸	I	1971	200	1.8	20
金庚熙	1940	구좌읍	고졸	C	1969	500	3.5	86
金達孝	1925	성산읍		H	1967	1800	4.7	48
金斗化	1920	제주시	고졸	D	1950	2000	1.8	7
金文奉	1953	조천읍		C	1966	200	0.8	7
金敏永	1945	제주시	고졸	C	1964	500	0.78	11
金邦彦	1944	구좌읍		I	1971	200	1.8	20

기업가	출생년도	출신지역	학력	업종	설립년도	자본금	연간매출액	종업원 수
金祥洙	1920	제주시	고졸	C	1963	2400	14.9	23
金聖大	1940	제주시	대졸	D	1976	500	45	12
金成洙	1938	구좌읍	고졸	G	1970	250	24	4
金秀玉	1942	제주시	고졸	C	1970	500	0.6	9
金秀晃	1942	서귀포	대졸	C	1957	1900	25	37
金淳琦	1931	제주시	고졸	C	1968	1000	3.5	21
金良尙	1945	제주시	대졸	H	1978	500	3.9	28
金良雄	1945	제주시	대졸	G	1971	4800	30	8
金英行	1956	제주시	고졸	C	1980	1000	0.25	2
金禎倍	1923	한림읍	고졸	G	1980	1000	2.3	7
金靜順	1932	표선면		C	1966	500	5	8
兪柝三	1944	제주시	고졸	D	1969	1000	4.5	8
金致榮	1948	표선면	고졸	C	1963	1000	2.5	10
朴基東	1954	제주시	대졸	C	1967	1000	7	25
朴東植	1924	애월읍	고졸	F	1981	200	1	9
朴東進	1930	서귀포	대졸	C	1959	3500	21.6	120
朴善久	1933	제주시	대졸	B.	1966	1000	5.5	38
朴在春	1921	구좌읍		G	1961	1000	6.2	70
朴晶禧	1945	제주시	대졸	C	1967	4500	34	122
白國炯	1933	제주시	고졸	C	1086	2000	12.3	36
邵耕治	1945	조천읍	고졸	E	1978	500	4	7
宋龍澤	1952	남제주	대졸	G	1965	2000	5	7
安富松	1944	애월읍	대졸	C	1972	700	7	35
梁斗京	1938	한림읍	고졸	C·I	1921	500	35	70
梁昌秀	1922	조천읍	고졸	C	1947	1000	3	35
梁泰幸	1949	조천읍	대졸	C	1967	200	3	16
吳斗京	1931	구좌읍	대졸	C	1949	3000	8	29
吳文弼	1930	한림읍	대졸	D	1964	3500	100	25
吳永守	1954	제주시	대졸	D	1954	1600	27	32
吳辰成	1928	제주시	대졸	D	1954	1600	27	32
吳太瑢	1928	구좌읍		C	1958	4000	15	80
尹彰義	1944	한림읍		G	1976	500	10	5
李根培	1932	조천읍	대졸	D·H	1961	600	2.1	3
李洞佰	1923	조천읍		E	1979	3000	2	35
李舜芳	1927	안덕면		B	1963	500	0.8	16
李純安	1939	대정읍	대졸	G·I	1953	2000	103	110
李元主	1950	구좌읍	고졸	C	1983	500	5	10

기업가	출생년도	출신지역	학력	업종	설립년도	자본금	연간매출액	종업원 수
李正河	1916	서귀포		C	1988	1000	9	15
李宗薰	1923	제주시		E	1964	1500	0.065	4
李太勲	1923	제주시		C	1983	400	3	25
李平年	1917	중문동		C	1955	100	3	15
任永燦	1932	구좌읍	고졸	C	1972	2000	15	100
任忠良	1941	한경면	대졸	D	1973	150	26	7
林泰連	1925	대정읍	고졸	C	1953	2000	5	22
林幸範	1955	대정읍	대졸	C	1953	2000	5	22
趙泰華	1932	한림읍	고졸	D	1965	200	6.5	11
車齊喆	1952	한림읍	고졸	I	1981	800	5	11
崔方元	1954	한경면	고졸	C	1981	1000	3	12
韓健三	1941	한림읍	고졸	I	1984	500	18	23
韓東舊	1926	한림읍	고졸	I·G	1960	1000	5	7
韓有沢	1944	구좌읍		C	1976	1000	8	35
玄英廈	1936	제주시	대졸	C	1982	1000	5.4	25
玄在玉	1923	서귀포	중졸	C	1958	1000	4	16
康榮男	1943	구좌읍	고졸	I	1979	500	1	7
吳南興	1936	남원읍	고졸	C	1967	3000	8.2	11

주 : A(농림·수산·광업), B(건설), C(제조), D(상사·도매), E(소매·판매), F(금융·증권·보
    험), G(부동산), H(운수), I(정보서비스)
자료 : 共同新聞社(1989), 『在日韓國人實業名鑑』에서 조사 작성.

〈부록 8〉 재일제주인 기업가의 이력서(1)

(단위 : 백만 엔, 억 엔, 명)

기업가	설립년도	자본금	업종	연간매출액	종업원 수	유형
康德贊	1985	500	C	1	13	I
姜吉瑢	1974	300	I	1.5	5	III
康文男	1955	2,350	C·D	30	100	IV
康奉立	1937	1,000	C	2.3	31	IV
康奉洙	1970	100	D	2	20	II
姜聖凡	1948	10,000	C	65.9	110	IV
康榮男	1979	500	I	1	7	II
康祐成	1949	3,200	C	15	80	IV
康隆彦	1955	8,100	C	150	300	IV
姜在都	1971	1,100	I	1	11	III
姜宗河	1968	1,000	C	5	11	III
康中彦	1954	500	C	1.5	5	I
康仲鎰	1972	1,200	C	1.1	11	II
姜哲熙	1979	500	G	14	18	II
康忠男	1955	8,100	C	150	300	III
康太洙	1962	500	D	8	25	II
康浩彦	1962	500	D	8	25	IV
康惠三	1940	6,000	C	12	15	IV
康洪基	1970	2,000	C	5	20	II
高基秀	1982	3,000	E	15	70	II
高信夫	1975	100	C	1.8	15	I
高昌照	1969	4,000	C	30	150	IV
高春根	1966	2,000	D·G·H	20	10	II
高春鶴	1951	400	C	0.6	8	IV
高行洙	1961	500	C	1	5	I
金建宝	1960	2,000	C	2	20	IV
金景玉	1971	200	I	1.8	20	II
金庚熙	1969	500	C	3.5	86	II
金達孝	1967	1,800	H	4.7	48	III
金斗化	1950	2,000	D	1.8	7	I
金文奉	1966	200	C	0.8	7	IV

기업가	설립년도	자본금	업종	연간매출액	종업원 수	유형
金敏永	1964	500	C	0.78	11	IV
金祥洙	1963	2,400	C	14.9	23	II
金聖大	1976	500	D	45	12	III
金成洙	1970	250	G	24	4	III
金秀玉	1970	500	C	0.6	9	III
金秀晃	1957	1,900	C	25	37	IV
金淳琦	1968	1,000	C	3.5	21	II
金良尙	1978	500	H	3.9	28	II
金良雄	1971	4,800	G	30	8	III
金英行	1980	1,000	C	0.25	2	I
金禎倍	1980	1,000	G	2.3	7	II
金靜順	1966	500	C	5	8	II
金昌海	1960	2,000	C	2	20	II
金哲三	1969	1,000	D	4.5	8	III
金致榮	1963	1,000	C	2.5	10	III
朴基東	1967	1,000	C	7	25	IV
朴東植	1981	200	F	1	9	III
朴東進	1959	3,500	C	21.6	120	II
朴善久	1966	1,000	B	5.5	38	II
朴晶禧	1967	4,500	C	34	122	IV
白國炯	1986	2,000	C	12.3	36	III
邵耕治	1978	500	E	4	7	II
宋龍澤	1965	2,000	G	5	7	IV
安富松	1972	700	C	7	35	IV
安在祜	1937	9,800	C	25	85	III
梁斗京	1921	500	C·I	35	70	IV
梁昌秀	1947	1,000	C	3	35	III
梁泰幸	1967	200	C	3	16	IV
吳南興	1967	3,000	C	8.2	11	II
吳斗京	1949	3,000	C	8	29	II
吳文弼	1964	3,500	D	100	25	II
吳永守	1954	1,600	D	27	32	IV
吳辰成	1954	1,600	D	27	32	II
李根培	1961	600	D·H	2.1	3	II

기업가	설립년도	자본금	업종	연간매출액	종업원 수	유형
李純安	1953	2,000	G·I	103	110	IV
李元主	1983	500	C	5	10	IV
李太勳	1983	400	C	3	25	III
李平年	1955	100	C	3	15	II
任永燦	1972	2,000	C	15	100	III
任忠良	1973	150	D	26	7	II
林泰連	1953	2,000	C	5	22	II
林幸範	1953	2,000	C	5	22	IV
趙泰華	1965	200	D	6.5	11	II
車尙哲	1980	1,000	C	6.5	37	IV
車齊喆	1981	800	I	5	11	IV
崔方元	1981	1,000	C	3	12	III
韓健三	1984	500	I	18	23	III
韓東舊	1960	1,000	I·G	5	7	II
玄英廈	1982	1,000	C	5.4	25	II
玄在玉	1958	1,000	C	4	16	II
洪鍾寒	1982	1,000	C	12	80	II

주 1: A(농림·수사·광업), B(건설), C(제조), D(상사·도매), E(소매·판매), F(금
융·증권·보험), G(부동산), H(운수), I(정보서비스)
주 2: I유형(생계형), II유형(전업형), III유형(전향형), IV유형(계승형)
자료 : 共同新聞社(1989), 『在日韓國人實業名鑑』 등에서 조사 작성.

〈부록 9〉 재일제주인 기업가의 이력서(2)

(단위 : 백만 엔, 억 엔, 명)

기업가	출생년도	출신지역	학력	경영형태	경영이념	유형
康德贊	1942	서귀포시	建國高卒	개인경영	규범형	I
姜吉瑢	1935	북제주군	關西大中退	주식회사	자계형	III
康文男	1956	구좌읍	서울대中退	주식회사	자계형	IV
康奉立	1945	표선면	同志社大卒	주식회사	자계형	IV
康奉洙	1931	표선면	濟州農高卒	유한회사		II
姜聖凡	1937	중문동	同志社大卒	주식회사	자계형	IV
康榮男	1943	구좌읍	五賢高卒	주식회사		II
康祐成	1950	서귀포시	東京經濟大卒	주식회사	규범형	IV
康隆彦	1954	표선면	明治大卒	주식회사		IV
姜在都	1939	서귀포시	立命館大卒	주식회사	규범형	III
姜宗河	1940	한림읍	불명	개인경영	자계형	III
康中彦	1927	서귀포시	同志社大卒	개인경영	자계형	I
康仲鎰	1928	서귀포시	中央大卒	주식회사	자계형	II
姜哲熙	1943	애월읍	建國高卒	주식회사	자계형	II
康忠男	1926	표선면	大阪專門學校卒	주식회사	자계형	III
康太洙	1929	제주시	西野田高卒	주식회사	개방형	II
康浩彦	1958	제주시	明治大卒	주식회사		IV
康惠三	1943	표선면	慶應大卒	주식회사	자계형	IV
康洪基	1928	서귀포시	同志社大卒	주식회사	방침형	II
高基秀	1934	구좌읍	早稻田大卒	주식회사	규범형	II
高信夫	1947	제주시	建國高卒	개인경영	자계형	I
高昌照	1933	제주시	興國商高卒	주식회사		IV
高春根	1932	제주시	關西學院大卒	주식회사	자계형	II
高春鶴	1931	제주시	廣島大卒	주식회사	자계형	IV
高行洙	1933	한림읍	浪速短大中退	개인경영		I
金建宝	1950	조천읍	近畿大學	주식회사	자계형	IV
金景玉	1922	구좌읍	東京工大中退	주식회사	자계형	II
金庚熙	1940	구좌읍	商業高卒	주식회사	자계형	II
金達孝	1925	성산읍	大朝町立中卒	주식회사	자계형	III
金斗化	1920	제주시	高卒	개인경영	방침형	I
金文奉	1953	조천읍	同志社大卒	개인경영	규범형	IV

기업가	출생년도	출신지역	학력	경영형태	경영이념	유형
金敏永	1945	제주시	大學中退	개인경영	자계형	IV
金祥洙	1920	제주시	關大二高卒	주식회사	자계형	II
金聖大	1940	제주시	關西學院大卒	주식회사	방침형	III
金成洙	1938	구좌읍	大阪經濟大中退	주식회사	자계형	III
金秀玉	1942	제주시	韓國航空大中退	개인경영	규범형	III
金秀晃	1942	서귀포시	同志社大卒	주식회사		IV
金淳琦	1931	제주시	高卒	주식회사	자계형	II
金良尙	1945	제주시	明治大卒	주식회사	자계형	II
金良雄	1945	제주시	大阪經濟大卒	주식회사	자계형	III
金英行	1956	제주시	城東工高卒	개인경영	규범형	I
俞禎倍	1923	한림읍	帝國商業高卒	주식회사	방침형	II
金靜順	1932	표선면	靜岡市立第一中中退	주식회사	자계형	II
金昌海	1921	조천읍	舊制難波商業學校卒	수식회사		II
金哲三	1944	제주시	同志社香里高卒	주식회사	자계형	III
金致榮	1948	표선면	上宮高卒	주식회사	자계형	III
朴基東	1054	제주시	大阪經濟大卒	주식히사	방침형	IV
朴東植	1924	애월읍	中央高等工業學校卒	주식회사	규범형	III
朴東進	1930	서귀포시	中央大卒	주식회사	자계형	II
朴善久	1933	제주시	大阪大卒	주식회사	방침형	II
朴晶禧	1945	제주시	早稻田大卒	주식회사	자계형	IV
白國炯	1933	제주시	高卒	주식회사	자계형	III
邵耕治	1945	조천읍	大阪市立生野工高卒	주식회사		II
宋龍澤	1952	남제주군	大阪學院大卒	주식회사	규범형	IV
安富松	1944	애월읍	京都大卒	주식회사	방침형	IV
安在祐	1915	표선면	城東商業學校卒	주식회사	방침형	III
梁斗京	1938	한림읍	建國高卒	주식회사	개방형	IV
梁昌秀	1922	조천읍	高卒	주식회사	규범형	III
梁泰幸	1949	조천읍	近畿大卒	주식회사	자계형	IV
吳南興	1936	남원읍	高卒	유한회사	자계형	II
吳斗京	1931	구좌읍	關西大卒	주식회사	자계형	II
吳文弼	1930	한림읍	大阪市立大卒	주식회사	자계형	II
吳永守	1954	제주시	關西大卒	주식회사	규범형	IV
吳辰成	1928	제주시	關西大卒	주식회사	규범형	II
李根培	1932	조천읍	關西大卒	유한회사		II

기업가	출생년도	출신지역	학력	경영형태	경영이념	유형
李純安	1939	대정읍	關西大卒	주식회사	규범형	IV
李元主	1950	구좌읍	大阪工業大中退	주식회사	방침형	IV
李太勳	1923	제주시	舊制商業學敎卒	주식회사	자계형	III
李平年	1917	중문동	高小卒	주식회사	자계형	II
任永燦	1932	구좌읍	中央大中退	주식회사	방침형	III
任忠良	1941	한경면	法政大卒	주식회사	개방형	II
林泰連	1925	대정읍	大阪興國商高卒	주식회사	개방형	II
林幸範	1955	대정읍	近畿大卒	주식회시	자계형	IV
趙泰華	1932	한림읍	大阪市立天王寺商高卒	주식회사	규범형	II
車尙哲	1951	한림읍	成器高卒	개인경영	자계형	IV
車齊喆	1952	한림읍	建國高卒	주식회사		IV
崔方元	1954	한경면	泉尾工業高卒	개인경영	규범형	III
韓健三	1941	한림읍	濟州農業高卒	주식회사	자계형	III
韓東舊	1926	한림읍	舊制商業學校卒	주식회사	방침형	II
玄英廈	1936	제주시	浪速短大卒	주식회사	자계형	II
玄在玉	1923	서귀포시	舊制中學校卒	주식회사		II
洪鍾寔	1938	한림읍	法政大卒	주식회사	자계형	II

주 1 : A(농림·수산·광업), B(건설), C(제조), D(상사·도매), E(소매·판매), F(금융·
   증권·보험), G(부동산), H(운수), I(정보서비스)
주 2 : I 유형(생계형), II유형(전업형), III유형(전향형), IV유형(계승형)
자료 : 共同新聞社(1989), 『在日韓國人實業名鑑』 등에서 조사 작성.

〈부록 10〉 재일제주인 기업가의 경영이념

기업가	회사명	설립	경영이념	유형
康德贊	イッツ製靴	1985	사랑(종업원과 가족의 존재가치 인정)	I
姜吉瑢	ユニオン觀光	1974	성실	III
康武良	旭成型工業所	1967	거래처 간의 신뢰	IV
康文男	谷山物産	1955	지속성은 힘이다	IV
康玟植	ミツマル産業	1960	노력, 근면	III
康奉立	興亞工業	1937	거래처 간의 엄격한 공사 구분	IV
姜聖凡	ツキモリグループ	1948	자만을 하는 일	IV
姜誠益	大和プラスチック	1975	견고한 거래	I
康榮男	味樂園	1979	성실	II
康祐成	三協化成	1949	사원(종업원) 일체	IV
姜在都	八極設計	1971	학식, 경험을 살려서 자립	III
姜朝弘	神榮ゴム糊引工業所	1960	견실경영	I
姜宗河	シャン・シューズ	1968	타인에게 성실을 보여줌	III
康鍾允	五鈴化學工業所	1963	영속성, 계속성	I
姜洲弘	丸和ゴム工業所	1973	견실경영	I
康中彦	サンライズ	1954	성실	I
康仲鎰	大谷化學	1972	지역연구에 관심	II
康昌吉	朝日興産工業所	1975	일관성, 지속성	IV
姜哲熙	ひかり住建	1979	성실, 근면	II
康忠男	富士電線工業	1955	성실, 신용, 인간중심경영	III
康太洙	信谷商店	1962	경세발선에 기여, 실천	II
康惠三	城東製鋼	1940	성실	IV
康洪基	三和化成	1970	전문화(대리점 판매시스템 구축)	III
康熙滿	康本化學工業所	1972	신용우선주의	IV
高基秀	高電社	1982	유연성($+\alpha$&$-\beta$)	III
高淳英	大格工業	1979	시련 극복	IV
高順集	日榮化學工業所	1967	어려운 난관을 극복	I
高信夫	藤原寫眞製版	1975	성실	I
高正洙	高山舖裝	1975	일에 대한 격려	I
高昌照	タカヤマ金屬工業	1969	보다 좋은 제품, 밝은 직장, 사회에 공헌	IV
高春根	丸喜船舶	1966	견실경영	II
高春鶴	高島金屬工業	1951	열심히 일하고 열심히 놀자	IV

기업가	회사명	설립	경영이념	유형
金建宝	三興化成	1960	가족을 중요하게 여김	IV
金景玉	東大門	1971	성실	II
金慶招	珈琲館 白馬	1973	지역사회, 정직, 성실	I
金庚熙	アサヒ産業	1969	일을 취미로 삼아 다각적 경영을 시도	II
金圭禹	松本秀商店	1973	기술 습득	III
金南鏞	平和化成工業所	1968	사업을 개척하고 경영권 위양	I
金達孝	東來運輸	1967	견실, 성의, 정직	III
金斗化	豊満商会	1950	제품 충실에 무엇보다도 노력	I
金文奉	金井	1966	제품화, 화합	IV
金敏永	丸新塗裝工業所	1964	품행	IV
金祥洙	住吉金屬	1963	일을 열심히 함	II
金聖大	グローバル	1976	업계 발전에 공헌	III
金成洙	サンアイ興産	1970	성실	III
金秀玉	伊東化成工業所	1970	사람 간의 화합	III
金秀義	大進金屬工業	1973	일을 열심히 함	II
金淳琦	大起紡績	1968	노력은 힘이다	II
金良尙	シンヨー運輸	1978	사업을 부흥하게 만듦	II
金良雄	藤田土地	1971	자립	III
金英行	福井製作所	1980	인생을 유익하게 지내는 일	I
金元浩	丸福商店	1960	공사다망	I
金源昊	泉商事	1981	노력	I
金義弘	東大阪鑄工	1965	기술연마, 독자적 노하우	III
金仁植	三光商事	1978	성실하게 노력하는 일	I
金正男	松井塗裝工業所	1973	자식의 교육을 위해 사업에 정렬	III
金禎倍	心商	1980	윤택함, 패션, 미술적 감각	II
金正淑	アルフャシューズ	1985	자신의 일은 자신이 개척하는 사고	II
金靜順	日産化成	1966	세심방담(細心·放膽)	II
金哲男	龍美化學工業所	1968	성실	I
金哲三	哲商社	1969	신의예절, 국제 감각	III
金致榮	光洋化學	1963	약속 엄수	III
文東珠	光化成工業所	1960	기초를 단단하게 함	IV
文在敏	文榮美術紙工所	1980	건강제일, 친구를 중요하게 여기는 일	III
朴孔來	大森商店	1968	인내, 근면	I
朴基東	新井ゴム	1967	고품질 제품을 시장에 판매	IV

기업가	회사명	설립	경영이념	유형
朴東植	關西綜合保險センター	1981	승부, 우애	III
朴東進	光硬質鍍金工業	1959	건강, 성실	II
朴善久	ネスター電機製作所	1966	초심으로 돌아가서 사물을 볼 것	II
朴性珍	東洋企業不動産部	1948	성실, 좋은 물건을 엄선해서 거래	I
朴儒瓔	木戸製靴	1968	노력, 실적	I
朴晶禧	近畿ビニール	1967	원가관리, 안정적인 수익에 노력	IV
白國炯	ミズハラゴム	1986	건강	III
邊在龍	原本金型製作所	1955	가정에서 부모를 친절하게 모심, 유교정신	IV
邵秀進	大松塗裝工業所	1955	정직, 진실	IV
宋龍澤	進興	1965	창의, 공부, 실행	IV
安東佑	壽住建	1981	자립을 실현함	III
安富松	安田工業所	1972	소비자 요구에 따른 제품개발, 친목교류	IV
安潤根	安田商店	1954	견실경영	IV
安在沾	日本有機化學工業	1937	성실, 인내, 신용	III
安泰榮	安田化成工業所	1964	인정미, 창조	I
梁斗京	ヒージー	1921	동포사회에 시간, 노동, 돈을 갖고 봉사	IV
梁相寶	綠食道園	1968	서민적 분위기 존중, 소박한 점포 운영	III
梁壽眞	モアシューズ	1972	노력, 좋은 제품을 엄선하게 제조	I
梁珠昊	協進美術止化工	1977	인생을 유익하게 사용함	I
梁昌秀	日興電化工業所	1947	과거의 경험·기술을 살려서 신분야 개척	III
梁泰幸	日興化成	1967	성실	IV
梁輝雄	中央通商	1976	다각적 경영 노선을 갖고 착실히 수행	II
吳南興	松田商店	1967	밝게 행동, 성심, 정직	II
吳斗京	石原ゴム工業	1949	신념	II
吳文弼	丸和	1964	노력을 마다하지 않고 살아감	II
吳示現	伸和化成工業所	1978	시간이 있으면 일을 열심히 함	I
吳永守	和田商店	1954	적극성	IV
吳辰成	和田商店	1954	노력, 지속성은 힘이다	II
禹敏夫	宇垣土木	1942	하루하루 생활에 최선을 다함	III
李公任	大星製作所	1966	일을 신중하게 처리함	III
李基雨	高麗石材店	1970	인간관계를 위해 서로 존중, 양심	III
李大呂	森山繁商店	1955	재일동포를 위해 살아감	I
李桐根	城東化學	1965	원만한 가족, 일에 충실, 신용	I
李純安	共榮産業	1953	경영은 전향적인 자세, 업적은 확대	IV

기업가	회사명	설립	경영이념	유형
李永昌	レストラン 杉	1959	단결, 결단, 실행	IV
李元主	ナガセカラー	1983	수요에 응해서 일을 함	IV
李正河	不二化學	1988	평소 절약이 생활신조	IV
李宗薰	マルサ商會	1964	도움을 주는 사람으로서 활동	I
李昌南	進光産業	1960	신수요를 개척, 노력, 자립	III
李太勳	三協金屬工業	1983	안정적 노선으로 경영함	III
李太河	興和管材	1964	교육, 사회, 지역발전에 공헌	II
李平年	福助アルミ鑄造所	1955	성실, 성의	II
任聖一	大洋山業第一電化工業所	1960	성실	I
任永燦	電飾工業	1972	수준 높은 제품을 제작	III
任智弘	リバーリッチシューズ	1983	근검과 노력	III
任忠良	豊忠貿易	1973	인류 사회에 공헌	II
林泰連	林紙器	1953	동포와의 공존 자세를 지향	II
林幸範	林紙器	1953	양심적 상행위가 호감을 가짐	IV
丁永年	押海製作所	1967	박리양산, 서민의 수요 동향	I
趙元一	原田建築塗裝	1969	신수요 개척	I
趙昌化	原田商店	1947	정직	III
趙泰華	原田商事	1965	화합, 근면	II
車大寬	ハピニズシューズ	1970	열심히 노력하는 일	I
車尙哲	ランタンシューズ	1980	근면, 노력	IV
崔正庸	星野化学工業所	1961	개척정신	III
崔方元	ライオン化成工業所	1981	기업은 사람이다	III
韓健三	大榮商事	1984	정직	III
韓東舊	東溪興産	1960	민족의 자랑, 자주성	II
韓有沢	ニッコーグラビア印刷	1976	강한 경영을 유지함	II
玄克彦	大和合成樹脂工業所	1978	인내, 성실	IV
玄琪宅	延山化研工業所	1958	대충 살아가지 말 것, 가족에게는 엄격	IV
玄英廈	共榮産業	1982	일, 건강	II
洪正雄	マルワ商店	1967	노력	I
洪鍾寔	ロンドン製靴	1982	매일 매일 노력	II

주 1: 경영이념 부분은 자료가 양호한 기업가에 한정하여 작성하였음.
주 2: I유형(생계형), II유형(전업형), III유형(전향형), IV유형(계승형)
자료 : 共同新聞社(1989), 『在日韓國人實業名鑑』에서 조사 작성

〈부록 11〉 동천(東泉) 김평진(金坪珍) 활동 연보

연도	연령	주요 활동 내용
1926	1세	제주시 회천동(回泉洞) 출생
1940	14세	공립삼양보통학교 졸업 일본 이주
1941	15세	비누공장 근무
1942	16세	동경 오시마(大馬)중학교 졸업
1946	20세	비누(石劍)제조판매소 운영
1959	33세	김해철공소 경영
1961	35세	재일제주개발협회 회장
1963	37세	제수관광호텔(현 하니크라운관광호텔) 선립 문화훈장 국민장(國民章) 수상
1964	38세	서귀포 허니문하우스(현 파라다이스호텔) 건립 서귀포관광호텔 건립 동경상은신용조합 이사장
1966	40세	제주여자학원 인수
1967	41세	김해상사(주) 설립 긴채건물(유) 설립
1968	42세	국민훈장 동백장(冬栢章) 수상
1977	51세	제주신문사 회장
1981	55세	(주)파크사이드 호텔 설립 재일한국교육재단 고문 국민훈장 모란장(牡丹章) 수상
1982	56세	재일한국인상공연합회 회장
1984	58세	제주도체육회 성금 기증
1985	59세	(주)프란탄 유기업 설립 국민훈장 무궁화장(無窮花章) 수상
2001	75세	서귀포시 성금 기증
2007	81세	타계

〈부록 12〉 고당(古堂) 안재호(安在祜) 활동 연보

연도	연령	주요 활동 내용
1915	1세	표선면 가시리(加時里) 출생
1928	13세	공립표선보통학교 졸업
		일본 이주
1930	15세	대판성동(大阪城東)상업학교 졸업
		대판합성수지화학연구소 입사
1934	19세	후토(不動)화학공업주식회사(대동라이트(주) 전신) 공장장
1940	25세	야스모토(安本)화학공업소 설립
1947	32세	야스모토(安本)화학공업주식회사 법인 변경
1950	35세	일본유기화학공업주식회사 설립
1952	37세	일본단추공업주식회사 설립
1954	39세	일본통산성대신상(일본 전국 플라스틱 종합대회) 수상
1955	40세	일본통산성대신상(일본 전국 플라스틱 종합대회) 수상
		대판시장상 수상
1956	41세	동경유기주식회사 설립
1958	43세	대판시장상 수상
1960	45세	일신(日新)화학공업주식회사 설립
1965	50세	호쿠리쿠(北陸)화성공업 설립
		일본합성수지 단추공업협회 감사장
1967	52세	대한합성화학공업주식회사 설립
		일본통산성 수출 공헌 인정증서
1972	57세	야스모토(安本)흥산주식회사 설립
1973	58세	한국에 일본유기화학공업(주)과 합작투자회사 설립
		국민훈장 모란장(牡丹章) 수상
1974	59세	표선면(표선-가시리) 도로포장 기금 기증
1975	60세	표선면(가시리-제동목장) 도로포장 기금 기증
1984	69세	제주도체육회 성금 기증
1994	79세	타계

〈부록 13〉 효천(曉泉) 강충남(康忠男) 활동 연보

연도	연령	주요 활동 내용
1926	1세	표선면 세화리(細花里) 출생
1939	13세	공립표선보통학교 졸업
1940	14세	일본 이주 고무제조 공장(친척 경영) 근무
1945	19세	전선 관련 공장(친척 경영) 근무
1947	21세	오사카전문학교(舊制) 졸업
1948	22세	태양(太洋)화학공업주식회사 전무
1955	29세	후지(富士)전선공업주식회사(자본금 200만 엔) 설립
1963	37세	후지(富士)전공주식회사 설립 전국전선공업조합 이사
1967	41세	대판통상산업국장상 수상 대판부지사상 수상
1968	42세	합리화 모델공장 지정 중소기업청장관상 수상
1970	44세	공장표준화 우량공장 선정 서일본전선공업협동조합 이사
1971	45세	후지(富士)전기공업주식회사 설립 중소기업연구센터상 수상
1973	47세	후지(富士)전선판매주식회사 설립 공업표준화 우량공장 선정 공업기술원장상 수상
1978	52세	(사)일본전선공업회 감사
1981	55세	공업표준화, 품질관리 우량공장 선정 통산대신상 수상
1985	59세	후지(富士)전정공주식회사 설립
1987	61세	일본 전선메이커(410사) 중 12위
1990	64세	국민훈장 동백장(冬栢章) 국민훈장 석류장(石榴章) 제주대학교 명예경제학 박사
1994	68세	관서제주특별자치도민협회 회장
1999	73세	제주대학교 학술연구기금(5억 원) 기증
2000	74세	제주대학교 학술연구기금(5억 원) 기증
2006	80세	타계

참고문헌

❚ 한글 문헌

감산향토지발간추진위원회(2002), 『감산향토지』.

강덕상·정진성 외(2002), 『근·현대 한일관계와 재일동포』, 서울대학교 출판부.

姜龍三·李京洙編(1984), 『大河實錄 濟州百年』, 泰光文化社.

강충남(1994), 「일본 속의 큰 제주인」, 『제주도』 96, 제주도, 26~31.

건입동마을회(2008), 『健入洞誌』.

高廣明(1998), 「韓國 財閥企業의 人間關係 네트워크에 관한 硏究-大字그룹의 人材
調達·活用을 중심으로」, 『社會發展硏究』 14, 濟州大學校 地域社會發展硏究所,
284~285.

고광명(2005), 「在日 한국·제주상공인의 실태에 관한 연구」, 『在日 제주인의 삶과
제주도』, 제주발전연구원 외 발표 자료집.

_____(2006a), 「일본 기업가의 사회적 배경 연구」, 『동아연구』 51, 西江大學校 東
亞硏究所, 191~216.

_____(2006b), 「일본 속의 제주인의 직종과 상공업활동」, 『아시아연구』 9(2), 韓
國아시아學會, 171~195.

_____(2008a), 「일제하 제주도 기업가의 사회적 배경 연구」, 『經營史學』 23(2),
韓國經營史學會, 221~251.

_____(2008b), 「재일제주인의 삶과 사회적 네트워크」, 『日本近代學硏究』 22, 韓
國日本近代學會, 187~210.

_____(2009), 「재일(在日)제주인 기업가의 경영활동 특성」, 『日本硏究』 12, 고려
대학교 일본연구센터, 293~313.

_____(2010a), 「재일(在日)제주인의 제주도에의 기증과 투자활동」, 『日本近代學
硏究』 27, 韓國日本近代學會, 217~242.

_____(2010b), 「재일(在日)제주인의 기업가 유형별에 따른 경영특성」, 『아시아연
구』 13(3), 韓國아시아學會, 199~217.

_____(2010c), 「재일(在日)제주인의 사회적 네트워크와 지역사회 공헌」, 『제주학
과 만남』, 제주학연구자모임.

_____(2010d), 「재일(在日)제주인 기업가 東泉 金坪珍 연구」, 『日本近代學硏究』

30, 韓國日本近代學會, 315~333.

_____(2010e), 「일본기업의 경영이념 유형별에 따른 특성 연구」, 『경영경제연구』 29(2), 부산대학교 경영경제연구소, 1~20.

_____(2010f), 「재일(在日)제주인 기업가 曉泉 康忠男 연구」, 『제주발전연구』 14, 제주발전연구원, 81~105.

_____(2011a), 「재일(在日)제주인의 제주지역 교육발전에 대한 공헌」, 『교육과학 연구』 13(1), 제주대학교 교육과학연구소, 59~73.

_____(2011b), 「재일(在日)제주인 기업가 古堂 安在祜 연구」, 『日本近代學研究』 34, 韓國日本近代學會, 255~274.

_____(2012), 「일제하 조선인 기업가의 사회적 배경 연구」, 『日本近代學研究』 37, 韓國日本近代學會, 441~462.

고광명·진관훈(2004), 「在日 제주인의 상공업활동에 관한 연구」, 『濟州島研究』 26(12월), 濟州學會, 57~90.

_____(2006), 「재일제주인의 상공업 활동과 지역사회 공헌」, 『社會科學 研究』 14(1), 西江大學校 社會科學研究所, 148~181.

高內里·在日本高內里親睦會(1980), 『高內里誌』.

古堂 安在祜(1976), 『광복(光復)의 시대(時代)에 살면서』, 世原文化社.

고선휘(1998), 「제주인이 아이덴티티」, 『21세기 모두를 위한 제주도』, 제주발전연 구원.

고성중 옮김(2005), 『재일 한인의 갈등과 도전』, 북제주문화원.

高承濟(1975), 『韓國經營史研究』, 韓國能率協會.

권병욱(2005), 「일본 중소기업의 네트워크 변화와 경제적 성과」, 『日本文化學報』 26, 韓國日本文化學會, 3.

金基浩(1994), 「日帝下 在日 韓國人勞動者階級의 形成」, 『勞動經濟論集』 17(2), 韓國 勞動經濟學會, 1~30.

金泳謨(1971), 「日帝時 大地主의 社會的 背景과 移動」, 『아세아연구』 14(2), 고려대 학교 아세아문제연구소, 107~125.

金泰永(2005), 「재일한국인 기업가의 네트워크 특성과 기업가정신」, 『日本文化學 報』 27, 韓國日本文化學會, 1~26.

김 게르만(2005), 『한인 이주의 역사』, 박영사.

김광섭(2005), 『재일 코리안과 일본국적 취득문제 : 법 제도와 아이덴티티를 중심 으로』, 서울대학교 대학원 석사학위논문.

김광열(2010), 『한인의 일본이주사 연구—1910~1940년대』, 논형.

김남일·서경식·양영희·정호승·최인석(2007), 『분단의 경계를 허무는 두 자이니치의 망향가』, 현실문화연구.

김동전(2005), 「在日 '濟州人'사회의 형성과정과 변천, 그리고 미래」, 『在日 제주인의 삶과 제주도』, 제주발전연구원 외 발표 자료집.

김영수(1996), 『기업가적 행동성향의 결정요인과 성과와의 관계』, 한양대학교 박사학위논문.

김진환(2012), 「재일조선인 정체성 연구 현황과 과제」, 『한민족문화연구』 39, 한민족문화학회, 373~404.

김창민(2003), 「재일교포 사회와 제주 마을 간의 관계 변화 : 1930~2000」, 『비교문화연구』 9(2), 서울대학교 비교문화연구소, 196.

김창후(1995), 「재일제주인과 동아통항조합운동」, 『濟州島史硏究』 4, 濟州島史硏究會, 109~143.

김현선(2009), 「국적과 재일 코리안의 정체성 : 조선·한국적 유지자의 삶과 의식을 중심으로」, 『경제와 사회』 83, 비판사회학회, 313~341.

_____(2011), 「재일의 귀화와 아이덴티티」, 『사회와 역사』 91, 한국사회사학회, 293~323.

김희철·진관훈(2007), 「재일제주인의 경제생활과 제주사회 기증에 관한 연구」, 『法과 政策』 13, 濟州大學校 法과 政策硏究所, 101~124.

나가노 신이치로 편저(2010), 『한국의 경제발전과 재일한국기업인』, 말·글빛냄.

남양홍씨 제주특별자치도 문중회(2010), 『南洋洪氏濟州道門中會略史(1956-2010)』.

南濟州郡 表善面 加時里(1988), 『加時里誌 가스름』.

納邑鄕土誌編纂委員會(2006), 『納邑鄕土誌』.

藤永 壯(2010), 「재일제주인과 밀항」, 『기억의 구술과 역사─4·3의 경험과 재일제주인, 그리고 한국현대사』, 제주 4·3 62주년 기념 국제심포지엄 자료집.

민관식(1990), 『在日本韓國人』, 아세아정책연구원.

박광현(2010), 「재일한국인·조선인의 정체성에 관한 연구」, 『日本硏究』 13, 고려대학교 일본연구센터, 417~440.

法還마을회(2000), 『法還鄕土誌』.

서귀포문화원(2008), 『우리고장의 비석들』.

西歸浦市 月坪洞(1992), 『월평마을』.

손동원(2002), 『사회적 네트워크』, 경문사.

愼鏞廈(1979), 『「朝鮮土地調査事業」硏究』, (財)韓國硏究院.

신행철(1997), 「제주인의 정체성과 일본 속의 제주인의 삶」, 『濟州島硏究』 14, 濟州

學會, 53~80.

_____(2004), 『제주사회와 제주인』, 제주대학교출판부.

안미정(2008), 「오사카 재일(在日)제주인 여성의 이주와 귀향」, 『耽羅文化』 32, 濟州大學校 耽羅文化硏究所, 179~218.

양성종(2005), 「在日 濟州人 硏究의 現況」, 『在日 제주인의 삶과 제주도』, 제주발전연구원 외 발표 자료집.

양영후(2005), 「1920-30년대의 在大阪 제주인」, 『在日 제주인의 삶과 제주도』, 제주발전연구원 외 발표 자료집.

禮村誌편찬위원회(1988), 『禮村誌』.

禮村靑年(1994), 『禮村一里靑年會』.

吳大賢編(1983), 『表善面鄕土誌』, 泰明印刷社.

吾羅洞住民自治委員會・吾羅洞鄕土誌發刊委員會(2003), 『吾羅洞鄕土誌』.

五賢高等學校總同窓會(2002), 『五賢高50年史(Ⅱ)(1951~2001)』.

月坪洞鄕土誌發刊推進委員會(2001), 『月坪洞誌』.

爲美信用協同組合(1991), 『爲美里誌』.

유칠인(2000), 「제주 사람들의 생활세계에서의 일본」, 『한국문화인류학』 33(2), 한국문화인류학회, 361~378.

尹健次(2002), 「21세기를 향한 '在日'의 아이덴티티」, 『근・현대 한일관계와 재일동포』, 서울대학교출판부.

윤인진(2004), 『코리안 디아스포라-재외한인의 이주, 적응, 정체성』, 고려대학교출판부.

이경원・진관훈(2006), 「제주도 지방정부의 재일제주인 투자유치 활성화 방안」, 『韓國比較政府學報』 9(3), 韓國比較政府學會, 171~188.

이광규(1981), 「재일 한국인의 조사연구 : 大阪 生野區를 중심으로(1)」, 『한국문화인류학』 13, 한국문화인류학회.

이덕훈(2003), 「戰後 日本의 企業家의 등장과 사회적 배경」, 『일본문화학보』 17, 한국일본문화학회, 1~20.

李文雄(1988), 「재일 제주인의 의례생활과 사회조직」, 『濟州島硏究』 5, 濟州島硏究會, 51~58.

_____(1989), 「재일제주인 사회에서의 무속 : 대판 이쿠노구 지역을 중심으로」, 『濟州島硏究』 6, 濟州島硏究會, 79~87.

이문웅(1996), 『세계의 한민족 4-일본』, 통일원.

_____(1998), 「재일제주인 사회에 있어서의 지연과 혈연」, 『한국 인류학의 성과

와 전망』, 집문당, 364~369.

_____(2000), 『재외동포』, 서울대학교 출판부.

_____(2005), 「재일(在日)제주인 사회에서의 생활문화에 나타난 적응전략 : 광산 김씨 친족회를 중심으로」, 『在日 제주인의 삶과 제주도』, 제주발전연구원 외 발표 자료집, 74~79.

이승희(2012), 「조선인의 일본 '밀항'에 대한 일제 경찰의 대응 양상」, 『문화콘텐츠 연구』 13, 중앙대학교 문화콘텐츠연구원.

李映勳(1990), 『日帝下 濟州島의 人口變動에 關한 硏究』, 高麗大學校 大學院 碩士學 位論文.

李俊植(2002), 「日帝 强占期 제주도민의 오사카(大阪) 이주」, 『韓日民族問題硏究』 3, 韓日民族問題學會, 5~31.

梨湖洞誌編纂委員會(2007), 『梨湖洞誌』.

임영언(2006), 『재일코리안 기업가』, 한국학술정보.

林永彦・李錫寅(2006), 「재일코리안 기업가의 창업유형별 특징 및 사례연구」, 『국제 지역연구』 10(3), 국제지역학회, 382~402.

임채완・임영언・최석신・나주몽(2007), 『재일코리안 기업의 네트워크』, 북코리아.

임영언・임채완・최석신・나주몽・이석인(2005), 『재일코리안 기업의 경영활동』, 집문당.

長嶋俊介(2008), 「世界遺産登録に向けての文化の掘り起こしと交流」, 『제주해녀와 일 본아마(海女)의 무형유산」, 제3회 한・일 해녀(海女) 국제학술심포지엄 자료집, 53~54.

장박진(2009), 「초기 한일회담(예비-제3차)에서의 재일한국인 문제의 교섭과정 분석 : 한일 양국의 교섭목포와 전후 재일성(在日性) 형성의 논리」, 『국제지역 연구』 18(2), 서울대학교 국제문제연구소, 1~38.

在外濟州道民會總聯合會(2005), 『地球村 濟州人』, 886~887.

재일동포모국공적조사위원회(2008), 『母國을 향한 在日同胞의 100년 足跡』, 재외 동포재단.

在日本濟州道民會(1993), 『日本의 濟州魂 : 在日本濟州道民會30年史』, 나라출판.

在日韓國人本國投資協會(2005), 『在日韓國人本國投資協會 30年史』.

全羅南道濟州郡廳(1914), 『濟州郡勢一斑』.

전수진・박경규(2007), 「사회 네트워크가 개인의 직무성과 및 경력의 지각에 미치는 영향에 대한 연구」, 『인사관리연구』 31(1), 한국인사관리학회, 148.

전은자(2008), 「濟州人의 日本渡航 硏究」, 『耽羅文化』 32, 濟州大學校 耽羅文化硏究

所, 137~177.

丁振聲・吉仁成(1998), 「일본의 이민정책과 조선인의 일본 이민: 1910~1939」, 『經濟
　　史學』 25, 한국경제사학회, 189~216.

濟民日報社(2004), 『濟州人名辭典(在日同胞篇)』.

濟州高等學校總同窓會(2011), 『濟州高百年史(Ⅱ)』.

濟州道(1999), 『在外 濟州道民會 便覽』.

제주도(2001), 『愛鄕의 보람-在日同胞 寄贈實績』.

제주도교육청(1979), 『제주교육사』.

濟州島廳(1937), 『濟州島勢要覽』.

＿＿＿＿＿(1939), 『濟州島勢要覽』.

제주발전연구원(2000), 『100만 제주인의 사회적 통합증진과 역량 극대화 방안 연구』.

＿＿＿＿＿＿(2007), 『감귤산업 부흥에 기여한 재일동포들에 관한 기초연구』.

제주북초등학교총동창회(2009), 『제수북초등학교100년사(Ⅰ)(1907~2007)』.

濟州商工會議所(1985), 『寫眞으로 본 濟州商議六十年』.

＿＿＿＿＿＿(1995), 「일본사회에 民族의 신용을 뿌리 내린 후지전선 康忠男 사
　　장」, 『濟州商工』 2(269), 35.

제주여자고등학교(2001), 『제주여고 50년사』.

제주특별자치도 해녀박물관(2010), 『이여 이여 이여도 사나』.

濟州特別自治道(2007), 『愛鄕의 보람』.

濟州特別自治道・濟州發展硏究院(2010), 『在日濟州人 愛鄕百年』.

제주특별자치도・한국문화원연합회 제주특별자치도지회(2009), 『표선면 역사문
　　화지』.

제주특별자치도교육청(2011), 『근・현대 제주교육 100년사』.

趙璣濬(1969), 「三・一運動 前後의 民族企業의 一類型」, 『三・一運動 50週年 記念論
　　文集』, 東亞日報社, 751~752.

＿璣＿(1973), 『韓國企業家史』, 博英社.

진관훈(2004), 「일제하 濟州島 경제와 海女勞動에 관한 연구」, 『정신문화연구』
　　27(1), 한국학중앙연구원, 149~178.

＿＿＿＿(2004), 『근대제주의 경제변동』, 각.

村上尙子(2005), 「4・3시기의 재일제주인-제주도민의 도일과 재일조선인 사회
　　(1945~1950)」, 『在日 제주인의 삶과 제주도』, 제주발전연구원 외 발표 자료집.

최석신・임채완・백형엽・조성도・이석인(2005), 『재일코리안 사회의 경제환경』,
　　집문당.

板浦里鄕土誌發刊推進委員會(1995), 『板浦里誌』.

坪岱里誌編纂委員會(1990), 『坪岱里』.

학교법인 남녕학원 남녕고등학교(2006), 『南寧二十年史(1986~2006)』.

학교법인 제주여자학원 제주여자중학교 외(2006), 『건학 60년』.

한라일보사(2001), 『濟州 3000人選』.

한상복(1997), 「풍기(豊基) 직물산업 중소기업가들의 사회적 배경과 경제행위」, 『농
촌사회』 7, 한국농촌사회학회, 5~32.

허남춘 · 조성윤 · 이창익 · 김동전(2011), 『在日本濟州人 金昌仁의 人生哲學』, 제주
대학교 탐라문화연구소.

황경수(2005), 「해방이전의 제주도-일본항로 탐색과 관광자원화 방안」, 제주대학
교 사회과학연구소 제7회 미니포럼 자료집.

黃明水(1976), 『企業家史硏究』, 檀大出版部.

▌일본어 문헌

(株)東京商工リサーチ(2009), 『平成21年版 東京信用録-近畿 · 北陸版 上巻』.

(株)ビジョンサーチ社(2012), 『2012 全国パチンコ企業年鑑 企業編』.

(株)ビジョンサーチ社(2012), 『2012 全国パチンコ企業年鑑 東日本編』.

(株)みかげ都市開発(2008), 『2008 日本ホテル年鑑 EAST』.

姜 誠(1996), 『5グラムの攻防戦ーパチンコ30兆円産業の光と影』, 集英社.

姜在彦 · 金東勳(1989), 『在日韓国 · 朝鮮人歴史と展望』, 労働経済社.

高東勳(1999), 「在日韓國人の經濟活動に關する史的分析硏究 : 濟州島出身者の場合
を中心として」, 『論文集』 5, 濟州觀光大學.

＿＿＿(2001), 「濟州島出身者の日本移住に關する研究」, 『漢拏山』 8, 在日本濟州道
民協會, 148~166.

高鮮徽(1996), 『在日濟州島出身者の生活過程 : 關東地方を中心に』, 新幹社.

＿＿＿(1998), 『20世紀の滞日済州島人-その生活過程と意識』, 明石書店.

髙泰洙(2013), 「在日「済州島出身者」のライフヒストリー-(生活史)の形成過程とその背景-
大阪を中心に」, 『四天王寺大学大学院研究論集』 7, 四天王寺大学大学院人文社会
学研究科, 127.

共同新聞社(1989), 『在日韓國人實業名鑑 1(關西版)』.

關西濟州道民協會(2004), 『關濟會10年の歩み』.

國際高麗學会日本支部『在日コリアン辞典』編集委員会(2010), 『在日コリアン辞典』, 明

石書店.

金府煥編(1977),『在日韓国人社會小史(大阪編)』, 共同新聞社.

金英達(2003),『在日朝鮮人の歴史』, 明石書店.

金美徳(2002),「日本のベンチャー企業と在日コリアン企業の比較研究」,『同胞経済研究』 5(夏), 在日本朝鮮人商工連合会, 34.

南平文氏東京宗親会(2005),『南平文氏東京宗親会 沿革史』.

内務省警保局(1935),『社會運動の現況』.

大阪済州島研究会(2011),『済州島研究』.

李光奎(1982),「在日韓国商工人の意識と實態」,『青商』, 東京韓国青年商工会, 174~183.

李洙任編(2012),『在日コリアンの経済活動─移住労働者, 起業家の過去・現在・未来』, 不二出版.

李仁子(2004),「移住者の故郷への寄付と故郷づきあいの変遷」,『在日コリアンの社会的ネットワークと文化動態に関する比較社会学的研究』, 文部省科学研究費 国際学術研究報告書, 7~17.

林永彦(2004),『韓国人企業家』, 長崎出版.

麻生 誠(1970),『大學と人材育成』, 中央公論社刊.

滿成 博(1960),『ビジネス エリート』, 中央公論社刊.

木村健二(1997),「戦前期在日朝鮮人の定住過程」,『在日朝鮮人史研究』27, 在日朝鮮人運動史研究会, 114~129.

朴 一(2002),「在日コリアンの経済事情」,『環』11, 藤原書店, 247~251.

朴健市(2002),「焼肉産業と在日同胞」,『韓商連四十年史』, 在日韓国商工会議所, 201.

朴慶植編(2000),『在日朝鮮人關係資料集成 戰後編 第5巻 在日朝鮮人職業名鑑・文化年鑑』, 不二出版.

朴在一(1957),『在日朝鮮人に関する総合調査研究』, 朝鮮文化研究所.

法務省入国管理局(각 년도),『在留外國人統計』.

服部民夫(1992),『韓国 ネットワークと政治文化』, 東京大学出版会.

山脇啓浩(1992),「朝鮮合併以前の日本における朝鮮人労働者の移入問題」,『在日朝鮮人運動史研究』22, 在日朝鮮人運動史研究会, 3.

杉原 達(1998),『越境する民─近代大阪の朝鮮人史研究』, 新幹社.

森田芳夫(1996),『数字が語る在日韓国・朝鮮人の歴史』, 明石書店.

徐龍達(1972a),「在日韓國人の職業」,『日本人と朝鮮人』, 日本評論社.

_____(1972b),「在日韓國人の職業と経営の實態」,『経済學論集』14(3), 桃山學院大學.

_____(1973),「同胞経済人の社會的責任」,『濟経』2, 在日濟州経済人協會.

＿＿＿(1976),「韓國系商工人の現狀」,『季刊三千里』8, 三千里社, 58~64.

＿＿＿(1982),「在日韓國商工人の意識と實態について」,『靑商』, 東京韓國靑年商工會, 129~139.

＿＿＿(1986),「同胞商工人從事業種の変遷」,『KPAニュース』創刊号, 在日濟州韓國職業會計人協會.

＿＿＿・全在紋(1987),「在日韓國・朝鮮人の商工業の實態」,『韓國・朝鮮人の現狀と將來』, 社會評論社, 221~259.

＿＿＿編(1987),『韓國・朝鮮人の現狀と將來−「人権先進国・日本」への提言』, 社會評論社.

＿＿＿(1989),『在日韓国商工人の意識と實態』, 在日韓國靑年商工人連合会.

石川健次郎(1974),「明治期における企業家活動の統計的觀察」,『大阪大學・經濟學』 23(4), 大阪大学経済研究所, 85~117.

小松 裕・木村健二編(1998),『「韓日併合」直後の在日朝鮮人・中國人−東アジアの近代化と人の移動』, 明石書店.

小川伸彦・寺岡伸悟(1995),「在日社會から「故鄕」濟州道への寄贈−エスニック・マイノリティの地縁結合」,『社会学論集』2, 奈良女子大学, 77~97.

梁京姫(2009),「在日韓国人企業家が韓国の金融業界に及ぼした影響—新韓銀行を中心に」,『現代韓国朝鮮研究』9, 現代韓国朝鮮學會, 16~30.

梁聖宗(2009),「在日済州人の渡日と暮し−東京における済州・朝天里民会の事例」,『白山人類学』12, 白山人類学研究会, 69~74.

永野慎一郎編(2010),『韓国の経済発展と在日韓国企業人の役割』, 岩波書店.

吳圭祥(1992),『在日朝鮮人企業活動形成史』, 雄山閣.

吳民学・金哲秀(1996),「統計に見る在日朝鮮商工人数に関する研究」,『同胞経済研究』 6, 在日本朝鮮人商工連合会, 18.

王効平(2001),『華人系資本の企業経營』, 日本経濟評論社.

外村 大(1993),「親睦扶助団体と在日朝鮮人運動」,『在日朝鮮人史研究』23, 在日朝鮮人運動史研究会, 105~126.

＿＿＿(2004),『在日朝鮮人社会の歴史学的研究—形成・構造・変容』, 緑蔭書房.

原尻英樹(1989),『在日朝鮮人の生活世界』, 弘文堂.

＿＿＿(1997),『日本定住コリアソの日常と生活：文化人類學的アプローチ』, 明石書店.

由井常彦・ヒルシュマイア(1975), 「江戸時代の價値體系とビジネス−明治期の工業化との關連において」,『經營史學』10(1), 日本経営史学会, 34~53.

伊地知紀子(1998),「営まれる共同性—日本で生まれた済州人の親睦会」,『在日朝鮮人

史研究』28, 緑蔭書房, 121~137.

_____(2000), 『生活世界の創造と実践―韓国・済州島の生活誌から』, 御茶の水書房.

日本統計國(2002), 『國稅調査』.

日本通産省(1922), 『商業統計續報』.

入管協會(각 년도), 『在留外國人統計』.

在日高麗勞動者聯盟(1992), 『在日朝鮮人の就勞實態調査 : 大阪を中心に』, 新幹社.

在日本高内里親睦會(1986, 1990, 1996, 2000), 『在日本高内里親睦會會員名簿』.

在日本高氏門中會(1963), 『在日本高氏門中会名簿』.

在日本大阪済州道民会(1993), 『日本の済州魂―在日本済州道民会30年史』.

在日本濟州開發協會(1991), 『愛鄉無限―在日本濟州開發協會 30年史』.

在日朝天里親睦会(1985), 『在日朝天里親睦会々報』.

在日韓國商工會議所(1997), 『在日韓國人會社名鑑』.

在日韓國靑年商工人連合會(1982), 『靑商―豊かな同胞社會を目指して』.

在日韓國靑年商工人連合會(1989), 『在日韓國商工人の現狀と課題をさぐる』.

在日済州道親睦会(1969), 『会員名簿』.

在日済州経済人協会(1982), 『済經』4, 122~126.

田嶋淳子(1998), 『世界都市・東京のアジア系移住者』, 学文社.

朝鮮研究所(1957), 『在日朝鮮人渡航史』(研究資料 第1集 『朝鮮月報』別冊).

鳥羽欽一郎(1988), 『日本における企業家・経営者の研究』, 早稲田大學産業経営研究所.

池東旭(2002), 『コリアンジャパニーズ』, 角川書店.

津波高志編(2012), 『東アジアの間地方交流の過去と現在―済州と沖縄・奄美を中心にして』, 彩流社.

泉 靖一(1966), 『濟州島』, 東京大学出版会.

泉 靖一・祖父江孝男・岡 並木・德山安信・大給近達(1951), 「東京における済州島人」, 『季刊民族学研究』16(1), 日本文化人類学会, 1~24.

淺野俊光(1980), 「明治よりみた企業家の分析」, 『經營史學』14(3), 日本経営史学会, 87~115.

『1,000万円を越える高額納税者全覽 大阪國稅局管内』(각 년도), 淸文社.

『500万円を越える高額所得者全覽 大阪國稅局管内』(각 년도), 淸文社.

靑沼吉松(1965), 『日本經營層』, 日本經濟新聞社.

塚崎昌之(2009), 「大阪―済州島航路の経営と済州島民族資本―済友社・済州島汽船・企業同盟」, 『在日朝鮮人史研究』39, 在日朝鮮人運動史研究会, 29~60.

總務府統計局(1989), 『事業所統計調査報告』.

_____(1998), 『事業所統計調査報告』.

耽羅研究會(1989~2006), 『濟州島 ①-⑩』, 新幹社.

統一日報社(1975), 『在日韓國人名錄』.

_____(1976), 『在日韓國人企業名鑑』.

奧田道大(1993), 『都市と地域の文脈を求めて—21世紀システムとしての都市社会学』, 有信堂高文社.

河 明生(1996), 「日本におけるマイノリティの起業者活動—在日一世朝鮮人の事例分析」, 『経営史学』 30(4), 日本経営史学会, 59~78.

_____(1997), 『韓人日本移民社会経済史』, 明石書店.

_____(1998), 「日本におけるマイノリティの'起業者精神'—在日一世韓人と在日二・三世韓人との比較」, 『経営史学』 33(2), 日本経営史学会, 50~74.

_____(2003), 『マイノリティの起業家精神 : 在日韓人事例研究』, ITA.

鶴岡正夫(1981), 『在日韓国人の百年—私の生活信条』, 育英出版社.

韓日問題研究所編(1987), 『在日韓国人三百六十人集—在日同胞現代小史』.

韓載香(2010), 『在日企業の産業経済史—その社会的基盤とダイナミズム』, 名古屋大学出版会.

桝田一二(1934), 『済州島海女の地誌学的研究』, 『大塚地理学会論文集』 2(下), 1~22.

_____(1936), 『地域社会の発展とまちづくり』, シード・プランニング.

_____(1976a), 『桝田一二地理學論文集』, 弘詢社.

_____(1976b), 『済州島の地理学的研究』, 弘詢社.

済州青年会(1980), 『済青春秋』 24, 18~27.

滝沢健次(2004), 「在日高内里出身者の社会的ネットワーク—そのコミュニティー形成史を中心に」, 『在日コリアンの社会的ネットワークと文化動態に関する比較社会学的研究』, 文部省科学研究費 国際学術研究報告書.

辺真一(2000), 『強者としての在日』, ザ・マサダ.

関西済州道民協会(2004), 『関済会10年の歩み』.

エドワード・W・ワグナー(1989), 『日本における朝鮮少数民族(1904年-1950年)』, 龍渓書舎.

▌영어 문헌

Coleman, J. S.(1990), *Foundation of Social Theory*, Harvard University Press.

Collins, O. F. & G. Moore(1964), *The Enterprising Man*, East lansing. MI.

Cooper, A. C. & F. G. G. Gascon(1995), "Entrepreneurs, Processes of Founding and New Firm Performance", In D. L. Sexton & J. D. Kasard(Eds.). *The State of The Art of Entrepreneurship*, PWS-KENT.

Cooper, A. C. & W. C. Dunkelberg(1987), "Entrepreneurial Research : Old Questions, New Answers and Methodological Issues", *American Journal of Small Business*, 11(3), 11~23.

Cooper, A. C.(1985), "The Role of Incubator Organization in The Founding of Growth-Oriented Firms", *Journal of Business Venturing*, 1(1), 75~86.

Granovetter, M.(1985), "Economic Action and Social Structure : The Problem of Embeddedness", *American Journal Sociology*, 91(3), 481~510.

Hirshmeier(1964), *The Origin of Entrepreneurship in Meizi Japan* [土屋喬雄・由井常彦訳(1965),『日本における企業者精神の生成』, 東洋経済新報社].

Ibarra, H.(1995), "Race, opportunity, and diversity in social circles in managerial : A conceptual framework", *Academy of management Journal*, 38, 673~703.

Kim, Ill-Soo(1981), *New Urban Immigrants : The Korean Community in New York*, Princeton : Princeton University Press.

Kim, Ill-Soo(1987), *The Koreans : Small Business in an Urban Frontier*, New York : Columbia University Press.

Kwon, Hyon-Chu(1997), *Entrepreneurship and Religion : Korean Immigrants in Houston, Texas*. New York and London : Garland Publishing, Inc.

Lerner, M., Brush, C. & Hisrich, R.(1997), "Israeli Women Entrepreneurs : An Examination of Factors Affecting Performance", *Journal of Business Venturing*, 12(4), 315~339.

Seibert, S. E., Kraimer, M. L., Liden, R. C.(2001), "A social capital theory of careers success", *Academy of Management Journal*, 44(2), 219~237.

Stokowski, P. A.(1994), *Leisure in Society : A Network Structural Perspective*, Mansell Publishing Ltd.

Stuart, R. W. & P. A. Abetti(1987), "Start-up Ventures : Towards the Prediction of Initial Success", *Journal of Business Venturing*, 2(3), 215~230.

Walker, G.(1985), "Network position and cognition in a computer software firm", *Administrative Science Quarterly*, 30, 103~130.

Walter, W. Powell(1990), "Neither Market Nor Hierarchy : Network of Organization", *Research in Organizational Behavior*, 12, 295~336.

Wellman, B.(1982), "Network Analysis : From Metaphor and Intended Method to Theory and Substance", *Sociological Theory*, 1, 62~63.

Yoo, Jin-Kyung(1998), *Korean Immigrant Entrepreneurs : network and ethnic resources*, New York & London : Garland Publishing, Inc.

▌기타 자료

박윤칠 인터뷰조사 ≪2007년 8월 3일≫
신재경 ≪제주의 소리-재일동포 그들은 누구인가≫
재일본대한민국민단본국사무소(2005) ≪민단소개-재일동포소개≫
전남대학교 세계한상문화연구단(2004) ≪한상연구자료-일본한상자료실≫
≪東亞日報≫ 1927년 1월 19일
≪每日申報≫ 1927년 1월 18일
≪제민일보≫ 2002년 1월 25일
≪제주관광신문≫ 2005년 12월 1일
≪제주신문≫ 1963년 10월 15일
≪제주신문≫ 1999년 12월 7일
≪제주일보≫ 1999년 12월 8일
≪제주의 소리≫ 2005년 4월 25일
≪제주의 소리≫ 2009년 11월 23일
≪제주의 소리≫ 2012년 10월 15일
≪제주일보≫ 2007년 3월 31일
≪제주투데이≫ 2003년 11월 26일
http://www.dnbreport.co.kr
dongA.com 2010년 1월 8일
http://www.hansang.or.kr
http://www.honam.co.kr
http://www.jeju.go.kr
http://www.jejusori.net
http://www.moodeungilbo.co.kr

▌표지 사진 출처

상 : 좌 김남일 외, 중 杉原 達, 우 濟州商工會議所 자료 스캔
중 : 杉原 達 자료 스캔
하 : 좌 김남일 외, 중 耽羅硏究會 자료 스캔, 우 고광명 촬영

본서에 게재한 사진들은 참고문헌에서 인용한 사진들 중
일부를 스캔하여 사용하였음을 밝혀둔다.

찾아보기

기타

█ 고광명(高廣明)

제주대학교 경상대학 경영학과 졸업
일본 타쿠쇼쿠(拓植)대학 유학생별과 수료
일본 와세다(早稻田)대학 대학원 상학석사
일본 도쿄게이자이(東京經濟)대학 대학원 경영학박사
전 제주대학교 초등교육연구소 연구교수
현 제주대학교 재일제주인센터 특별연구원
현 제주대학교 초등교육연구소 특별연구원

• 전공 및 연구 분야

기업조직론, 경영사회학, M&A, 일본경영론, 기업가, 마이너리티(재일제주인)

• 주요 저서 및 논문

『제주국제자유도시 다문화교육 탐구』(공저, 제주대학교 출판부, 2012)
『제주학 산책』(공저, 제주학연구자모임, 2012)
『M&A 이후 경영과 조직통합』(제주대학교 관광과 경영경제연구소, 2011)
『제주학과 민남』(공지, 제주학연구지모임, 2010)
『일본의 기업과 경영특성 연구』(제주대학교 출판부, 2008)
『지식정보화시대의 글로벌비즈니스와 경영환경』(공저, 제주대학교 출판부, 2007)
『일제하 濟州島 기업가 연구』(공저, Art21, 2006)
『東アジア持続的成長の諸条件』(共編, 桜美林大学 産業研究所, 2002) 외 논문 다수

탐라문화학술총서 14

재일(在日)제주인의 삶과 기업가활동

2013년 2월 28일 초판 1쇄 펴냄

지은이 고광명
펴낸이 김흥국
펴낸곳 도서출판 보고사

책임편집 이경민
표지디자인 윤인희

등록 1990년 12월 13일 제6-0429호
주소 서울특별시 성북구 보문동7가 11번지 2층
전화 922-5120~1(편집), 922-2246(영업)
팩스 922-6990
메일 kanapub3@chol.com
http://www.bogosabooks.co.kr

ISBN 978-89-8433-843-2 03300
ⓒ 고광명, 2013

정가 16,000원